D1669498

Plurizentrik

Einführung in die nationalen
Varietäten des Deutschen

von Birte Kellermeier-Rehbein

ERICH SCHMIDT VERLAG

Bibliografische Information der Deutschen Nationalbibliothek
Die Deutsche Nationalbibliothek verzeichnet diese Publikation
in der Deutschen Nationalbibliografie;
detaillierte bibliografische Daten sind im Internet über
http://dnb.d-nb.de abrufbar.

Weitere Informationen zu diesem Titel finden Sie im Internet unter
ESV.info/978 3 503 15550 7

Hinweis zu den Übungen

Zu den im Buch enthaltenen Übungen können Sie im Internet
einen Lösungsschlüssel einsehen.
Dieses Material ist urheberrechtlich geschützt und darf nur mit
Genehmigung der Verfasserin weiterverwendet werden.
Weitere Informationen finden Sie unter
http://Plurizentrik-Loesungen.ESV.info

Ticketcode: b9byx3-n4m5w4-danizq-2nm5bc

ISBN 978 3 503 15550 7

Dieses Papier erfüllt die Frankfurter Forderungen
der Deutschen Nationalbibliothek und der Gesellschaft für das Buch
bezüglich der Alterungsbeständigkeit und entspricht
sowohl den strengen Bestimmungen der US Norm Ansi/Niso
Z 39.48-1992 als auch der ISO-Norm 9706.

Druck und Bindung: Druckerei Strauss, Mörlenbach

Vorwort

Die deutsche Sprache ist nicht überall gleich, sondern weist erhebliche Variationen auf. Dies gilt nicht nur für den dialektalen Bereich, sondern auch für die Ebene der Schriftsprache. Da Deutsch in mehreren Staaten Amtssprache ist, haben sich unterschiedliche nationale Normen herausgebildet. Damit gehört es zu den sogenannten plurizentrischen Sprachen. Deutsches und österreichisches Standarddeutsch sowie Schweizerhochdeutsch sind nationalen Varietäten, die sich zwar durch lexikalische und grammatikalische Varianten voneinander unterscheiden, aber gleichermaßen gut ausgebaut sind. Die Varianten gehören ausschließlich in ihrem jeweiligen Geltungsgebiet zum „richtigen Hochdeutsch", z. B. schweiz. *Landammann* / österr. *Landeshauptmann* / dt. *Ministerpräsident*. Dennoch ist die Annahme verbreitet, dass es im Deutschen nur *eine einzige*, homogene Schriftsprache gibt. Dabei ist allgemein bekannt, dass andere Sprachen sehr wohl durch Normvariation gekennzeichnet sind, z. B. britisches, amerikanisches, australisches Englisch etc. Bezüglich der deutschen Sprache hat sich diese Erkenntnis allerdings noch nicht durchgesetzt.

Die deutsche Sozio- bzw. Variationslinguistik untersuchte traditionell vor allem sprachliche Variation in Form von Dialekten und Soziolekten. Im Laufe der 1990er-Jahre vollzog sich allerdings ein Paradigmenwechsel, durch den verstärkt die Standardvariation in den Fokus wissenschaftlicher Forschungen geriet. Im Zuge dessen erschienen zahlreiche Publikationen, allerdings wurde das Thema bisher nicht didaktisch aufbereitet. Der vorliegende Band schließt diese Lücke. Die hier vermittelten Kenntnisse über die Standardvariation und die linguistische Gleichwertigkeit der nationalen Varietäten setzen Impulse zur Sensibilisierung für die oben dargestellte Problematik und zum Abbau von Vorurteilen hinsichtlich der jeweils anderen Standardvarietäten und ihrer Sprecher. Darüber hinaus leistet das Buch einen Beitrag zum besseren gegenseitigen Verständnis der verschiedenen Sprechergruppen des Deutschen sowie zu größerer Toleranz gegenüber anderen Formen des sprachlichen Ausdrucks und dem „Fremden in der eigenen Sprache".

Das sprachwissenschaftlich und gesellschaftlich relevante Thema *Plurizentrik* wird in diesem Band anhand einschlägiger Termini der Variationslinguistik und theoretischer Modelle vermittelt. Das Buch präsentiert die nationale Standardvariation auf allen sprachlichen Ebenen anhand konkreter Beispiele und beschreibt sie linguistisch. Historische und soziologische Aspekte sind ebenso Gegenstand der Darstellung wie nationale Varianten in Wörterbüchern und ihre Relevanz als Unterrichtsgegenstand in Schule und DaF-Kursen.

Das Lehrbuch richtet sich an Studierende der germanistischen Linguistik oder der Allgemeinen Sprachwissenschaft in Bachelor- und Lehramtsstudiengängen. Da es leicht verständlich ist und nur grundlegende sprachwissenschaftliche Vorkenntnisse erfordert, ist es sowohl für Studienanfänger als auch für Fortgeschrittene geeignet. Die Einteilung in 15 Kapitel ist ideal für die Verwendung als Textgrundlage in Hochschulseminaren. Pro Semesterwoche kann je ein Abschnitt behandelt werden, wobei es zum Verständnis des Stoffes nicht unbedingt erforderlich ist, ausnahmslos jedes Kapitel zu besprechen. Übungen zur Vertiefung des Stoffes ermöglichen auch ein Selbststudium oder die Vorbereitung auf Prüfungen. Die dazugehörenden Lösungen sind auf einer separaten Internetseite unter der Adresse http://Plurizentrik-Loesungen.ESV.info einsehbar.

Ohne die Hilfe anderer wäre dieses Buch nicht möglich gewesen. Mein besonderer Dank richtet sich an meinen Mann Frank und meine Tochter Katharina, die oft auf mich verzichten mussten und mich trotzdem nach Kräften unterstützten. Ferner danke ich Ulrich Ammon und den Teilnehmern seines Oberseminars für kritische Lektüre und hilfreiche Hinweise. Nadine Ogiolda, Vilma Symanczyk Joppe, Dr. Sara Hägi, Snježana Tjaden, Stefan Castelli und Dr. Robert Cramer leisteten wertvolle Unterstützung beim Recherchieren und/oder Korrekturlesen. Auch den Studierenden der Bergischen Universität Wuppertal, die in meinen Seminaren zu den Themen *Plurizentrik* und *Variationslinguistik* als „Versuchskaninchen" herhalten mussten, möchte ich aufrichtig danken. Last but not least gilt mein Dank Frau Dr. Lehnen und den Mitarbeitern des Erich Schmidt Verlags für Rat und Tat sowie die freundliche Betreuung.

Birte Kellermeier-Rehbein

im Juni 2014

Inhaltsverzeichnis

Sprachliche Variation im Deutschen:

Ein Überblick

1   Sprachliche Variation

Wer schon einmal aufmerksam und mit „offenen Ohren" durch den deutschspra-chigen Raum gereist ist, hat festgestellt, dass es etliche Erscheinungsformen des Deutschen gibt, die es wie ein sprachliches Kaleidoskop erscheinen lassen. Be-sonders vielfältig ist die Ebene der Dialekte und regionalen Umgangssprachen, aber auch das sogenannte *Hochdeutsch* (Standardvarietät, Schriftsprache) ist nicht frei von **Variation**. Im Laufe der Zeit entwickelten sich in Deutschland, Österreich und im deutschsprachigen Teil der Schweiz jeweils eigene Formen des Hochdeut-schen: die sogenannten **nationalen Standardvarietäten**. Sie sind zwar weitgehend identisch, weisen aber nationalspezifische Merkmale auf.

Dabei bemühten sich Sprachexperten[1] und interessierte Laien jahrhundertelang um ein einheitliches und normiertes Deutsch. Der Wunsch nach einer überregional verständlichen Sprache in Wort und Schrift resultierte zunächst aus einer sprachli-chen Wirklichkeit, die durch **kleinräumige Dialektalität** gekennzeichnet war. Die Vielzahl unterschiedlicher Mundarten erwies sich bei zunehmenden wirtschaftli-chen, kulturellen und politischen Kontakten als hinderlich. Eine effiziente überre-gionale Kommunikation konnte aber nur funktionieren, wenn man sich sprachlich aneinander annäherte. Später kam der Wille nach nationaler Einheit hinzu, dem durch eine gemeinsame (National-)Sprache Nachdruck verliehen werden sollte.

Die Ursachen für die dialektale Zersplitterung des deutschen Sprachraums werden von Sprachhistorikern in ferner Vergangenheit bei den **Germanen** gesucht. Man nimmt an, dass sie ursprünglich aus dem nordeuropäischen Ostseeraum stammten, von wo sie sich während des ersten Jahrtausends v. Chr. nach Süden und Osten ausbreiteten[2]. So entstanden drei germanische Großgruppen, denen bereits „mehr oder weniger ausgeprägte Mundarten" (Euler/Badenheuer 2009: 43) unterstellt werden: Nordgermanen (skandinavische Stämme), Ostgermanen (Goten) und Westgermanen. Letztere spalteten sich wiederum in drei Zweige auf, die aus heu-tiger Perspektive vor allem aufgrund sprachlicher Kriterien voneinander abge-grenzt werden (vgl. Ernst 2005: 58): Die Nordseegermanen, zu denen u. a. An-geln, Friesen und Sachsen gehörten, siedelten im heutigen England, den Nieder-landen und Norddeutschland. Im letztgenannten Gebiet entwickelten sich im Laufe der Zeit die sogenannten altniederdeutschen (altsächsischen) Dialekte. Die

---

[1]   Zur besseren Lesbarkeit verwende ich stellvertretend für beide Geschlechter das gene-rische Maskulinum.

[2]   Diese sogenannte „Skandinavien-Theorie" ist jedoch aufgrund der schwachen Daten-lage umstritten. Es gibt auch Hinweise auf eine Herkunft der Germanen aus dem Ge-biet des heutigen östlichen Mitteldeutschlands (vgl. Euler/Badenheuer 2009: 43 ff.).

Weser-Rhein-Germanen (Franken und Hessen) ließen sich im heutigen westlichen deutschen Sprachraum nieder, wo die mitteldeutschen Dialekte entstanden. Aus dem Sprachgebrauch der Elbgermanen, zu denen u. a. Alemannen und Baiern (Bajuwaren) gezählt werden, entwickelten sich im Laufe der Zeit Dialekte, die als Oberdeutsch zusammengefasst werden. Etwa im 8. Jahrhundert n. Chr. war die Entstehung der o. g. deutschen Dialekte aus den verschiedenen germanischen Dialektgruppen abgeschlossen (für genauere Angaben zur Entstehung der deutschen Dialekte vgl. Kap. 6).

Damit hatte sich im nun „deutschsprachigen" Raum eine außerordentliche **dialektale Vielfalt** gebildet, die sich vor allem deswegen festigen konnte, weil überregionale Kommunikation aufgrund eingeschränkter Mobilität im (frühen) Mittelalter erheblich schwieriger war als heutzutage. Natürliche Barrieren wie Gebirge, Flüsse oder Sümpfe konnten nur mit Mühe überwunden werden, manche Alpentäler waren schwer zugänglich und das Verkehrswegenetz ließ zu wünschen übrig. Politische Grenzen, agrarische Lebensweise und Unfreiheit (z. B. durch Leibeigenschaft) erschwerten den sozialen, kulturellen und sprachlichen Austausch über einen größeren geographischen Radius zusätzlich. So wurde sprachliche Annäherung verhindert und dialektale Kleinräumigkeit stabilisiert.

Auch die Tatsache, dass Sprache über lange Zeit hinweg vor allem ein **mündliches Phänomen** war, konservierte die ortsgebundenen Sprachbesonderheiten. Für den Großteil der Bevölkerung spielte Schriftlichkeit keine Rolle, weil fast niemand lesen und schreiben konnte oder Zugang zu Texten hatte. Aber selbst mittelalterliche Schriftstücke sind aufgrund **diatopischer Besonderheiten** (Regionalismen) stark landschaftlich geprägt und weit davon entfernt, Zeugnisse einer einheitlich normierten Schriftsprache zu sein, obwohl die Termini *Althochdeutsch* und *Mittelhochdeutsch* dies vermuten lassen. Der Wortbestandteil *-hochdeutsch* kann in diesem Zusammenhang nicht als „standardsprachlich" gedeutet werden, sondern ist eine Sammelbezeichnung für alle Dialekte, die von der Zweiten Lautverschiebung erfasst wurden. Daher bezeichnet *Althochdeutsch* die Frühformen des Alemannischen, Bairischen und Fränkischen bis etwa 1050 n. Chr., während *Mittelhochdeutsch* die gleichen Dialekte sowie das Ostmitteldeutsche von etwa 1050-1350 n. Chr. umfasst. Zwar gab es im Bereich der Höfischen Literatur des Hochmittelalters eine gewisse sprachliche Einheitlichkeit, die aber mit dem Untergang der „mittelhochdeutschen Dichtersprache" wieder verloren ging.

Das Fehlen eines **politischen, kulturellen und wirtschaftlichen Zentrums** im deutschsprachigen Raum tat sein Übriges dazu, die Annäherung der Dialekte zu erschweren und die Entwicklung einer Einheitssprache zu verzögern. In anderen europäischen Staaten waren zentralistische Höfe dominante Zentren mit politisch mächtigen und gesellschaftlich angesehenen Eliten. Ihre Sprechweisen verfügten über Prestige und wurden durch ihren Vorbildcharakter zu „Leitvarietäten". In England war das Mittelenglische ab 1362 offizielle Gerichtssprache. In Frankreich wurde der Dialekt der Île-de-France (Franzisch) 1539 durch ein königliches Edikt

(*Ordonnance de Villers-Cottérêts*) von Franz I. als *langage maternel françois* bezeichnet und „zur offiziellen, einzig gültigen Urkunden- und Verwaltungssprache des gesamten Herrschaftsgebiets" (Klare 2011: 91 f.) erklärt. Dieser Erlass richtete sich nicht nur gegen den Gebrauch des Lateinischen als Verwaltungssprache, sondern auch gegen andere in der Galloromania beheimatete Sprachen, die dadurch stark zurückgedrängt wurden (vgl. ebd.). Damit wurde Französisch zur Nationalsprache. Weitere Schritte auf dem Weg zur Normierung erfolgten 1634 durch die Gründung der *Académie Française* mit dem Ziel der Vereinheitlichung und Pflege der französischen Sprache und 1694 mit der Publikation des Akademiewörterbuchs (vgl. ebd.: 120 f.).

Wie dieses Beispiel zeigt, entwickelten sich Volkssprachen und ihre Standardvarietäten in Europa vor allem im Zuge der **Nationenbildung** seit der frühen Neuzeit. Im Mittelalter spielten die Volkssprachen in politischen Verbänden praktisch keine Rolle, da ausschließlich das alles überdachende Latein die Sprache für Verwaltungstexte und kirchliche Gebrauchsliteratur war (vgl. Schmitt 2000: 1017). Erst später sollten Volkssprachen und insbesondere ihre Standardvarietäten die Nationen kommunikativ zusammenhalten und eine gemeinsame Identität gewährleisten. Nach Anderson schufen schriftlich realisierte Ausgleichssprachen in Gebieten mit starker dialektaler Zersplitterung sogar das Fundament für Nationalbewusstsein. Die „,Zusammenfassung' verwandter Umgangssprachen" (Anderson 2005: 51) bildete eine einheitliche Grundlage für die Kommunikation außerhalb des Lateinischen und drosselte durch die schriftliche Fixierung die Geschwindigkeit des Sprachwandels, so dass die Angehörigen einer bestimmten Nation historische Texte ihrer Vorfahren besser verstehen konnten und sich dadurch ein kollektives Gedächtnis herausbildete.

Im deutschsprachigen Raum erfolgte die Nationenbildung jedoch erst relativ spät, mit den Gründungen des Österreichischen Kaisertums im Jahre 1804 und des Deutschen Kaiserreichs im Jahre 1871. Bis dahin bewegte man sich weiterhin in dialektaler Vielfalt, da der Prozess der sprachlichen Vereinheitlichung und Normierung in der frühen Neuzeit erst seinen Anfang genommen hatte. Er war langwierig, kleinschrittig und durch unterschiedlichste Motivationen und Zielsetzungen geprägt. Mitgewirkt haben dabei einzelne Personen wie der Reformator Luther, Schriftsteller (z. B. Gottsched, Klopstock) und Grammatiker (z. B. Schottelius, Adelung) sowie Sprachgesellschaften (z. B. die *Fruchtbringende Gesellschaft*). Erst viel später leistete Konrad Duden seinen Beitrag zur Normierung. Bis dahin trugen außersprachliche Faktoren wie die Erfindung des Buchdrucks oder die Einführung der allgemeinen Schulpflicht dazu bei, dass zumindest in der Schriftlichkeit Ausgleichsprozesse angestoßen wurden. Letztlich kann die **Standardisierung** der deutschen Sprache erst im 19. Jahrhundert als weitgehend vollzogen angesehen werden, im Bereich der Orthographie sogar erst 1901 durch die Festlegung einheitlicher Rechtschreibregeln. Eine vollständige sprachliche Vereinheitlichung ist allerdings bis heute nicht erreicht. Im Bereich der Dialekte ist dies vor allem im Süden des deutschsprachigen Raumes ganz offensichtlich, es gilt aber ebenso für die Standardvarietät (auch: *Hochdeutsch, Schriftsprache*). Zwar hat sie ein hohes Maß an Einheitlichkeit erreicht, doch trifft man in den verschiedenen deutschsprachigen Staaten auf unterschiedliche sprachliche Merkmale, die aber keineswegs fehlerhaft, sondern in ihrem Geltungsgebiet normkonform sind (vgl. Kap. 3).

Diese **Standardvariation** geht vornehmlich auf die politische Eigenständigkeit der deutschsprachigen Staaten zurück, die zur Bildung eigener Normen und spezifischer sprachlicher Merkmale führte. Letztere treten vor allem im Bereich der Aussprache und des Wortschatzes auf, machen sich aber auch in Prosodie und Grammatik bemerkbar und sind in der Regel so ausgeprägt, dass sie Rückschlüsse auf die nationale Herkunft der Sprecher zulassen. Aber sogar innerhalb der deutschsprachigen Staaten gibt es regionale Standardvariationen (vgl. Kap. 8). Während in Nord- und Mitteldeutschland der „Schornsteinfeger" den Kamin reinigt, macht sich in Österreich und Südostdeutschland der „Rauchfangkehrer" oder „Kaminkehrer" die Hände schmutzig. In Südwestdeutschland und der Schweiz ist vom „Kaminfeger", in Mittelostdeutschland vom „Essenkehrer" die Rede (vgl. VWD 2004: 687). Nach der Uhrzeit gefragt würde jemand aus dem Norden oder Westen Deutschlands um 6.15 Uhr „Viertel nach sechs" antworten. Ebenso ein Schweizer, der aber auch „Viertel ab sechs" sagen kann. In einigen Gegenden Österreichs und der Schweiz ist „Viertel über sechs" möglich. Die Angabe „Viertel sieben", die in weiten Gebieten Österreichs sowie Ost- und Südwestdeutschlands verwendet wird, stößt bei Menschen aus dem Viertel-nach-sechs-Gebiet häufig auf Unverständnis.

Diese Beispiele zeigen, dass Sprache regional und national variiert, aber auch andere Faktoren verursachen Variation. So spielen beispielsweise Alter, Geschlecht oder Sozialstatus der Sprecher ebenso eine Rolle bei der Wahl der Ausdrucksweise wie die Situation, in der die Kommunikation stattfindet. Kinder sprechen anders als Alte, Heranwachsende kreieren ihre Jugendsprache immer wieder neu. Männer vermeiden „weibliche" Formulierungen, und viele Berufsgruppen haben eigene Fachsprachen entwickelt. Sogar einzelne Personen haben ihren ganz persönlichen Sprachstil, den sie situationsspezifisch einsetzen können: Im vertrauten Freundeskreis drücken sie sich in der Regel anders aus als bei einem Vorstellungsgespräch.

Die in den oben genannten Beispielen erwähnten Sprechweisen – man könnte sie auch „Erscheinungsformen" oder „Spielarten" der Sprache nennen – werden in der Variationslinguistik als Varietäten bezeichnet. Der Terminus **Varietät** kann durch verschiedene Attribute spezifiziert werden, je nachdem welcher außersprachliche Faktor die Variation auslöst. So unterscheidet man nationale, regionale, soziale, situationsspezifische Varietäten u. a.

Varietäten unterscheiden sich in der Regel nicht nur durch einzelne sprachliche Merkmale, sondern durch ganze Merkmalbündel, die auf allen Ebenen der Sprache (Phonologie, Morphologie, Syntax, Lexik, Semantik und Pragmatik) auftreten können. Folglich handelt es sich um komplette sprachliche Systeme, genauer gesagt um **Subsysteme**, die einem übergeordneten System (Diasystem) zugeordnet sind. Das **Diasystem** ist eine sogenannte „**ganze Sprache**", wie etwa Deutsch, Englisch oder Arabisch. Diese Sprachen sind in sich nicht vollständig homogen, sondern bestehen aus einem Konglomerat verschiedener Varietäten, die zusammen die Sprache in ihrer Gesamtheit ausmachen. Alle Varietäten einer Sprache sind sich in wesentlichen Merkmalen ähnlich und gehen in der Regel auf eine gemeinsame historische Entwicklung in einem gemeinsamen geographischen Raum zurück. Im vorliegenden Buch ist Deutsch die ganze Sprache, zu deren Varietäten sämtliche Dialekte, Jugendsprachen, Fachsprachen, Standardvarietäten u. a. gehören. Eine Standardvarietät ist daher nicht mit der ganzen Sprache gleichzusetzen, denn sie ist nur eine von mehreren Varietäten, allerdings eine mit einem besonderen Status (vgl. dazu Kap. 2.2).

Dass eine Sprache kein homogenes System ist, sondern der Menge all ihrer Varietäten entspricht, ist eine Erkenntnis der Variationslinguistik, die sich nach Ammon (1995: 1) verallgemeinert so darstellen lässt:

$$L_a = \{l_1, l_2, l_3, ..., l_n\}$$

L_a bezeichnet eine ganze Sprache, die sich aus den Varietäten l_1 bis l_n zusammensetzt. Steht L_a für Deutsch, kann man für l_{1-n} die Varietäten deutsches, österreichisches und schweizerisches Standarddeutsch, Schwäbisch, Sächsisch, Wienerisch, Schüler- und Studentensprache, Knastsprache, Frauen- und Männersprache, Presse- und Predigtsprache u. v. a. nennen.

Löffler (2010: 79) bildet die Sprachwirklichkeit mit ihrer nahezu unüberschaubaren Variation im **soziolinguistischen Varietätenmodell** ab.

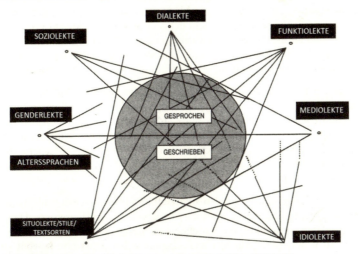

Abb. 1: Soziolinguistisches Varietätenmodell von H. Löffler (2010: 79)

Der Kreis und die sich vielfältig überschneidenden Linien stellen das komplexe Geflecht der verschiedenen Varietäten (hier: Lekte) einer Sprache als **Kontinuum** dar. Die Eckpunkte stehen für Varietätengruppen oder -typen, die auf bestimmten außersprachlichen Variationsfaktoren beruhen. Beispielsweise geht die Bündelung mehrerer Sprachsysteme zur Gruppe der **Dialekte** auf regionale Variation zurück. Die vom entsprechenden Eckpunkt ausgehenden Linien zeigen, dass dieser Typus aus mehreren Mundarten besteht, z. B. Westfälisch, Hessisch, Sächsisch u. a. Es wäre vorteilhafter, dafür den Terminus *regionale Varietäten* zu wählen, da er nicht nur Dialekte, sondern auch regionale Umgangsvarietäten (z. B. Ruhrdeutsch, Berlinerisch) umfassen würde. Die Linienführung des Modells lässt ferner die hauptsächlich mündliche Verwendung der Dialekte erkennen, wenn man von einigen schriftlich festgehaltenen Ausnahmen (z. B. Mundartdichtung) absieht. Bei den **Funktiolekten** beruht die Variation auf verschiedenen Funktionen, welche die Varietäten ausüben. Dazu gehören diverse Fachsprachen ebenso wie Alltagssprache, Pressesprache oder Behördendeutsch. **Mediolekte** bestehen eigentlich nur aus zwei Varietäten: der geschriebenen und gesprochenen Sprache. Dazu kommen jedoch noch verschiedene Mischformen wie etwa die schriftbasierte quasi-synchrone Kommunikation, die durch die neuen Medien und deren Möglichkeiten (z. B. Chat, SMS) eröffnet wird (vgl. Dürscheid 2003: 7 ff.). **Idiolekte** sind sprecherspezifische Varietäten, wenn man davon ausgeht, dass jeder Mensch seine eigene, ganz persönliche Ausdrucksweise hat. Als **Situolekte** werden alle Varietäten bezeichnet, die in unterschiedlichen Situationen angemessen sind, wie etwa beim Gespräch mit guten Freunden oder in einer öffentlichen Rede. **Alterssprachen** (besser: generationsgebundene Varietäten) sind solche, die von Personen in unterschiedlichen Lebensabschnitten gesprochen werden: Kinder-, Jugend- und Erwachsenensprache sowie Alterssprache im engeren Sinne (Seniorensprache). Zu den **Genderlekten** zählen Frauen- und Männersprache. Die Gruppe der **Soziolekte** umfasst dagegen eine sehr große, nicht genauer benennbare Anzahl verschiedener Varietäten, die an die Zugehörigkeit der Sprecher zu sozialen Gruppen geknüpft sind. Dazu gehören Varietäten von unterschiedlichen Sozialschichten ebenso wie diejenigen von Berufsgruppen oder Personen mit gemeinsamen Hobbys.

Die Bezeichnungen, die Löffler für die Varietätenbündel (Dialekte, Idiolekte, Funktiolekte etc.) gewählt hat, beziehen sich im Übrigen auf unterschiedliche Abstraktionsebenen. Die beiden Extreme „Idiolekte" und „Funktiolekte" machen dies deutlich, da erstere individuelle Sprechweisen einzelner Personen umfassen, während letztere Mengen von Varietäten beinhalten (z. B. Fachsprachen), die sich wiederum in zahlreiche Subklassen gliedern lassen (z. B. Imkersprache, Fachsprache der Physik etc.).

Löfflers Einteilungsversuch mit den sich vielfältig überschneidenden Linien zeigt die Schwierigkeit, Varietäten trennscharf voneinander abzugrenzen. Dies liegt einerseits daran, dass einzelne Varietäten mehreren Typen zugeordnet werden können. So gehört die medizinische Fachsprache beispielsweise sowohl zu den Soziolekten, weil sie einer bestimmten sozialen Gruppe (medizinisches Fachpersonal) vorbehalten ist, als auch zu den Funktiolekten, da sie als Fachsprache für bestimmte Zwecke (z. B. medizinische Gutachten) genutzt wird. Andererseits sind einzelne Varietäten oft keine homogenen Systeme, sondern bestehen ihrerseits aus noch kleineren Subsystemen. So ist der schwäbische Dialekt nicht im gesamten Verwendungsgebiet einheitlich, sondern umfasst weitere Variationen (z. B. Schwäbisch in Stuttgart oder Esslingen). Funktiolekte weisen ebenso vielfältige Unterschiede innerhalb einer Varietätengruppe auf. So variiert etwa Wissenschaftssprache, je nachdem, ob sie an Experten oder Laien gerichtet ist bzw. mündlich oder schriftlich realisiert wird.

Obwohl es im Modell nicht unmittelbar ablesbar ist, sollte deutlich werden, dass einzelne Personen mehr als eine Varietät beherrschen. Stellen wir uns eine 35-jährige Kölnerin bei einem Bewerbungsgespräch vor. Ihre Ausdrucksweise ist möglicherweise regional gefärbt, obwohl sie in dieser sehr formellen Situation kaum ausgeprägten Kölner Dialekt sprechen wird. Außerdem drückt sie sich anders aus als Kinder oder Jugendliche und realisiert damit einen bestimmten Typ von Alterslekten. Natürlich verfügt sie über einen ganz individuellen Idiolekt, der auch bestimmte Merkmale der Frauensprache umfasst. Ferner wirkt sich die Situation des Vorstellungsgesprächs auf ihre Ausdrucksweise aus: Sie wählt einen Situolekt, der dem formellen Charakter des Gesprächs angemessen ist. Schließlich verwendet die Kölnerin den gesprochenen Mediolekt, denn es handelt sich bei dem Bewerbungsgespräch um mündliche Kommunikation, die andere Charakteristika aufweist als schriftliche. Das Beherrschen mehrerer Varietäten wird als **innere Mehrsprachigkeit** bezeichnet. Es kontrastiert zur sogenannten **äußeren Mehrsprachigkeit**, bei der ein Individuum neben der Muttersprache auch eine oder mehrere Fremd- oder Zweitsprachen spricht.

Sicherlich soll Löfflers Sprachwirklichkeitsmodell die Einteilung einer Sprache in ihre Varietäten nicht erschöpfend, sondern nur exemplarisch darstellen. Dennoch könnte das Modell um zwei weitere Eckpunkte ergänzt werden, und zwar um „Normvarietäten" und „nationale Varietäten" (obwohl diese Termini zugegebenermaßen nicht optimal zur *Lekt*-Terminologie passen). Erstere lassen sich in zwei Varietätenbereiche einteilen, die jeweils nach ihrem Normstatus zu unterscheiden sind. Dazu gehört einerseits die Standardvarietät und andererseits alles, was nicht standardsprachlich ist, also sämtliche Nonstandardvarietäten (Dialekte, Umgangsvarietäten, Jugendsprache etc.). Nationale Varietäten bestehen aus all jenen standardsprachlichen Varietäten einer Sprache, die aufgrund ihrer Geltung in verschiedenen Nationen einer Sprachgemeinschaft differieren. Sprachliche Diasysteme mit mehreren nationalen Standardvarietäten werden als **plurizentrische Sprachen** bezeichnet (vgl. Kap. 2).

Zusammenfassung

Die deutsche Sprache ist durch vielfältige sprachliche Variation geprägt, deren Ursprünge bis weit in die Sprachgeschichte zurückverfolgt werden können. Je nach variationsauslösendem Faktor unterscheidet man Dialekte, Soziolekte, Genderlekte, Mediolekte, Funktiolekte u. a. Aber auch die Ebene der Schriftsprache (Standardvarietät) ist davon betroffen, denn im Laufe der Zeit haben sich verschiedene nationale Standardvarietäten herauskristallisiert. Von einer einheitlichen deutschen Sprache kann folglich keine Rede sein. Die Sprecher des Deutschen verfügen über eine innere Mehrsprachigkeit, d. h. sie sind in der Lage, aus der Vielzahl der Varietäten diejenige auszuwählen und zu verwenden, die für die jeweilige Kommunikationssituation am besten geeignet ist.

Weiterführende Literatur: Dürscheid, Christa (2003): Medienkommunikation im Kontinuum von Mündlichkeit und Schriftlichkeit. Theoretische und empirische Probleme. In: Zeitschrift für Angewandte Linguistik 38, S. 1–20. **Ernst, Peter (²2012):** Deutsche Sprachgeschichte. Eine Einführung in die diachrone Sprachwissenschaft des Deutschen. Wien. **Euler, Wolfram/Badenheuer, Konrad (2009):** Sprache und Herkunft der Germanen. Abriss des Protogermanischen vor der Ersten Lautverschiebung. Hamburg/London. **Klare, Johannes (2011):** Französische Sprachgeschichte. Stuttgart. **Löffler, Heinrich (⁴2010):** Germanistische Soziolinguistik. Berlin.

Aufgaben

1. Warum verfügt die deutsche Sprache über eine stark ausgeprägte Variation?

2. Erläutern Sie die Konzepte ‚Sprache' und ‚Varietät'.

3. Welche Arten von Varietäten gibt es?

4. In welchem Verhältnis stehen Sprache und Standardvarietät zueinander?

5. Erläutern Sie die Begriffe ‚innere Mehrsprachigkeit' und ‚äußere Mehrsprachigkeit'.

6. Welche Varietäten der deutschen Sprache sprechen Sie?

7. Welche Varietäten werden in den folgenden Sprachproben bzw. Textausschnitten repräsentiert?

    a) Asterix, den Zampano von diese Ahmteurs. Gewieften Schlickefänger, denze de knifflichste Aufgahm zuschustern kannz. (Asterix 1999)

b) Fater unsēr, thu in himilom bist, giuuīhit sī namo thīn. Quaeme rīchi thīn. Uuerdhe uuilleo thīn, sama sō in himile endi in erthu. [...] (Weißenburger Paternoster, aus: Ernst 2005: 76)

c) S isch äismòòl en Pùùrscht imene Wäidlig (Nache) über es bräits ruuchs Wasser gfaare, überänne uf de andere Site hed drum si Brut uf ihn gwaartet, [...]. (aus: LSM 2008: 14)

d) Ein ritter sô gelêret was
   daz er an den buochen las
   swaz er dar an geschriben vant:
   der was Hartman genant,
   dienstman was er zOuwe.
   (aus: Hartmann von Aue: Der arme Heinrich)

e) In de bliede Ostertied,
   Wenn de drödig'n Bäckerslüd
   En ganzen Barg vun söte Saaken
   Backen dot un ferdi maaken,
   Keem Max un Moritz uck dat Leng'n,
   To'n bet wat Leckers „Du" to seggn. (aus: Niebaum/Macha 1999: 198)

f) Ey Alder, echt voll krass!

g) Ist das Wohnungseigentum mit der Hypothek, Grund- oder Rentenschuld oder der Reallast eines Dritten belastet, so ist dessen nach anderen Rechtsvorschriften notwendige Zustimmung zu der Vereinbarung nur erforderlich, wenn ein Sondernutzungsrecht gegründet oder ein mit dem Wohnungseigentum verbundenes Sondernutzungrecht aufgehoben, geändert oder übertragen wird. (BGB 2008: 578)

2 Deutsch als plurizentrische Sprache

Deutsch gehört neben Englisch, Französisch und anderen Sprachen zu den sogenannten **plurizentrischen Sprachen**. So bezeichnet man Sprachen, die in mehreren
Nationen Amtssprache sind und verschiedene Standardvarietäten entwickelt haben. Die Konzepte *Amtssprache*, *Standardvarietät* und *Sprachzentrum* werden im
Folgenden erläutert.

2.1 Deutsch als Amtssprache

Der Terminus **Amtssprache** wird nicht ganz einheitlich verwendet. Immer wieder
stößt man auf Darstellungen, die ihn als Bezeichnung für die offizielle Sprache
eines Staates verwenden, was besonders an der englischen Entsprechung *official
language* deutlich wird. Weitere Termini wie *Staatssprache*, *Nationalsprache*
oder *Verwaltungssprache* werden häufig, aber nicht immer, synonym zu *Amtssprache* gebraucht. Leider wird die genaue Bedeutung der einzelnen Ausdrücke
meist nicht hinreichend oder gar nicht expliziert.

Regierungen, Ämter und Behörden nutzen Amtssprachen für die Kommunikation
untereinander und mit den Bürgern. Daher finden sie besonders in bestimmten
offiziellen Domänen Verwendung, vor allem bei der Formulierung von Gesetzen,
in Parlamentsdebatten, der öffentlichen Verwaltung und der Rechtsprechung. In
der Regel dient dazu die Standardvarietät der betreffenden Amtssprache (zu
‚Standardvarietät' vgl. Kap. 2.2). Es ist allerdings nicht vollkommen ausgeschlossen, dass sich Bürger in einer anderen Sprache als der Amtssprache an Behörden
wenden. Sie können dies beispielsweise in einer Sprache tun, die innerhalb eines
bestimmten Gebietes durch die *Europäische Charta der Regional- oder Minderheitensprachen* geschützt ist. Die Charta wurde 1992 von den Mitgliedstaaten des
Europarates unterzeichnet und gilt seit 1999 auch für die Bundesrepublik Deutschland. Daher genießt beispielsweise das Dänische in Schleswig-Holstein den Status
einer Minderheitensprache und seine Sprecher haben („im Rahmen des Zumutbaren") bestimmte Möglichkeiten der Verwendung ihrer Sprache. So sind dänisch
abgefasste Urkunden nach Artikel 10 (Absatz 1 (a), Teil v) rechtsgültig (vgl. SHL
2007: 59). Sprecher des Niederdeutschen können mündliche oder schriftliche
Anträge in dieser Sprache an regionale oder örtliche Behörden stellen (vgl. ebd:
64 f.).

Es ist keineswegs so, dass alle Staaten über genau eine Amtssprache verfügen. Manche haben mehrere Amtssprachen, wie beispielsweise Südafrika mit elf Amtssprachen. Andererseits kann eine einzelne Sprache diese Funktion in mehreren Staaten übernehmen, wie Deutsch, das in sieben Staaten amtlich ist: in Deutschland, Österreich und der Schweiz sowie in Luxemburg, Liechtenstein, Belgien (Deutschsprachige Gemeinschaft) und Italien (Provinz Bozen-Südtirol).

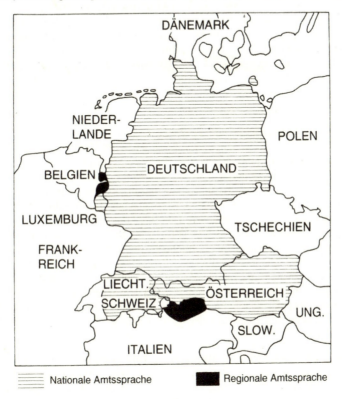

Abb. 2: Amtssprachregion des Deutschen (Quelle: Ammon 1995: 13)

Amtssprachen haben nicht immer den gleichen Status. Zunächst ist nach Ammon (1991: 54 f.) zu unterscheiden zwischen offiziell **deklarierten Amtssprachen**, die in der Verfassung eines Staates oder durch besondere Rechtsakte als solche festgelegt sind, und **faktischen Amtssprachen**, die zwar nicht offiziell als solche deklariert wurden, aber de facto in den oben genannten Domänen verwendet werden. Man unterscheidet daher zwischen amtlichem Status und amtlicher Funktion.

Deutsch ist deklarierte Amtssprache in Österreich und der Schweiz[3] (amtlicher Status), aber nur faktische Amtssprache mit amtlicher Funktion in Deutschland, wo es nicht gesetzlich verankert wurde. Deklarierte und faktische Amtssprachen eines Staates stimmen nicht immer überein, wie am Beispiel Kenias deutlich wird. Dort ist Suaheli (neben Englisch) zwar deklarierte Amtssprache, hat aber keine oder nur eine geringe amtliche Funktion (vgl. Ammon 1991: 54 f., Schloßmacher 1996: 17 f.). Ferner gibt es nationale und regionale Amtssprachen. Erstere sind im gesamten Territorium eines Staates amtlich gültig (z. B. Kastilisch in Spanien), während letztere nur in einer oder mehreren Regionen gelten (z. B. Katalanisch in den spanischen Autonomen Gemeinschaften Katalonien, Balearen und Valencia). Schließlich werden solo-offizielle und ko-offizielle Amtssprachen differenziert. Eine solo-offizielle Amtssprache ist die einzige Amtssprache eines Staates (z. B. Französisch in Frankreich), während sich ko-offizielle Amtsprachen den Status mit anderen Sprachen teilen (z. B. Französisch und Haitianisch in Haiti).

In Deutschland, Österreich und Liechtenstein ist die deutsche Sprache solo-offizielle Amtssprache auf nationaler Ebene, da sie im Gesamtgebiet dieser Staaten jeweils alleinige Amtssprache ist[4]. Ferner ist sie in Luxemburg nationale Amtssprache, denn auch dort gilt sie im gesamten Staatsgebiet. Allerdings ist sie ko-offiziell, denn Französisch und Letzeburgisch, die Muttersprache der meisten Luxemburger, sind ebenfalls nationale Amtssprachen. In der Schweiz gibt es vier ko-offizielle, nationale Amtssprachen: Deutsch, Französisch, Italienisch und Rätoromanisch. Schweizer dürfen sich in jeder dieser Sprachen an ihre Bundesbehörden wenden. Eine Sonderstellung nimmt das Rätoromanische ein, denn es übernimmt nur für Muttersprachler die amtliche Funktion. Auf kantonaler und lokaler Ebene sind die vier o. g. Sprachen nicht automatisch Amtssprachen, denn dort greift das sogenannte Territorialprinzip, nach dem jeder Kanton selbst festlegen kann, in welcher der vier Sprachen die behördliche Kommunikation stattfinden soll. Hier müssen sich die Bürger also an die kantonale Regelung halten (vgl. Pfeil 2006: 461 f.).

In Italien ist Deutsch regionale Amtssprache, denn es gilt nicht im gesamten Territorium, sondern nur in der Autonomen Provinz Bozen-Südtirol (kurz: Südtirol), wo es gemeinsam mit Italienisch ko-offizielle Amtssprache ist. Außerdem ist es regionale, solo-offizielle Amtssprache in der Deutschsprachigen Gemeinschaft in Ostbelgien.

---

[3]   In Österreich nach Artikel 8 der österreichischen Bundesverfassung (seit 1920, vgl. Wiesinger 2003b: 2972), in der Schweiz nach Artikel 70 der Bundesverfassung der Schweizerischen Eidgenossenschaft.

[4]   In Österreich genießen auch die Minderheitensprachen Kroatisch, Slowenisch und Ungarisch in einigen Bezirken, zum Teil sogar nur in einzelnen Gemeinden, Amtssprachenstatus.

Während die oben genannten Staaten und Regionen zusammen die **Amtssprach-region** der deutschen Sprache ausmachen, ist die **Muttersprachregion** anders abgesteckt. Luxemburg gehört beispielsweise nicht dazu, da dort die Muttersprache der Bevölkerungsmehrheit das Letzeburgische ist. Dafür besteht die Muttersprachregion aus allen Gebieten, in denen deutschsprachige Minderheiten leben (vgl. Ammon 1991: 119 f.; Born/Dickgießer 1989: passim), auch wenn Deutsch dort keine Amtssprache ist. Daher ist das deutschsprachige Gebiet in Dänemark ebenso Teil der Muttersprachregion wie Regionen auf weit entfernten Kontinenten, in denen deutschsprachige Minderheiten leben.

2.2   Standardvarietät

In den vorigen Kapiteln wurde bereits des Öfteren der Terminus **Standardvarietät** (umgangssprachlich auch *Hochdeutsch*) verwendet. Doch was versteht man eigentlich darunter? Da bisher keine allgemein akzeptierte Definition des Begriffs formuliert wurde, muss mit der Nennung und Beschreibung von Merkmalen der Standardvarietät vorlieb genommen werden (vgl. Kellermeier-Rehbein 2013). Nach Ammon (1995: 73 ff.) hat eine Standardvarietät folgende Eigenschaften: Sie ist die **sprachliche Norm** in öffentlichen und formellen Kommunikationssituationen und wird als solche in der Regel von allen Sprechern anerkannt. In überregionalen Nachrichtensendungen, bei öffentlichen Ansprachen, in Vorlesungen an der Universität und ähnlichen Kommunikationssituationen erwartet man von den Sprechern die Verwendung der Standardvarietät. Eine im Dialekt vorgetragene Rede des Bundespräsidenten würde bei den Hörern wohl als unangemessen empfunden werden und möglicherweise sogar Gelächter hervorrufen.

Ein weiteres Kennzeichen von Standardvarietäten ist ihre **überregionale Verbreitung**. Sie sind im gesamten Territorium eines Staates gültig und verständlich. Dadurch unterscheiden sie sich von Dialekten, die nur in einem bestimmten geographischen Raum verbreitet sind.

Sie sind darüber hinaus **amtlich institutionalisiert,** so dass ihr Gebrauch in Behörden und Ämtern sowie in Schulen und Universitäten verpflichtend ist. Die Mitarbeiter von Behörden sollen bei der Kommunikation mit den Bürgern die Standardvarietät der Amtssprache verwenden, Nonstandardvarietäten sind für diese Art der Kommunikation in der Regel nicht zulässig.

Standardvarietäten werden **präskriptiv kodifiziert,** d. h. im Sprachkodex dargestellt. Der Kodex einer Sprache umfasst sämtliche Nachschlagewerke, die den Wortschatz und die Grammatikregeln der betreffenden Sprache verzeichnen. Deskriptive Kodexteile beschreiben eine Sprache oder eine Varietät lediglich, präskriptive zeigen, welche Sprachformen zum „richtigen" Sprachgebrauch gehören und welche nicht. Paradebeispiele für normbezogene Kodexteile sind Rechtschreib-Wörterbücher, in denen die Verfasser von Texten bei Unsicherheiten bezüglich der richtigen Schreibung eines Wortes verbindliche Informationen finden. Nonstandardvarietäten werden dagegen nur deskriptiv kodifiziert (z. B. in Dialektwörterbüchern). Es gibt zwar Normen für korrekten Dialektgebrauch, allerdings sind diese nicht verbindlich.

Schließlich ist die Standardvarietät Unterrichtsgegenstand und -sprache in der Schule. So nennen beispielsweise die Richtlinien und Lehrpläne für Grundschulen in Nordrhein-Westfalen das an der gesprochenen Standardsprache orientierte Sprechen als Kompetenzerwartung am Ende der 4. Klasse (vgl. Richtlinien 2008: 28). Was ihre Verwendung als Unterrichtssprache betrifft, so zeigt die Realität, dass dies nicht immer der Fall ist. Vor allem in Dialektgebieten sprechen Lehrkräfte zuweilen Mundart mit Schülern.

Wer legt eigentlich fest, was als standardsprachlich zu gelten hat und was nicht? Für manche Sprachen (z. B. Französisch, Spanisch) wird die Standardvarietät durch dafür autorisierte staatliche Instanzen (z. B. Académie Française, Real Academia Española) festgelegt. Für das Deutsche gibt es keine vergleichbare Akademie, die mit der Pflege und Förderung der Sprache betraut ist. Stattdessen übernehmen verschiedene gesellschaftliche Gruppen diese Aufgabe. Ammon (1995: 73 ff.) erklärt dies mit dem sozialen Kräftefeld einer Standardvarietät.

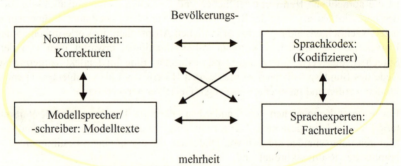

Abb. 3: Soziales Kräftefeld einer Standardvarietät (nach Ammon 1995: 80)

Die Abbildung zeigt, dass nicht etwa nur eine einzelne Person oder gesellschaftliche Gruppe darüber entscheidet, was in einer Sprache als standardsprachlich gilt. Vielmehr sind dabei fünf Gruppen involviert, die sich aneinander orientieren und gegenseitig in ihrer Entscheidungsfindung beeinflussen. Zur Gruppe der Modellsprecher und -schreiber gehören sowohl renommierte Schriftsteller und Journalisten, die beruflich Texte verfassen, als auch Personen mit Sprechausbildung wie etwa Schauspieler oder Nachrichtensprecher. Da sie als kompetente Sprachproduzenten gelten, orientieren sich die anderen Gruppen an ihren mündlichen oder schriftlichen Äußerungen, die als vorbildlich gelten. Sprachexperten sind Linguisten, die sich wissenschaftlich mit Sprache beschäftigen und dabei nicht selten die Texte der Modellsprecher und -schreiber als Grundlage für die Untersuchung von Lautung, Lexik, Morphologie, Syntax und Pragmatik verwenden. Ihre Erkenntnisse dienen oft als Empfehlungen für die Arbeit der **Kodifizierer**. Dazu gehören alle Lexikografen und Verfasser von Grammatikbüchern, die in ihren Kodexteilen die „richtigen" Formen einer Standardvarietät dokumentieren und zum Teil durch Zitate aus Texten von Modellschreibern belegen. Schließlich gibt es noch die **Normautoritäten** (v. a. Lehrer), die sich wiederum an den Kodexteilen einer Standardvarietät orientieren, wenn sie die sprachliche Richtigkeit von Schülertexten oder -äußerungen beurteilen sollen. Alle vier Gruppen nehmen natürlich auch die Sprachverwendung der **Bevölkerungsmehrheit** zur Kenntnis. Dadurch gelangen Neologismen in den standardsprachlichen Wortschatz (*Umweltzone*), und veraltete Wörter (*Muhme, Gevatter*) werden daraus getilgt. Zudem werden gelegentlich grammatische Konstruktionen, die ursprünglich als fehlerhaft galten, akzeptiert, wenn sie sich im Sprachgebrauch der Bevölkerungsmehrheit durchgesetzt haben. Daher ist nicht auszuschließen, dass sich in Zukunft beispielsweise *weil*-Sätze mit Verbzweitstellung aufgrund ihrer zunehmenden Verwendung als standardsprachlich korrekt durchsetzen.

Im Idealfall sind sich alle Gruppen des sozialen Kräftefeldes bei der Beurteilung einer Sprachform einig. Ist der Normstatus strittig, können die Kodifizierer die betreffende Form in ihren Wörterbüchern gesondert markieren (mit einem Hinweis versehen), um ihre Leser auf die eingeschränkte Standardsprachlichkeit aufmerksam zu machen. Die Duden-Bände halten dafür Markierungen wie „ugs." (,umgangssprachlich'), „derb" oder „vulg." (,vulgär') bereit (vgl. Kap. 13.1).

Hinsichtlich der deutschen Sprache gehen viele Sprecher fälschlicherweise davon aus, dass es *eine* einzige Standardvarietät gebe, die aus *einem* einheitlichen Wortschatz und *einer* dazugehörigen Menge an grammatischen Regeln bestehe und im gesamten deutschsprachigen Raum und für alle Sprecher gleichermaßen gelte. In der Regel assoziiert man mit dieser Standardvarietät das in Deutschland gebräuchliche Schriftdeutsch. Alles, was davon abweicht, wird häufig dem Nonstandard zugerechnet. Diese irrige Annahme hält sich hartnäckig und führt häufig zu der Meinung, das österreichische oder das schweizerische Schriftdeutsch sei nicht voll und ganz richtig und daher nicht einwandfrei standardsprachlich. Forschungen im Bereich der Variationslinguistik (z. B. Clyne 1992, Ammon 1995, VWD 2004, Ebner [1969] [4]2009, Meyer [1989] 2006) haben jedoch zeigen können, dass es in der deutschen Sprache nicht nur eine einzige, sondern **drei Standardvarietäten** gibt, die linguistisch gleichwertig sind: die deutsche, die österreichische und die schweizerische Standardvarietät. Letztere wird allerdings von den Schweizern selbst als *Schweizerhochdeutsch* bezeichnet, was sich auch in der Linguistik durchgesetzt hat. Zählt man noch die Standardvarietäten des Deutschen in Liechtenstein, Luxemburg, Ostbelgien und Südtirol hinzu, kommt man sogar auf sieben. Bei anderen Sprachen, wie etwa dem Englischen oder Spanischen, wurde immer schon akzeptiert, dass es unterschiedliche Standardvarietäten gibt, wie zum Beispiel britisches, amerikanisches oder australisches Englisch (vgl. Kap. 15.1) bzw. iberisches oder mexikanisches Spanisch. Bezüglich der deutschen Sprache sind sich viele (vor allem deutsche) Sprecher der Existenz mehrerer Standardvarietäten gar nicht bewusst. Anderen fällt es schwer, die **Gleichwertigkeit der nationalen Varietäten** anzuerkennen, denn damit müssten sie akzeptieren, dass die eigene (in diesem Falle die deutsche) Standardvarietät weder für alle Deutschsprachigen maßgeblich noch von größerer Bedeutung ist als die Standardvarietäten der Nachbarstaaten.

Die Existenz von drei Standardvarietäten des Deutschen führt in den drei Staaten zu teilweise unterschiedlichen sprachlichen Normen, die sowohl die Lexik als auch alle anderen sprachlichen Ebenen betreffen. Was für Deutsche eine korrekte, standardsprachliche Formulierung ist, muss für Österreicher nicht automatisch ebenfalls richtig sein. Was in Österreich eine normgerechte Pluralform ist, kann in der Schweiz unzulässig sein, und eine schweizerhochdeutsche Aussprache entspricht möglicherweise nicht der bundesdeutschen. Diese Variationen führen im Allgemeinen nicht zu Verständigungsschwierigkeiten, da die Standardvarietäten einen hohen Grad an sprachlicher Ähnlichkeit aufweisen (vgl. Kap. 5).

2.3   Sprachzentren des Deutschen

Ein **Sprachzentrum** ist nach Ammon (1995: 95 ff.) ein Staat, eine Nation oder eine Sprechergemeinschaft als Teil einer Nation mit einer eigenen Standardvarietät. Die Nennung von drei möglichen gesellschaftlichen Gruppierungen, die als Sprachzentren in Frage kommen, hat gute Gründe. Die Abgrenzung der Termini *Staat* und *Nation* kann unter Umständen Probleme bereiten, weil sie zum Teil synonym zu verstehen sind, zum Teil unterschiedliche Konzepte bezeichnen. Im Falle Österreichs stimmen Staat und Nation überein, in anderen Gebieten ist das nicht zwangsläufig so. Besonders deutlich wird dies an der bis 1989/90 währenden Teilung Deutschlands in die beiden Staaten BRD und DDR, deren Bürger sich verschiedenen Umfragen zufolge dennoch als *eine* Nation betrachteten. Abgesehen davon muss ein Sprachzentrum aber nicht unbedingt eine ganze Nation oder einen Gesamtstaat umfassen. Es kann sich auch um eine Teilmenge einer mehrsprachigen Nation handeln, wenn sich diese Gruppe durch eine gemeinsame Erstsprache auszeichnet. Beispielsweise bilden die deutschsprachigen Schweizer ohne die anderssprachigen Bevölkerungsteile ein Sprachzentrum des Deutschen.

Diese Gruppierungen können aber nur dann als Sprachzentren bezeichnet werden, wenn sie über eine eigene Standardvarietät verfügen. Die deutsche Sprache umfasst mindestens drei Sprachzentren (Deutschland, Österreich und die Schweiz) bzw. sieben, wenn man davon ausgeht, dass sich auch in Ostbelgien, Luxemburg, Liechtenstein und Südtirol jeweils eine eigene Standardvarietät des Deutschen entwickelt hat. Diese sieben Sprachzentren unterscheiden sich aber in wichtigen Aspekten voneinander, was nahelegt, zwischen sogenannten **Voll-** und **Halbzentren** zu unterscheiden. Zu ersteren gehören die Staaten, die über einen eigenen Binnenkodex verfügen. Dies ist der Fall, wenn der Sprachkodex einer Standardvarietät im eigenen Sprachzentrum entstanden ist, andernfalls spricht man von einem Außenkodex (vgl. Kap. 4). Die Sprecher aus Deutschland, Österreich und der Schweiz können jeweils auf einen solchen Binnenkodex zurückgreifen. Für Deutschland sind es v. a. die Duden-Bände, in der Schweiz Wörterbücher wie *Schweizer Wahrig* oder *Schweizer Schülerduden* und in Österreich ist es das *Österreichische Wörterbuch* (vgl. Kap. 13).

In **Österreich** leben rund 8,5 Millionen Menschen (vgl. Fischer 2013: 339), von denen 98 % Deutsch sprechen. Deutsch ist deklarierte Amtssprache, in Bezirken mit kroatisch-, ungarisch- oder slowenischsprachigen Personen sind auch diese Sprachen zugelassen. Die österreichische Standardvarietät wird vor allem für die Schrift sowie die öffentliche und formelle mündliche Kommunikation verwendet (vgl. VWD 2004: XXXIV ff.), daneben stehen Dialekte und regionale Umgangsvarietäten zur Verfügung.

Die **Schweiz** ist ein viersprachiger Staat mit den Amtssprachen Deutsch, Französisch, Italienisch und Rätoromanisch, die in geographisch abgegrenzten Räumen gesprochen werden. Die Eidgenossenschaft umfasst knapp 8 Millionen Einwohner, von denen etwa 65% deutschsprachig sind (vgl. Fischer 2013: 396). Die dortige Standardvarietät wird *Schweizerhochdeutsch* genannt und dient im Wesentlichen nur der schriftlichen Kommunikation. In der Mündlichkeit dominieren die alemannischen Dialekte, die unter der Bezeichnung *Schweizerdeutsch* zusammengefasst werden (vgl. Kap. 11.2).

Deutschland ist nicht nur das geographisch größte Vollzentrum des Deutschen, sondern auch das mit der größten Sprecherzahl. Von rund 82 Millionen Einwohnern sind etwa 91 % deutsche Staatsbürger, die fast alle die deutsche Sprache beherrschen (vgl. VWD 2004: XLII). Deutsch ist faktische, aber nicht deklarierte solo-offizielle Amtssprache. Daneben gibt es anerkannte alteinheimische Minderheitensprachen (z. B. Dänisch, vgl. Kap. 2.1) sowie neue Immigrantensprachen (v. a. Türkisch). Mehr als in Österreich und der Schweiz wird in Deutschland selbst im privaten Bereich die Standardvarietät verwendet.

Die anderen oben genannten deutschsprachigen Staaten bzw. Regionen Ostbelgien, Luxemburg, Liechtenstein und Südtirol haben keinen Binnenkodex und werden daher zu den Halbzentren gezählt. Die Sprecher müssen in sprachlichen Zweifelsfällen den Außenkodex konsultieren, weil es bislang weder Wörterbücher des Deutschen aus Luxemburg oder Liechtenstein noch Grammatiken der deutschen Standardvarietät aus Ostbelgien oder Südtirol gibt.

Dehnt man das Konzept der Plurizentrizität noch weiter aus, lassen sich neben den Voll- und Halbzentren auch **Viertelzentren** einer Sprache ausmachen. Sie verfügen jeweils über eine eigene Standardvarietät, die zwar in einheimischen Modelltexten verwendet und anerkannt wird, aber keine amtliche Funktion ausübt. Dieser fehlende amtliche Status unterscheidet die Viertelzentren von den oben genannten Sprachzentren. Obwohl Amtssprachlichkeit in der o. g. Definition von *Sprach-*

zentrum nicht als Kriterium erwähnt wird, liegt sie doch de facto bei allen anderen Zentren des Deutschen vor. Insofern handelt es sich bei dem Konzept *Viertel-zentrum* um einen Grenzfall des Begriffs ,Sprachzentrum'. Ein Viertelzentrum des Deutschen ist beispielsweise Namibia. Deutsch hat dort den Status einer National-sprache (nicht: Amtssprache), ist Muttersprache von ca. 20.000 Personen sowie Zweit- und Verkehrssprache eines Großteils der weißen Bevölkerung. Die dort erscheinende *Allgemeine Zeitung* kann als Modelltext aufgefasst werden, in dem die Artikel in der namibisch-deutschen Standardvarietät abgedruckt werden (vgl. Kellermeier-Rehbein i. V.). Auch in Rumänien gibt es eine deutschsprachige Minderheit, die vor allem in Siebenbürgen und Banat lebt. Auf dem amerikani-schen Kontinent zeigt sich ein Beispiel für ein Viertelzentrum, das aus einer Spre-chergruppe ohne zusammenhängendes Siedlungsgebiet besteht: die deutschspra-chigen mennonitischen Gemeinschaften.

Einerseits sind die nationalen Varietäten des Deutschen aufgrund ihres gleicher-maßen umfassenden Ausbaus und der großen Ähnlichkeit zwischen ihnen linguis-tisch gleichwertig (vgl. Kap. 7 und 8). Andererseits ist unter den Vollzentren und ihren Standardvarietäten ein asymmetrisches Verhältnis zu beobachten, in dem Deutschland und die deutsche Standardvarietät eine dominierende Rolle einneh-men. Meist werden dafür Ursachen wie demographische Unterschiede, politischer Einfluss, Wirtschaftskraft oder kulturelle Ressourcen genannt (vgl. Scharloth 2005: 238; Clyne 1992: 133; 1995: 21; 2000: 2010). Clyne (1992: 6) stellt in diesem Zusammenhang folgende rhetorische Frage: „How symmetrical can pluri-centricity be in a world in which political, economic and strategic power is une-qually distributed?"

Vergleicht man die numerische Stärke der Sprechergruppen, so stehen knapp 82 Millionen Deutsche rund 8,5 Millionen Österreichern und etwa 5,2 Millionen Deutschschweizern gegenüber. Die numerische Stärke ist nicht nur für sich ge-nommen ein gewichtiger Faktor für die Dominanz des deutschen Zentrums, son-dern zieht eine Reihe von Folgeerscheinungen mit sich. Offensichtlich wird dies beispielsweise im Tourismus, da weitaus mehr Deutsche nach Österreich oder in die Schweiz reisen als umgekehrt. Mit den Besuchern aus dem Norden kommen auch sprachliche Besonderheiten des deutschen Deutsch in die Alpenländer, wo sie inzwischen durchaus bekannt sind. In der Reisebranche tätige Geschäftsleute passen sich häufig an die sprachlichen Gepflogenheiten der Gäste aus Deutschland an, wenn sie sich besseren Umsatz erhoffen. Ein *faschiertes Laibchen mit Fisolen und Erdäpfeln* lässt sich einem Deutschen nun einmal nicht so gut verkaufen wie eine *Frikadelle mit grünen Bohnen und Kartoffeln*.

Deutsche Massenmedien sind im Süden des Sprachgebietes weitaus stärker ver-breitet als österreichische oder schweizerische in Deutschland. Der österreichische Buch- und Zeitschriftenmarkt wird nach Wiesinger (2002: 179) zu über 80 % aus Deutschland beliefert. Deutsche Fernsehprogramme werden in den südlichen Zentren häufig konsumiert und ausländische Filme meist in Deutschland synchronisiert und anschließend auch in Österreich und der Schweiz ausgestrahlt. Dazu kommt noch, dass die meisten deutschsprachigen Verlage ihren Sitz in Deutschland haben und österreichische und Schweizer Schriftsteller häufig die Normen der deutschen Verleger übernehmen müssen (vgl. Clyne 1992: 133).

Neben der numerischen Stärke spielt ein weiterer Aspekt eine wichtige Rolle für die Dominanz des deutschen Zentrums. Er beruht auf dem Umstand, dass der Sprachname Deutsch im Nations- und Staatsnamen *Deutschland* bzw. *Bundesrepublik Deutschland* enthalten ist (vgl. Ammon 1995: 318). Dies suggeriert eine Vorrangstellung Deutschlands, weil es als das „eigentliche" und „zentrale" Zentrum erscheint, während in Bezug auf die Schweiz und Österreich der Anschein von „Randgebieten" oder peripheren Zentren erweckt wird. Bezeichnenderweise war über lange Zeit in der einschlägigen Literatur der Terminus *Binnendeutsch* für das deutsche Deutsch üblich. Nach Clyne (1992: 134) waren es vor allem westdeutsche Sprachwissenschaftler, die in einem Anflug von „cultural imperialism" ihre eigene Varietät als *Binnendeutsch* bezeichneten und sie darüber hinaus zur Norm deklarierten, während die Standardvarietäten Österreichs und der Schweiz in ihren Augen lediglich Abweichungen waren, die es wissenschaftlich zu untersuchen galt. Um dieses terminologische Problem zu umgehen, wurden Versuche unternommen, andere Benennungen zu finden. Vorschläge wie z. B. *deutschländisch* haben sich aber nicht allgemein durchsetzen können. Zwar werden sie gelegentlich von Österreichern und Schweizern verwendet, aber nur selten von Deutschen.

Eine weitere wichtige Ursache für die Asymmetrie der Sprachzentren und ihrer Standardvarietäten ist in der Geschichte zu suchen. Die in der Frühen Neuzeit beginnende Suche nach einer allgemeinen sprachlichen Norm und die Bestrebungen zur Standardisierung der deutschen Sprache fanden vor allem in den Regionen statt, die 1871 im neu gegründeten Deutschen Reich aufgingen (vgl. Ammon 1995: 319 f.). Unter ihnen tat sich vom 16. bis zur Mitte des 19. Jahrhunderts vor allem das obersächsische Gebiet hervor, da das dort beheimatete Ostmitteldeutsche über besonderes Prestige verfügte und als sprachliches Vorbild galt, was nicht zuletzt auf Modelltexte zurückzuführen ist, die von Martin Luther oder den Autoren der Weimarer Klassik geschaffen wurden. Diese und andere Regionen nördlich der Alpen waren auch Sitz von sprachpflegerisch tätigen Vereinen (z. B. *Fruchtbringende Gesellschaft*, Sitz in Weimar; *Allgemeiner Deutscher Sprachverein*, Sitz in Braunschweig) sowie Heimat und Wirkungsstätte maßgeblicher Sprachgelehrter (z. B. Johann Christoph Gottsched, Justus Georg Schottelius) und Wörterbuchautoren (z. B. Johann Christoph Adelung, Jacob und Wilhelm Grimm, Konrad Duden, Theodor Siebs). Nicht zuletzt konnten sich deutsche Standards aufgrund der renommierten „deutschen" Wörterbücher und Grammatiken leichter durchsetzen. Schließlich enthielt schon Konrad Dudens Rechtschreibwörterbuch von 1902 Besonderheiten der deutschen Standardvarietät (Teutonismen), und das Aussprachewörterbuch von Siebs orientierte sich an Schauspielern der Berliner Bühnen (vgl. Ammon 1995: 321). Darüber hinaus haben wichtige sprachwissenschaftliche Institutionen der Gegenwart ihren Sitz in Deutschland, z. B. das *Institut für deutsche Sprache* in Mannheim.

Nicht zuletzt hat das dominierende Zentrum bessere Möglichkeiten, **Sprachförderprogramme** ins Ausland zu exportieren, womit es seine Position weiter festigen kann (vgl. Scharloth 2005: 238). Im nicht-deutschsprachigen Ausland bietet das 1932 gegründete *Goethe-Institut* (früher auch das ostdeutsche *Herder-Institut*) Sprachkurse für Deutsch als Fremdsprache an und fungiert sehr breitenwirksam als Aushängeschild der deutschsprachigen Kultur. Erst seit jüngster Zeit hat auch Österreich ein eigenes Institut zur auswärtigen Sprachförderung (*Österreich Institut*, seit 1997). Die Schweiz verfügt über kein vergleichbares Institut.

Aus all diesen Faktoren resultiert ein zwar **ungerechtfertigter**, aber existenter und recht anmaßender sprachlicher **Alleinvertretungsanspruch** des deutschen Sprachzentrums und seiner Sprecher, die die anderen Standardvarietäten häufig marginalisieren oder als regional abtun. Offenkundig wird die Asymmetrie in bestimmten Bewertungen, Einstellungen und Vorurteilen gegenüber den Sprechern der nicht-dominanten Nationalvarietäten. Nach Clyne (2000: 2010) gehört dazu u. a. die Verwechslung der weniger dominanten Standardvarietäten mit Dialekten. Die Wörter *Perron* ('Bahnsteig') und *Trottoir* ('Bürgersteig') sind beispielsweise in der Schweiz standardsprachlich, in Südwestdeutschland aber dialektal. Irrtümlicherweise wird dann oft angenommen, dass diese Wörter generell dialektal seien, auch wenn Schweizer Sprecher sie verwenden. Ferner charakterisieren Sprecher der dominanten Varietät die Sprechweise der anderen häufig als *exotisch, heimelig, charmant* oder *veraltet*. Die Normen der anderen Varietäten sind ihnen in der Regel weniger bekannt als ihre Normen den Sprechern der nicht-dominanten Varietäten (vgl. ebd.). Asymmetrische Dominanzverhältnisse zwischen Nationalvarietäten, Stereotypenbildung und unterschiedlich ausgeprägte Kenntnisse der jeweils anderen Standardvarietäten kommen in Bezug auf plurizentrische Sprachen nicht selten vor.

Wie einleitend bereits erwähnt wurde, gehört Deutsch aufgrund der oben genannten Eigenschaften zu den plurizentrischen Sprachen. Es ist in mehreren Staaten Amtssprache und hat verschiedene Sprachzentren mit jeweils eigenen Standardvarietäten entwickelt. Wenn Sprachzentren mit Nationen übereinstimmen, wie dies beim Deutschen der Fall ist, kann man auch von **plurinationalen Sprachen** sprechen.

Plurizentrische Sprachen können ganz unterschiedlich verbreitet sein. Manche werden in einem geographisch zusammenhängenden Gebiet gesprochen (z. B. Deutsch; vgl. dazu Kap. 2.1: Muttersprach- und Amtssprachregion), andere sind über verschiedene Kontinente verstreut (z. B. Portugiesisch in Europa, Südamerika, Afrika). Eine weitere Unterscheidungsdimension beruht im Wesentlichen auf der Art und Weise der historischen Entstehung und Verbreitung von nationalen Varietäten. Clyne (1992: 3) unterscheidet drei Arten: Die **Substrat-Nationalvarietäten** (*substratum national varieties*) werden traditionell in dem betreffenden Gebiet

gesprochen (z. B. deutsches, österreichisches und schweizerisches Standarddeutsch; schottisches Englisch), während **Immigranten-Nationalvarietäten** durch
Migration in anderssprachige Regionen exportiert wurden (z. B. amerikanisches
oder australisches Englisch). **Kolonial-Nationalvarietäten** (*nativized (neo-) coloni-
al*) gelangten durch Kolonialismus in fremde Sprachgebiete und wurden dort zu
einheimischen Varietäten (z. B. indisches Englisch, namibisches Deutsch). Aus
dieser Klassifizierung geht hervor, dass viele europäische Sprachen plurizentrisch
sind, vor allem jene, deren Sprachgemeinschaften ehemals Kolonialmächte waren
oder die ein erhebliches Maß an Emigration zu verzeichnen hatten (vgl. Kap. 15.1
und 15.2). Als Beispiele für monozentrische Sprachen lassen sich Russisch und
Japanisch nennen (Clyne 1992: 3).

Zusammenfassung

Da Deutsch in mehreren Staaten Amtssprache ist und sich aufgrund dessen
zum Teil unterschiedliche sprachliche Normen entwickelt haben, gehört es zu
den sogenannten plurizentrischen Sprachen. Das Konzept der Plurizentrik fasst
Nationen, Staaten oder Sprechergruppen mit eigenen Standardvarietäten derselben Sprache als Sprach*zentren* auf. Dazu gehören Deutschland, Österreich
und die Schweiz, die aufgrund eigenständiger Kodifizierung des Deutschen zu
den Vollzentren des Deutschen gehören. Obwohl die Standardvarietäten dieser
drei Nationen linguistisch gleichwertig sind, ist eine Dominanz des deutschen
Zentrums zu beobachten, die v. a. auf die numerische Stärke, aber auch auf
andere Ursachen zurückzuführen ist.

Weiterführende Literatur: Ammon, Ulrich (1995a): Die deutsche Sprache in
Deutschland, Österreich und der Schweiz. Das Problem der nationalen Varietäten.
Berlin/New York, Kap. 4.2. **Clyne, Michael (1992a):** Pluricentric Languages – Introduction. In: Clyne, Michael (Ed.): Pluricentric Languages. Differing Norms in
Different Nations. Berlin/New York, S. 1–9. **Clyne, Michael (1992b):** German as a
pluricentric language. In: Clyne, Michael (Ed.): Pluricentric Languages. Differing
Norms in Different Nations. Berlin/New York, S. 117–147. **Clyne, Michael**
(²2000): Varianten des Deutschen in den Staaten mit vorwiegend deutschsprachiger Bevölkerung. In: Besch, Werner/Betten, Anne/Reichmann, Oskar/Sonder-
egger, Stefan (Hg.): Sprachgeschichte. Ein Handbuch zur Geschichte der deutschen Sprache und ihrer Erforschung. HSK Bd. 2.2, Berlin/New York, S. 2008–
2016; **Kellermeier-Rehbein, Birte (2013):** Standard oder Nonstandard? Ungelöste
Probleme der Abgrenzung. In: Schneider-Wiejowski, Karina/Kellermeier-Rehbein,
Birte/Haselhuber, Jakob (Hg.): Vielfalt, Variation und Stellung der deutschen
Sprache. Berlin/Boston, S. 3–22.

🖋 **Aufgaben**

1. Tragen Sie in die Tabelle die Staaten bzw. Regionen ein, in denen Deutsch nationale oder regionale bzw. solo- oder ko-offizielle Amtssprache ist.

Amtssprache Deutsch	national	regional
solo-offiziell		
ko-offiziell		

Tab. 1: Amtssprachenstatus des Deutschen in den deutschsprachigen Staaten

2. Ist die Festlegung der Standardvarietät durch mehrere gesellschaftliche Gruppen als demokratisch zu bewerten?

3. Diskutieren Sie das asymmetrische Verhältnis zwischen den Sprachzentren des Deutschen und seinen Sprechern und nennen Sie Indizien für die Dominanz des deutschen Deutsch.

4. Haben Sie herablassende Einstellungen gegenüber Sprechern aus nicht-dominanten Sprachzentren schon einmal beobachtet?

5. Welche Einstellung haben Sie zu den Standardvarietäten Deutschlands, Österreichs und der Schweiz? Welche Konnotationen bzw. Assoziationen verknüpfen Sie damit?

6. Wie würden Sie einen in österreichischem oder schweizerischem Standard-deutsch synchronisierten Hollywood-Film bewerten?

3   Nationale Varianten und nationale Varietäten

Varietäten wurden im einleitenden Kapitel bereits als sprachliche Subsysteme von „ganzen Sprachen" umrissen. Sie unterscheiden sich durch **Varianten** (sprachliche Besonderheiten), die auf allen Ebenen der Sprache anzutreffen sind. Wichtig für die Unterscheidung von Varietäten und Varianten ist, dass erstere ganze Sprachsysteme inklusive Lautung, Wortschatz, Grammatik etc. sind, während es sich bei letzteren um einzelne sprachliche Einheiten handelt (z. B. Aussprachebesonderheiten, Lexeme o. a.). Leider werden in der Fachliteratur, sogar in manchen Beiträgen der Variationslinguistik, die beiden Termini *Variante* und *Varietät* gelegentlich verwechselt. Damit die Leser des vorliegenden Kapitels in Zukunft davor gefeit sind und den Gebrauch dieser Termini kritisch prüfen können, sollen im Folgenden die Begriffe ‚Variante', ‚nationale Variante' und ‚nationale Varietät' präzisiert werden.

Ammon (1995: 61 f.) vergleicht den Begriff ‚Variante' mit **sprachlichen Variablen**, die – wie in der Mathematik – verschiedene Werte annehmen können. Diese Werte sind nichts anderes als die Varianten. Die Variable ist eine gemeinsame Eigenschaft mehrerer sprachlicher Einheiten (das Tertium comparationis), z. B. eine bestimmte Bedeutung, die durch verschiedene Ausdrücke (Varianten) benannt wird. Im Folgenden werden sprachliche Variablen mit Großbuchstaben dargestellt, um Verwechslungen mit den Varianten zu vermeiden. Sprachliche Ausdrücke erscheinen kursiv gedruckt und Bedeutungen stehen, wie auch sonst in der Linguistik üblich, zwischen einfachen Anführungszeichen. Im folgenden Beispiel ist die Bedeutung ‚ERSTER MONAT DES JAHRES' die Variable, der verschiedene Varianten zugeordnet werden:

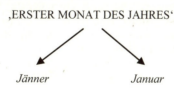

‚ERSTER MONAT DES JAHRES'

Jänner   *Januar*

Abb. 4: Onomasiologische Varianten

Diese Variable nimmt zwei Werte an. Die Variante *Jänner* ist Bestandteil des österreichischen Deutsch. In Deutschland und der Schweiz wird dagegen *Januar* verwendet. Wenn die Variable wie in diesem Beispiel eine gemeinsame, allen Varianten zugrunde liegende Bedeutung ist und die Ausdrücke variieren, handelt es sich um **onomasiologische Varianten** (auch: *Ausdrucksvarianten*).

Es kommt ebenfalls vor, dass einem Ausdruck, der im gesamten Sprachgebiet gebräuchlich ist, in den verschiedenen Sprachzentren unterschiedliche Bedeutungen zugeordnet werden. So beispielsweise bei *Bäckerei*:

Abb. 5: Semasiologische Varianten

Das Wort *Bäckerei* hat zwei unterschiedliche Bedeutungen. Die erste Bedeutung ‚Arbeitsplatz und Geschäft eines Bäckers' ist gemeindeutsch, d. h. sie ist im gesamten deutschsprachigen Raum bekannt und standardsprachlich. Die zusätzliche Bedeutung ‚Gebäck' hat der Ausdruck dagegen nur in Österreich, wo zum Kaffee eine Bäckerei genascht werden kann. Solche Bedeutungsvarianten nennt man **semasiologische Varianten**. Die Termini für die beiden Typen von Varianten gehen auf die zur Semantik gehörenden Disziplinen der Onomasiologie und der Semasiologie zurück. Erstere geht von Gegenständen oder Sachverhalten aus und fragt nach deren Bezeichnungen (gr. *ónoma* ‚Name'). Sie würde etwa herausfinden, dass eine bestimmte Berufsbezeichnung in den verschiedenen deutschsprachigen Nationen *Schornsteinfeger, Rauchfangkehrer, Kaminkehrer, Kaminfeger* oder *Essenkehrer* lautet (vgl. Kap. 1). Die Semasiologie geht den umgekehrten Weg: Sie fragt nach den Bedeutungen eines Wortes. Wie viele und welche Bedeutungen hat beispielsweise das Wort *Läufer*? Die Antwort könnte lauten: 1) ‚Person, die läuft', 2) ‚langer, schmaler Teppich' und 3) ‚(eine bestimmte) Schachfigur'.

Nun sind im Zusammenhang mit nationalen Varietäten nicht alle beliebigen Arten von Varianten von Interesse, sondern nur die **nationalen Standardvarianten** (auch: *nationale Varianten* oder *Nationalvarianten*). Sie haben zwei wesentliche Eigenschaften. Das Adjektiv *national* verweist auf die Bindung der betreffenden Sprachformen an bestimmte Nationen. Damit ist gemeint, dass sie in einer oder mehreren Nationen (genauer gesagt in einem oder mehreren nationalen Sprachzentren), aber nicht in *allen* Nationen der betreffenden Sprachgemeinschaft gelten. *Gelten* impliziert ihre Standardsprachlichkeit, wodurch sie in der Öffentlichkeit und in formellen Situationen unbeanstandet verwendet werden dürfen. Varianten des Nonstandards können daher per definitionem ebenso wenig nationale Varianten sein wie sprachliche Einheiten, die im Gesamtgebiet einer Sprache gelten. Im letzteren Fall würde man in Bezug auf die deutsche Sprache von gemeindeutschen Formen sprechen. Ammon definiert den Begriff ‚nationale Variante' wie folgt:

> ‚Nationale Varianten' [...] sind diejenigen Sprachformen, die Bestandteil der Standardvarietät mindestens einer Nation, aber nicht der Standardvarietäten aller

Nationen der betreffenden Sprachgemeinschaft sind. Sie müssen zudem Entsprechungen in den übrigen Standardvarietäten der betreffenden Sprachgemeinschaft
haben [...]. (Ammon 1995: 70)

Der Hinweis auf die Entsprechungen in den anderen Standardvarietäten zielt darauf ab, dass man überhaupt nur dann von sprachlicher Variation sprechen kann,
wenn eine Wahlmöglichkeit zwischen bedeutungsgleichen und funktional identischen sprachlichen Einheiten besteht. Gibt es beispielsweise nur ein einziges
Lexem zur Bezeichnung eines Sachverhaltes, kann von sprachlicher Variation
keine Rede sein (vgl. dazu auch unten die Begriffe ‚Sachspezifikum‘ und ‚Kon-
stante‘).

Die nationalen Varianten sind also sprachliche Merkmale, an denen man eine
nationale Standardvarietät bzw. deren Sprecher erkennen kann. Besonders auffällig sind in diesem Zusammenhang Varianten der Aussprache und der Lexik. Eine
Person, die beispielsweise von *Velo* (‚Fahrrad‘) oder *Rüebli* (‚Karotte‘) spricht, ist
leicht als Schweizer zu erkennen. Jemand, der Wörter wie *Jänner* oder *Pickerl*
(‚Aufkleber‘) verwendet, ist als Österreicher identifizierbar und ein Dritter, der
von *Abitur* (‚allgemeine Hochschulreife‘) oder *Möhre* (‚Karotte‘) spricht, verrät
damit seine deutsche Herkunft. Für die nationalen Varianten der drei deutschsprachigen Zentren gibt es jeweils eigene Bezeichnungen. So nennt man eine Variante
des österreichischen Standarddeutsch **Austriazismus**, ein **Helvetismus** ist ein
Merkmal des Schweizerhochdeutschen und ein **Teutonismus** ist Bestandteil des
deutschen Standarddeutsch. Varianten, die in zwei Zentren gelten, werden dementsprechend benannt. Das Wort *Aprikose* ist ein Helvetoteutonismus, weil es
sowohl in der Schweiz als auch in Deutschland gilt (es entspricht dem Austriazismus *Marille*). Um einen Austrohelvetismus handelt es sich bei *Matura*. Es ist
Bestandteil der österreichischen und schweizerischen Standardvarietät und synonym zum Teutonismus *Abitur*. In Österreich und Deutschland gilt der Austroteutonismus *Reisebus*, dem der Helvetismus *Autocar* entspricht. Nebenbei bemerkt
wird der Ausdruck *Teutonismus* nicht von allen geschätzt, zum einen weil er an
den germanischen Volksstamm der Teutonen erinnert, deren männliche Vertreter
gern auf eine derb-kräftige Statur reduziert werden, zum anderen weil das Wort
Teutone häufig als ironisch-abwertende Titulierung für ‚deutschtümelnde Person‘
oder ‚typischer Deutscher‘ verwendet wird (vgl. *Teutonengrill* als Bezeichnung
für die Urlaubsinsel Mallorca). Dennoch hat sich der Terminus *Teutonismus* weitgehend durchgesetzt, zumal keine passende Alternative gefunden werden konnte.
Der Vorschlag, Varianten der Bundesrepublik *Deutschlandismen* zu nennen, ist
wegen der hybriden Wortbildung aus einem heimischen Lexem und einem lateinischen Morphem problematisch. Außerdem ist er nicht gut mit den anderen Termini kombinierbar (**Austrodeutschlandismus*). Ferner verbietet sich die Ersetzung
durch *Germanismus*, weil damit Entlehnungen aus der deutschen Sprache in andere Sprachen bezeichnet werden, z. B. *kaffeeklatsching* im Englischen, *le leitmotiv*
im Französischen, *Buchhalter* im Russischen (vgl. Limbach 2007: 29, 40, 62).

Doch nicht alle Sprachformen der verschiedenen Varietäten sind Varianten, denn dies wäre der gegenseitigen Verständlichkeit höchst abträglich. Die meisten sprachlichen Ausdrücke der Varietäten einer Sprache sind identisch und nur ein kleiner Teil differiert. Bei den nationalen Standardvarietäten ist der Anteil der Varianten sogar deutlich geringer als bei den Nonstandardvarietäten. Daher können Sprecher einer nationalen Varietät die jeweils anderen nationalen Varietäten derselben Sprache leicht verstehen, während sie sich mit unvertrauten Dialekten häufig schwertun. Der geringe Grad an linguistischer Differenz zwischen nationalen Varietäten wird treffend beschrieben: „the distinctive element in grammar and lexis may be quite small: it is a matter more of ‚flavor‘ than of ‚substance‘" (Wardhaugh 1984: 31, zitiert nach Clyne 1992a: 2).

Sprachformen, die in allen Standardvarietäten vorkommen (z. B. *Mann*, *Frau*), sind **gemeindeutsch** und zählen mangels Bindung an bestimmte Nationen nicht zu den nationalen Varianten. Gemeindeutsche Formen, die darüber hinaus keine Synonyme aufweisen, nennt man **Konstanten**. Das Wort *Donnerstag* ist ein Beispiel dafür, weil es nur diese eine Bezeichnung des vierten Tages der Woche gibt und die Sprecher somit keinerlei Alternative haben. Bei der Benennung des sechsten Wochentages besteht dagegen (zumindest eingeschränkt) die Wahl zwischen den Varianten *Samstag* und *Sonnabend*. Allerdings muss man zugestehen, dass die Sprecher nicht völlig frei zwischen den beiden Wörtern wählen können. Ihre Entscheidung ist quasi im Voraus getroffen, je nachdem, ob sie zum *Sonnabend*-Gebiet (v. a. in Nord- und Mitteldeutschland) oder zum *Samstag*-Gebiet (Mittel- und Süddeutschland, Österreich, Schweiz) gehören.

In diesem Zusammenhang müssen ferner Gegenstände oder Sachverhalte erwähnt werden, die es nicht in allen Zentren einer Sprache gibt. Die sogenannten **Sachspezifika** sind landestypische Speisen, Besonderheiten der nationalen Verwaltung oder geographische Gegebenheiten (z. B. *Panhas* ‚westfälisches Gericht aus Wurstbrühe und Buchweizenmehl‘, *Regierender Bürgermeister* ‚Ministerpräsident des Bundeslandes Berlin und Bürgermeister der Stadt Berlin‘, *Hallig* ‚kleine Nordseeinsel ohne Deich, die bei Sturmflut überflutet wird‘). Die Bezeichnungen für solche Sachspezifika gehören ebenfalls nicht zu den nationalen Varianten, da es in den jeweils anderen Zentren keine Entsprechungen gibt, die dann als Varianten gelten könnten. Wenn man ein Sachspezifikum eines anderen Zentrums benennen möchte, muss man also die „fremde" Bezeichnung übernehmen.

Schließlich gelten diejenigen Sprachformen nicht als nationale Varianten, die Ammon (1995: 111) als „**Rösti-Typ**" bezeichnet. Dabei handelt es sich um solche Ausdrücke, die zwar ursprünglich nationale Varianten oder Bezeichnungen für Sachspezifika waren, sich aber inzwischen in allen nationalen Varietäten etabliert haben (z. B. *Rösti*, *Apfelstrudel*).

Nachdem der Begriff ‚nationale Variante‘ erläutert wurde, kann nun die Definition von **nationale Varietät** (auch: *nationale Standardvarietät*, *Nationalvarietät*) ergänzt werden:

„Es handelt sich [bei einer nationalen Varietät (B. K.-R.)] um eine Standardvarietät, die mindestens eine der beiden folgenden Bedingungen erfüllt: Sie enthält (a) spezifische nationale Varianten (mindestens eine) oder (b) für eine Nation spezifische Kombinationen von nationalen Varianten, die dann im einzelnen auch unspezifisch sein können." (Ammon 1995: 71 f.)

Mit „**spezifisch**" ist gemeint, dass die Variante nur in einem einzigen Zentrum gilt, während unspezifische Varianten in mehr als einem, aber nicht in allen Zentren standardsprachlich sind (vgl. Kap. 4). Für die in Deutschland, Österreich und der Schweiz geltenden Standardvarietäten treffen sogar beide Bedingungen (a) und (b) zu. Jede dieser Varietäten enthält mindestens eine spezifische nationale Variante. Für das österreichische Deutsch wurden bereits die Beispiele *Marille* und *Jänner* genannt, für das Schweizerhochdeutsche *Autocar* und *Rüebli* und für das deutsche Deutsch *Abitur* und *Möhre*. Dies reicht bereits aus, um die drei Varietäten als nationale Varietäten anzuerkennen. Überdies erfüllen sie Bedingung b), nach der man selbst dann von einer nationalen Varietät sprechen kann, wenn die betreffende Varietät lediglich über eine spezifische Kombination von unspezifischen nationalen Varianten verfügt. Im Schweizerhochdeutschen gelten z. B. die unspezifischen Varianten *Januar* (gilt auch in Deutschland) und *Matura* (gilt auch in Österreich). Diese Kombination ist in keinem anderen Zentrum möglich, denn *Januar* ist nicht in Österreich und *Matura* nicht in Deutschland standardsprachlich. Das österreichische und deutsche Standarddeutsch sowie das Schweizerhochdeutsch sind damit als nationale Varietäten identifiziert.

	Österreichisches Deutsch	Schweizer-hochdeutsch	Deutsches Deutsch
Spezifische Varianten	*Jänner* *Marille*	*Autocar* *Rüebli*	*Abitur* *Möhre*
Spezifische Kombination von unspezifischen Varianten	*Reisebus* *Matura*	*Januar* *Matura*	*Januar* *Reisebus*

Tab. 2: Spezifische Varianten und spezifische Kombinationen von unspezifischen Varianten

Folgt man der o. g. Definition, dann müssen auch den Halbzentren Ostbelgien, Luxemburg, Liechtenstein und Südtirol eigene nationale Varietäten zugestanden werden, denn jede der dort gültigen Standardvarietäten verfügt über spezifische nationale Varianten (*Zusatzbehör* BELG ‚Zubehör', *Kappile* LIE ‚im Freien aufgestelltes Heiligenbild oder Kreuz', *Klassensaal* LUX ‚Klassenzimmer', *Torkel* STIR ‚Weinpresse'). Für das vorliegende Buch sind in erster Linie die nationalen Varietäten der drei Vollzentren von Interesse, da die Anzahl der Austriazismen, Helvetismen und Teutonismen weitaus größer ist als die der Belgizismen, Luxemburgismen, Liechtensteinismen und Südtirolismen.

Die festgelegte Mindestanzahl von *einer* spezifischen Variante als hinreichende Bedingung für die Bestimmung von nationalen Varietäten ist im Grunde etwas dürftig und müsste heraufgesetzt werden. Aber wie legt man die richtige Anzahl fest? Zudem kommt erschwerend hinzu, dass nach Eichinger (2005: 155) „die Signifikanz verschiedener Abweichungen unterschiedlich groß ist". Selten realisierte Varianten wie *Labskaus* (eine norddeutsche Speise) und frequente wie *Obers* (‚Rahm') können demnach nicht den gleichen Stellenwert einnehmen. Aufgrund dieser Schwierigkeiten ist die Abgrenzung von Varietäten problematisch. Glücklicherweise stellt sich das Problem für die verschiedenen Standardvarietäten des Deutschen erst gar nicht, denn jede umfasst weit mehr als eine spezifische Variante. Das *Variantenwörterbuch des Deutschen* (2004) enthält etwa 12.000 Stichwörter, die vor allem aus Deutschland, Österreich und der Schweiz, aber auch aus den Halbzentren stammen.

Zusammenfassung

Nationale Varietäten sind Standardvarietäten, die an bestimmte Nationen gebunden sind, z. B. österreichisches oder deutsches Standarddeutsch und Schweizerhochdeutsch. Sie unterscheiden sich voneinander durch nationale Varianten. Darunter versteht man sprachliche Einheiten, die in mindestens einem Sprachzentrum der betreffenden Sprache standardsprachlich sind, aber nicht in allen Sprachzentren. Die Termini *Austriazismus*, *Helvetismus* und *Teutonismus* bezeichnen nationale Varianten Österreichs, der Schweiz und Deutschlands. Eine nationale Varietät muss mindestens eine spezifische nationale Variante enthalten oder eine spezifische Kombination von unspezifischen Varianten.

Weiterführende Literatur: Ammon, Ulrich (1995): Die deutsche Sprache in Deutschland, Österreich und der Schweiz. Das Problem der nationalen Varietäten. Berlin/New York, Kap. 4.1. **Ammon, Ulrich/Bickel, Hans/Ebner, Jakob et al. (2004):** Variantenwörterbuch des Deutschen. Die Standardsprache in Österreich, der Schweiz und Deutschland sowie in Liechtenstein, Luxemburg, Ostbelgien und Südtirol. Berlin/New York. **Bickel, Hans/Landolt Christoph (2012):** Schweizerhochdeutsch. Wörterbuch der Standardsprache in der deutschen Schweiz, hrsg. vom Schweizerischen Verein für die deutsche Sprache. Mannheim/Zürich. **Ebner, Jakob (2008):** Österreichisches Deutsch. Eine Einführung. Mannheim/Leipzig/Wien/Zürich.

Aufgaben

1. Erläutern Sie die einschlägigen Fachtermini der Plurizentrik und nennen Sie Beispiele:

    a) Sprachliche Variable

    b) Variante und nationale Variante

    c) Onomasiologische und semasiologische Variante

    d) Austriazismus, Helvetismus und Teutonismus

    e) Varietät und nationale Varietät

2. Welche sprachlichen Einheiten gehören nicht zu den nationalen Varianten?

4   Variantentypologie

Da die Menge sämtlicher Varianten sehr groß ist, bietet es sich an, sie um eines besseren Überblicks willen zu klassifizieren und zu Gruppen zusammenzufassen. Dazu kommen mehrere Möglichkeiten in Frage. Wie oben bereits dargestellt wurde, kommen nationale Varianten auf allen sprachlichen Ebenen vor. Daher unterscheidet man Aussprache-Varianten sowie orthographische, morphologische, grammatische und lexikalische Varianten (vgl. Kap. 1). Außerdem können sie nach ihrem Geltungsbereich als Austriazismen, Helvetismen oder Teutonismen klassifiziert werden (vgl. Kap. 3). Sie lassen sich ferner anhand von relevanten Eigenschaften beschreiben und zu unterschiedlichen Typen zusammenfassen. Ammon (1995: 101 ff.) hat dazu folgende Typologie entwickelt, die prinzipiell auf jede plurizentrische Sprache anwendbar, hier aber auf die deutsche Sprache zugeschnitten ist. Daher beruhen die unten angeführten Beispiele auf der Annahme von drei Sprachzentren (Z_1, Z_2, Z_3), wobei Z_1 jeweils das Zentrum ist, aus dessen Perspektive die betreffende Variante beschrieben wird.

a) Kodifizierte und nicht-kodifizierte nationale Varianten

Die kodifizierten Nationalvarianten sind all diejenigen standardsprachlichen Varianten, die im Kodex (Wörterbücher und Grammatiken) eines Sprachzentrums verzeichnet sind, wo sich die Sprecher über die Richtigkeit eines sprachlichen Ausdrucks informieren können. In diesem Zusammenhang muss zwischen dem **Binnenkodex** des betreffenden Zentrums Z_1 und dem sogenannten **Außenkodex** unterschieden werden. Der Binnenkodex von Z_1 besteht aus allen Kodexteilen, die in Z_1 verfasst und publiziert wurden, während der Außenkodex aus all denjenigen Kodexteilen besteht, die in Z_2 und Z_3 entstanden sind. Im Binnenkodex von Z_1 werden die eigenen Nationalvarianten unmarkiert dargestellt. Damit ist gemeint, dass sie nicht durch bestimmte Hinweise (Markierungen) auf nationale, regionale, soziale oder sonstige Gebundenheit in ihren Gebrauchsmöglichkeiten eingeschränkt werden. Das jeweilige Stichwort (Lemma) wird also keiner bestimmten Nation, Region oder Gruppe zugeschrieben, weil die eigenen nationalen Varianten in Z_1 uneingeschränkt standardsprachlich sind. Daher erscheinen beispielsweise Teutonismen wie *Abitur* oder *Brötchen* in den *Duden*-Bänden unmarkiert. Dementsprechend sind Austriazismen und Helvetismen (z. B. *Marille*, *Velo*) im österreichischen bzw. schweizerischen Kodex (z. B. *Österreichisches Wörterbuch*, *Schweizer Schülerduden*) unmarkiert und können dadurch ohne weiteres in österreichischen oder schweizerischen standardsprachlichen Texten verwendet werden.

Das unmarkierte Vorkommen als Stichwort (Lemma) in den verschiedenen Binnenkodizes allein lässt aber noch nicht auf Austriazismen, Helvetismen und Teutonismen schließen, denn auch alle gemeindeutschen standardsprachlichen Wörter (z. B. *Mensch, Baum, Haus*) sind schließlich unmarkiert kodifiziert. Wie können nun aber nationale Varianten von gemeindeutschen Sprachformen unterschieden werden?

Ein wichtiges Indiz dafür, dass eine Sprachform eine nationale Variante ist, ist dann gegeben, wenn sie im Außenkodex von Z_2 und/oder Z_3 als fremdnational gekennzeichnet ist. Die Lexeme *Marille* und *Velo* sind in den *Duden*-Bänden mit den Markierungen „österr." bzw. „schweiz." versehen, was sie als Bestandteile des österreichischen bzw. schweizerischen Deutsch kennzeichnet und ihnen somit die standardsprachliche Gültigkeit in Deutschland abspricht. Umgekehrt wird Wörtern wie *Abitur* oder *Brötchen* der standardsprachliche Status in Österreich und der Schweiz verwehrt, da sie in den dortigen Kodizes als Bestandteile der deutschländischen Standardvarietät markiert sind (vgl. dazu Kap 13).

Die Beispiele *Abitur, Brötchen, Marille* und *Matura* sind also kodifizierte Nationalvarianten, da sie in den entsprechenden Kodizes verzeichnet sind. Es gibt aber auch nationale Varianten, die nicht in Wörterbüchern oder Grammatiken verzeichnet sind, aber dennoch häufig verwendet und als standardsprachlich empfunden werden. Sie gehören zum sogenannten **Gebrauchsstandard**. Darunter fallen auch solche sprachlichen Einheiten, die zwar kodifiziert, aber als nonstandardsprachlich markiert sind, und trotzdem zuweilen in Modelltexten Verwendung finden. Ammon (1995: 103, 151) nennt dazu als Beispiele die österreichische Realisierung des Diphthongs <ei> mit einem geringeren Öffnungsgrad ([ɛɪ] statt [aɪ], z. B. in *Wein, kein*) oder den Aussprache-Teutonismus der Spirantisierung des auslautenden <g>: *Weg* [veːç], *Tag* [tax][5]. Ob diese Formen des Gebrauchsstandards nun tatsächlich als standardsprachlich gelten können, obwohl sie aus unbestimmten Gründen im Kodex fehlen, oder aber letztlich doch nonstandardsprachlich sind, kann in vielen Fällen nicht zweifelsfrei geklärt werden (vgl. Kellermeier-Rehbein 2013).

b) Nationale Varianten nur nach Geltung oder nach Geltung und Bekanntheit

Weitere Differenzierungsmöglichkeiten bieten die Aspekte Geltung und Bekanntheit. Einige nationale Varianten gelten zwar nur in einem Zentrum, sind aber darüber hinaus in den anderen Zentren bekannt. Beispielsweise ist der Teutonismus *Sahne* nur in Deutschland standardsprachlich, wird in Österreich und der Schweiz verstanden und sogar teilweise verwendet, z. B. bei der Kommunikation mit Deutschen. Trotzdem ist er in diesen beiden Sprachzentren nicht standardsprachlich. *Sahne* gehört also zu den Varianten nur nach Geltung. Varianten

---

[5] Die Aussprache der Endsilbe <-ig> als [ɪç] ist dagegen ein kodifizierter Teutonismus: *König* [ˈkøːnɪç] (vgl. Kap. 8.1.3).

nach Geltung und Bekanntheit dagegen sind in den jeweils anderen Zentren (Z_2 und Z_3) weder standardsprachlich noch geläufig. Wörter wie *Feudel* (‚Putzlappen') oder *Leuwagen* (‚Schrubber') sind nur in Norddeutschland normgerecht und stoßen in der Regel außerhalb ihres Geltungsbereichs auf Unverständnis.

c) Situationsunabhängige und situationsabhängige Varianten

Varianten wie *Sahne* oder *Leuwagen* sind immer nationale Varianten, unabhängig davon, in welcher Kommunikationssituation man sie verwendet. Andere dagegen sind nur in besonderen Situationen oder unter bestimmten Bedingungen nationale Varianten. Die stimmhafte Aussprache des anlautenden <s> vor Vokal (*Sonne* [ˈzɔnə]) ist im alltäglichen Sprachgebrauch ein Teutonismus, denn in den anderen Zentren wird dieser Laut stimmlos gesprochen ([ˈs̥ɔnə]) (vgl. Kap. 8.1.3). Wird die stimmhafte Lautung aber auf der Bühne produziert, gilt sie nicht als Teutonismus, da sie beim künstlerischen Vortrag gemeindeutsch ist.

d) Varianten der Gesamtregion und Varianten einer Teilregion

Während Lexeme wie *Marille* oder *Abitur* in den Gesamtregionen ihrer Zentren gelten, gibt es auch solche, die nur in einem Teilgebiet eines Zentrums standardsprachlich sind. *Leuwagen* gilt nur in Norddeutschland, *Erdapfel* (‚Kartoffel') dagegen nur in Süddeutschland. *Leuwagen* und *Erdapfel* sind also in Bezug auf Deutschland Varianten einer Teilregion. Allerdings gilt *Erdapfel* darüber hinaus in ganz Österreich, so dass es dort eine Variante der Gesamtregion ist. In den folgenden Skizzen, die frei nach Ammon (1995, Kap. 5) gestaltet wurden, repräsentieren die schraffierten Flächen das Geltungsgebiet einer Variante. Z_1 (Sprachzentrum 1) steht jeweils für das Zentrum, aus dessen Perspektive die Beschreibung erfolgt.

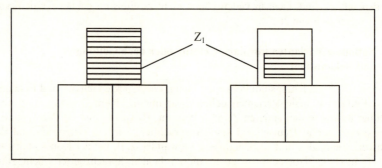

Abb. 6: Variante der Gesamtregion (links) und einer Teilregion (rechts) (frei nach Ammon 1995: 106)

e) Austauschbare und nicht-austauschbare Varianten

Manche Varianten sind in einem Zentrum gegen andere Varianten oder gemeindeutsche Sprachformen austauschbar. Die Sprecher können also zwischen zwei oder mehreren Sprachformen wählen. In der deutschsprachigen Schweiz sind beispielsweise die Lexeme *Velo* und *Fahrrad* austauschbar, wobei *Velo* ein austauschbarer Helvetismus, *Fahrrad* dagegen gemeindeutsch ist. Bei den nicht-austauschbaren Varianten haben die Sprecher keine Wahl, da ihnen nur eine standardsprachliche Variante zur Verfügung steht. Dazu gehören beispielsweise die Wörter *Marille* und *Aprikose*. Ersteres ist das einzige in Österreich standardsprachliche Wort zur Bezeichnung der betreffenden Frucht, *Aprikose* dagegen das einzige in Deutschland und der Schweiz gültige Wort. Weder Österreicher noch Deutsche oder Schweizer können zwischen den Varianten wählen, wenn sie sich an der Standardvarietät orientieren.

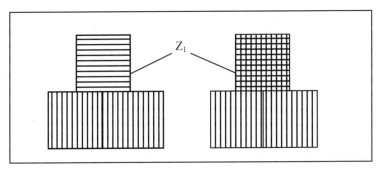

Abb. 7: Nicht-austauschbare Varianten (links) und austauschbare Varianten (rechts) (frei nach Ammon 1995: 105)

f) Spezifische und unspezifische Varianten

Eine spezifische Variante gilt nur in einem einzigen Sprachzentrum. Dabei spielt es keine Rolle, ob sie im Gesamtgebiet oder nur in einem Teilgebiet des betreffenden Zentrums zur Standardvarietät gehört. *Marille* ist in Österreich ebenso eine spezifische Variante wie das nur in Norddeutschland geltende Wort *Feudel*. Eine unspezifische nationale Variante gilt dagegen in mehr als einem Zentrum (aber natürlich nicht in allen Zentren, denn in diesem Fall wäre sie gemeindeutsch). *Aprikose* ist eine unspezifische Variante, weil sie außer in Deutschland auch in der Schweiz standardsprachlich ist. Eine unspezifische Variante kann in den Gesamtregionen des eigenen Zentrums (Z_1) und anderer Zentren (aber nicht aller Zentren) gelten (vgl. Abb. 8, Typ I; z. B. *Aprikose*), oder in der Gesamtregion des eigenen und in einer Teilregion eines anderen Zentrums (vgl. Abb. 8, Typ II; z. B. *Erdapfel* in ganz Österreich und in Süddeutschland).

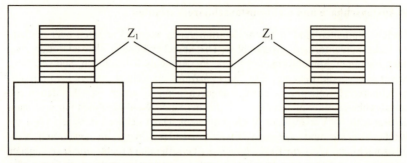

Abb. 8: Spezifische Variante (links), unspezifische Variante Typ I (Mitte) und unspezifische Variante Typ II (rechts) (frei nach Ammon 1995: 107)

g) Unspezifische und sehr unspezifische Varianten

Die oben genannten unspezifischen Varianten können darüber hinaus von den sehr unspezifischen Varianten unterschieden werden. Letztere gelten zwar auch in mehreren Zentren, aber nur in einem Teilgebiet des eigenen Zentrums (vgl. Abb. 9, Typ III). Hier kann wieder das Beispiel *Erdapfel* aufgegriffen werden. Wie oben dargestellt wurde, ist es eine unspezifische Variante Österreichs, weil es im Gesamtgebiet des eigenen Zentrums (Österreich) und in einem Teilgebiet eines anderen Zentrums (Süddeutschland) gültig ist. Gleichzeitig ist *Erdapfel* aus deutscher Perspektive eine sehr unspezifische Variante, weil es nur in einem Teilgebiet von Z_1 (hier: Süddeutschland) gilt und darüber hinaus im Gesamtgebiet eines anderen Zentrums (hier: Österreich). *Erdapfel* ist also gleichzeitig eine unspezifische Variante Österreichs und eine sehr unspezifische Variante Deutschlands.

Eine Variante ist auch dann sehr unspezifisch, wenn sie im Gesamtgebiet des eigenen Zentrums und in den Gesamtgebieten weiterer Zentren gilt, solange sie mindestens in einem Zentrum nur in einem Teilgebiet standardsprachlich ist (vgl. Abb. 9, Typ IV). Als Beispiel kann hier das Wort *aper* ('schneefrei') angeführt werden. Es ist in Österreich und der Schweiz eine sehr unspezifische Variante, weil es in beiden Gesamtregionen und darüber hinaus in einer Teilregion Deutschlands (Süddeutschland) zur Standardvarietät gehört. Für Deutschland wird *aper* allerdings nicht als nationale Variante anerkannt.

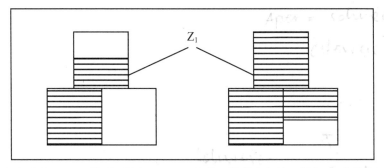

Abb. 9: Sehr unspezifische Varianten von Z₁ Typ III (links), Typ IV (rechts) (frei nach Ammon 1995: 110)

Abbildung 10 zeigt Sprachformen, die keine nationalen Varianten des Zentrums Z_1 sind. Typ V entspricht dem oben erläuterten Fall *aper*, das keine nationale Variante Deutschlands ist. Typ VI zeigt eine Variante, die zwar in allen Zentren der Sprache gilt, aber immer nur in Teilregionen. Dieser Fall ist zwar theoretisch möglich, aber nicht belegt. Typ VII schließlich ist der Fall einer gemeindeutschen Sprachform, die per definitionem keine nationale Variante sein kann.

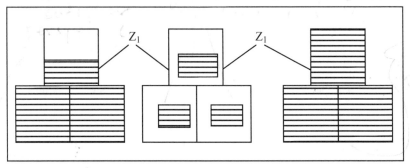

Abb. 10: Nicht als nationale Varianten von Z₁ geltende Typen V (links), VI (Mitte) und VII (rechts) (frei nach Ammon 1995: 111)

Diese Typologie ist sehr hilfreich bei der Beschreibung von nationalen Varianten, was im Folgenden anhand der Ausdrücke *Kren* und *Meerrettich* gezeigt werden soll. Diese onomasiologischen Varianten bezeichnen eine ‚Pflanze mit einer scharf schmeckenden Wurzel, die zum Würzen verwendet wird'. *Kren* gilt in Österreich und Südostdeutschland, *Meerrettich* in Deutschland und der Schweiz (vgl. VWD 2004: 440). Die Varianten zeichnen sich durch folgende Eigenschaften aus: Beide sind kodifizierte Varianten, da sie in den Kodizes der verschiedenen Sprachzentren als standardsprachlich verzeichnet sind (vgl. Kategorie a). Ob es sich um Varianten nach Geltung und/oder Bekanntheit (vgl. b) handelt, kann nicht ohne weiteres angegeben werden, denn dazu wären aufwendige empirische Untersuchungen erforderlich. Man kann vermuten, dass *Meerrettich* eine Variante nur nach Geltung ist, die also nur in Deutschland und der Schweiz gilt, darüber hinaus aber in Österreich bekannt ist. *Kren* könnte dagegen eine Variante nach Geltung und Bekanntheit sein, d. h. es wäre nur in Österreich und Südostdeutschland standardsprachlich und im Wesentlichen auch nur dort bekannt. *Kren* und *Meerrettich* sind situationsunabhängig, da sie immer nationale Varianten sind, gleichgültig wer sie wann, wo und in welcher Situation verwendet (vgl. c). *Meerrettich* ist eine Variante der Gesamtregion in Deutschland und der Schweiz. *Kren* ist ebenfalls eine Variante der Gesamtregion, allerdings nur in Österreich, in Deutschland ist sie Variante einer Teilregion (Südostdeutschland) (vgl. d). *Kren* ist in Österreich nicht-austauschbar, in Südostdeutschland kann sie allerdings gegen Meerrettich ausgetauscht werden, so dass die Sprecher in dieser Region zwischen *Kren* und *Meerrettich* wählen können. *Meerrettich* ist in der Schweiz sowie in Deutschland (außer Südostdeutschland) nicht-austauschbar (vgl. e). Keines der beiden Wörter ist eine spezifische nationale Variante, denn beide sind in mehr als einem Zentrum standardsprachlich. *Meerrettich* ist unspezifische Variante in Bezug auf Deutschland und die Schweiz (Kategorie f, Typ I). *Kren* ist ebenfalls eine unspezifische Variante, aber nur in Österreich (vgl. f, Typ II). In Deutschland ist es eine sehr unspezifische Variante, weil es dort nur in einem Teilgebiet und darüber hinaus im Gesamtgebiet eines anderen Zentrums (Österreich) gilt (vgl. g, Typ III). Damit sind *Kren* und *Meerrettich* hinsichtlich der oben dargestellten Typologie umfassend beschrieben.

Vergleicht man die verschiedenen Typen von nationalen Varianten, dann sind nach Ammon (1995: 113) folgende besonders wichtig für die Autonomie und Spezifik einer nationalen Varietät: kodifizierte, situationsunabhängige, nicht austauschbare und spezifische Varianten der Gesamtregion eines Sprachzentrums.

Zusammenfassung

Die Menge aller nationalen Varianten kann nach verschiedenen Kriterien klassifiziert werden. Maßgeblich sind dabei Kodifizierung, Geltung und Bekanntheit, Situationsabhängigkeit, Verbreitungsgebiet, Austauschbarkeit und Spezifik. Besonders wichtig für die Autonomie einer nationalen Varietät sind kodifizierte, situationsunabhängige und spezifische Varianten der Gesamtregion eines Zentrums.

Weiterführende Literatur: Ammon, Ulrich (1995): Die deutsche Sprache in Deutschland, Österreich und der Schweiz. Das Problem der nationalen Varietäten. Berlin/New York, Kap. 5.

✎ **Aufgaben**

1. Bestimmen Sie bei jeder Wortgruppe die Anzahl der nationalen Varianten.

   a) Stecktuch A, Pouchette CH, Einstecktuch D

   b) Paradeiser A (ohne west), Tomate gmd.

   c) Topfen A D-südost, Quark CH D

   d) Guckerschecken A, Laubflecken CH, Märzenflecken CH, Sommersprosse gmd.

2. Beschreiben Sie die nationalen Varianten anhand der Kategorien d) bis f).

   a) Sackgeld CH, Taschengeld gmd.

   b) Mousepad (auch in der Schreibung <Mauspad>) A D, Mausmatte CH

   c) Erdapfel A D-südost, Kartoffel gmd.

   d) Tretboot A D, Pedalo CH LUX

   e) Schwedenbombe A, Mohrenkopf CH D, Negerkuss D, Schokokuss D-
   mittelwest/südwest

   f) Brathendl A D-südost, Mistkratzerli CH, Güggeli CH, Poulet CH, Brathähnchen D-nord/mittel, Hähnchen D (ohne südost), Broiler D-ost

   g) Fleischhauer/-hacker A, Fleischer A D-nord/mittel, Metzger A-west CH
   D-mittelwest/süd, Schlachter D-nord/mittelwest

3. Nennen Sie konkrete Beispiele für nationale Wortschatz-Varianten, die
   besonders zur Autonomie und Spezifik des deutschen, österreichischen und
   schweizerischen Standarddeutsch beitragen.

5   Zuordnung von Varietäten zu Sprachen

Da die deutsche Sprache über mehrere Sprachzentren mit verschiedenen nationalen Standardvarietäten verfügt, wurde bisweilen diskutiert, ob man beim deutschen, österreichischen und schweizerischen Standarddeutsch überhaupt noch von Varietäten *einer* Sprache oder besser von drei verschiedenen Sprachen sprechen sollte. So überraschend diese Überlegung für viele sein dürfte, hat es z. B. in Österreich Stimmen gegeben, die dafür plädierten, die Sprache der Österreicher nicht länger „Deutsch", sondern „Österreichisch" zu nennen (Steinegger 1998: 307 ff.). Solche Standpunkte haben ihre Wurzeln wohl in den tiefen Ressentiments, die viele Österreicher (und Schweizer) gegen die Deutschen und ihre (NS-) Vergangenheit haben, und dem daraus entstandenen Wunsch, sich von den nördlichen Nachbarn auch sprachlich zu distanzieren. Zudem mag dieses Bestreben mit dem Bedürfnis zusammenhängen, die eigene staatliche Souveränität zu betonen. In diesem Kontext spielt die traditionelle Verknüpfung von Sprache und Nation ebenfalls eine Rolle, die zur Prägung von Schlagwörtern wie *Sprachnation* und *Nationalsprache* führte. Sie unterstellen, dass die Mitglieder einer Sprachgemeinschaft im Idealfall genau eine Nation bilden. Umgekehrt gehören demzufolge Sprecher unterschiedlicher Muttersprachen zu verschiedenen Nationen (vgl. Kap. 12).

In Österreich entspricht dies nach Wiesinger (1988: 10) einem nationalpolitischen Standpunkt, der davon ausgeht, dass sich eine Nation in ihrer Sprache manifestiert, weil sich Volkscharakter und Sprache gegenseitig bestimmen. Davon setzt er eine kulturhistorische Auffassung ab, nach der sich ein Sprachvolk in verschiedene Staatsvölker aufteilen kann. Da die durch unterschiedliche kulturelle Entwicklungen entstehenden sprachlichen Unterschiede so gering seien – er schätzt die österreichischen Besonderheiten der Lexik auf ca. 1,8 % des Gesamtwortschatzes (Wiesinger 1988: 28) – müsse man weiterhin von einer Sprache (Deutsch) ausgehen, die aber verschiedene Varietäten umfasse: „Innerhalb dieser [der deutschen Sprache (B. K.-R.)] nimmt die österreichische Varietät als österreichisches Deutsch jedoch ihren unverrückbaren Platz ein und verleiht dem Österreicher sein unverkennbares sprachliches Gepräge." (ebd.)

In einer bei Steinegger (1998) thematisierten Fragebogenerhebung zur Sprachbeurteilung in Österreich gaben 53,2 % der Gewährspersonen an, dass man die Sprache der Österreicher statt „Deutsch" auch „Österreichisch" nennen könnte. Daraus folgert er „die latente Bereitschaft, die sprachliche Eigenheit stärker zu akzentuieren" (1998: 309). Die offizielle Umbenennung der eigenen Varietät in „Österreichisch" werde von der Mehrheit der Österreicher jedoch nicht unterstützt, weil man „Deutsch" als einheitlichen Oberbegriff sehe (1998: 310). Auch der ehemalige österreichische Bundeskanzler Figl vertrat den Standpunkt, „dass die Nation österreichisch, ihre Muttersprache aber deutsch [sic!] sei" (zitiert nach Wiesinger 1988: 17).

In der Schweiz wurde vorgeschlagen, die schweizerdeutschen Dialekte zu einer eigenständigen Sprache zu erheben und diese „Alemannisch" zu nennen (vgl. Kap. 12.2). Die Idee konnte sich aber nicht durchsetzen. Daher war und ist die Beibehaltung des Schweizerhochdeutschen Gegenstand sprachpflegerischer Bemühungen.

Die Frage, ob das deutsche, österreichische und schweizerische Deutsch nationale Varietäten des Deutschen sind, also zur selben Sprache gehören, oder jeweils eigene Sprachen bilden, lässt sich nicht nur unter philosophischen, historischen und politischen Aspekten betrachten, sondern sollte in erster Linie aus sprachwissenschaftlicher Perspektive angegangen werden. Insbesondere die Soziolinguistik hat Strategien zur Beantwortung der Frage entwickelt, ob zwei Varietäten l_1 und l_2 zu einer Sprache L_a gehören oder zu zwei verschiedenen Sprachen L_a und L_b:

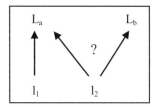

Abb. 11: Probleme der Zuordnung von Varietäten zu Sprachen

l_1 sollte eine Varietät sein, die zweifelsfrei Teil der betreffenden Sprache L_a ist. Dafür könnte man beispielsweise die deutsche Standardvarietät einsetzen, denn ihre Zugehörigkeit zur deutschen Sprache ist wohl noch nie ernsthaft in Frage gestellt worden. Um nun festzustellen, ob auch l_2 zu L_a gehört oder nicht, können die Kriterien „linguistische Ähnlichkeit" und „Überdachung" geprüft werden. Sie liefern maßgebliche Hinweise für die Zuordnung von Varietäten zu Sprachen (vgl. Ammon 1995: 2 ff.).

Die **linguistische Ähnlichkeit** betrifft die sprachliche Übereinstimmung zweier Varietäten im Hinblick auf Lexik, Morphologie, Phonologie und Syntax. Sie wird in unterschiedliche Grade eingeteilt, und zwar in große, mittlere und kleine (geringe) linguistische Ähnlichkeit. Letztere kann man aufgrund des weitgehenden Fehlens von sprachlichen Übereinstimmungen auch Unähnlichkeit nennen. Der Grad der linguistischen Ähnlichkeit ist durch Verstehenstests, Textvergleiche oder Systemvergleiche zu ermitteln. Beim **Verstehenstest** wird überprüft, ob in der Varietät l_1 formulierte Texte für Sprecher der Varietät l_2 verständlich sind. Damit das Ergebnis nicht verzerrt wird, sollten die Probanden möglichst keine Kenntnisse von l_1 haben. Wenn beispielsweise die Kölnerin aus dem ersten Kapitel einen hessischen Text versteht, deutet dies auf eine mindestens mittlere linguistische Ähnlichkeit hin.

Auch mit Hilfe des **Textvergleichs** kann die linguistische Ähnlichkeit zwischen Varietäten ermittelt werden. Dabei wird ein l_1-Text möglichst wörtlich in die Varietät l_2 übersetzt. Anschließend werden alle übereinstimmenden und divergierenden Wörter separat gezählt. Ist die Anzahl der übereinstimmenden Wörter größer als die der divergierenden, liegt große linguistische Ähnlichkeit vor. Ist die Anzahl der divergierenden Wörter aber größer als die der identischen Wörter, handelt es sich um mittlere linguistische Ähnlichkeit, vorausgesetzt dass die divergierenden Wörter als Entsprechungen erkennbar sind. Wenn es praktisch keine übereinstimmenden Wörter gibt und auch keine Entsprechungen erkannt werden können, liegt geringe linguistische Ähnlichkeit oder Unähnlichkeit vor. Dieses Verfahren soll exemplarisch an folgendem, in der (nord)deutschen Standardvarietät formuliertem Satz durchgeführt werden:

(a) *Heute morgen habe ich schon um viertel nach sechs mit einer Tüte Brötchen unter dem Arm in der Straßenbahn gestanden.*

Ins österreichische Standarddeutsch übersetzt lautet der Satz:

(b) *Heute morgen bin ich schon um viertel sechs mit einem Sackerl Semmeln unter dem Arm in der Straßenbahn gestanden.*

Und im Schweizerhochdeutschen heißt es:

(c) *Heute morgen bin ich schon um viertel ab sechs mit einem Sack Bürli unter dem Arm in der Tram gestanden.*

Vergleicht man zunächst den deutschen und österreichischen Satz, stellt man fest, dass die Anzahl der übereinstimmenden Wörter bedeutend größer ist (14) als die der divergierenden Wörter (4)[6]. Die linguistische Ähnlichkeit ist also groß. Die Sätze des deutschen und schweizerischen Standarddeutsch zeichnen sich durch 13 identische und 5 unterschiedliche Wörter aus, folglich handelt es sich ebenfalls um große linguistische Ähnlichkeit.

Eine Gegenüberstellung des deutschen Standarddeutsch (Satz (a)) mit der ruhrdeutschen Umgangsvarietät (Satz (d)) fällt folgendermaßen aus:

(a) *Heute morgen habe ich schon um viertel nach sechs mit einer Tüte Brötchen unter dem Arm in der Straßenbahn gestanden.*

(d) *Heute morgen hapich schon um viertel nach sechs mit ner Tüte Brötkes unnerm Arm inne Straßenbahn gestanden.*

Auch hier ist die Anzahl der übereinstimmenden Wörter (10) größer als die der divergierenden Wörter (5). Die voneinander abweichenden Wörter der beiden

---

[6]   Die Zeitangaben „viertel nach sechs" und „viertel sechs" wurden jeweils als eine Einheit gezählt. So auch im Folgenden.

Sätze sind zudem leicht als Entsprechungen erkennbar, so dass auch in diesem Fall eine große linguistische Ähnlichkeit vorliegt.

Abschließend soll noch ein Vergleich mit einem ripuarischen Dialekt (vgl. (e)) stattfinden, und zwar mit dem Düsseldorfer Platt:

(a) *Heute morgen habe ich schon um viertel nach sechs mit einer Tüte Brötchen unter dem Arm in der Straßenbahn gestanden. (Deutsches Standarddeutsch)*

(e) *Hütt morje han esch ens fröh öm veedel na sechs met en Töht Brötsches onger dä Ärm an d'r Stroßebahn jestonn.*[7]

Da hier die Anzahl der divergierenden Wörter deutlich überwiegt und nur ein einziges Wort, nämlich das Zahlwort *sechs*, in beiden Varietäten identisch ist, aber trotzdem Entsprechungen erkannt werden können, handelt es sich um mittlere linguistische Ähnlichkeit zwischen dem Düsseldorfer Platt und der deutschen Standardvarietät.

Übersetzt man den Beispielsatz nun auch noch wörtlich ins Standardspanische, kann man weder übereinstimmende Wörter noch Entsprechungen entdecken:

(f)   Esta mañana he estado ya a las seis y cuarto en el tranvía con una bolsa de panecillos debajo del brazo.

Aufgrund der linguistischen Unähnlichkeit gehören Standardspanisch und deutsches Standarddeutsch zu verschiedenen Sprachen.

Beim **Systemvergleich** werden die Bestandteile der sprachlichen Teilsysteme (z. B. Vokalsystem, Flexionssuffixe o. Ä.) miteinander verglichen, indem man die Anzahl, Form und Funktion der einzelnen Elemente untersucht. Auf diese Art könnte man beispielsweise die Vokalsysteme von zwei Varietäten miteinander vergleichen. Abbildung 12 zeigt links das standarddeutsche System der Langvokale und rechts das ruhrdeutsche.

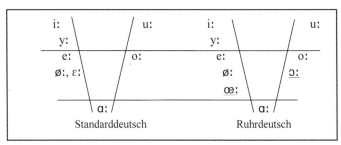

Abb. 12: Langvokale der deutschen Standardvarietät und der ruhrdeutschen Umgangsvarietät

---

[7]   Übersetzung von Stefan Castelli.

Dieser Vergleich macht deutlich, dass die beiden Vokalsysteme fast völlig übereinstimmen. Alle standardsprachlichen Langvokale existieren auch im Ruhrdeutschen. Nur die beiden unterstrichenen ruhrdeutschen Vokale weichen vom standardsprachlichen System ab. Es handelt sich dabei um das lange ungespannte [ɔː] (*boah* [bɔː], *geboren* [gəˈbɔːrən]) und das ebenfalls lange, ungespannte [œː] (*Trööte* [ˈtrœːtə], *Hörer* [ˈhœːrɐ]) (vgl. Mihm 1995: 17). Wir finden in den beiden Varietäten also neun übereinstimmende und zwei abweichende Vokale und können somit eine große linguistische Ähnlichkeit feststellen.

Die Ergebnisse dieser Varietätenvergleiche spiegeln eine allgemeinere Tendenz wider, denn in der Regel besteht zwischen den Standardvarietäten einer Sprache (z. B. deutschem und österreichischem Standarddeutsch) eine große linguistische Ähnlichkeit. Das Gleiche gilt auch für den Grad der Ähnlichkeit zwischen einer Standardvarietät und einer Umgangsvarietät derselben Sprache (z. B. deutschem Standarddeutsch und Ruhrdeutsch), während zwischen Standardvarietäten und Dialekten (z. B. deutschem Standarddeutsch und Düsseldorfer Platt) meist mittlere Ähnlichkeit besteht.

Nun sollte man annehmen, dass die linguistische Ähnlichkeit nicht nur die gegenseitige Verständlichkeit von Varietäten einer Sprache sicherstellt, sondern auch eine symmetrische Relation ist, wodurch Sprecher von l_1 die Varietät l_2 ebenso verstehen wie Sprecher von l_2 die Varietät l_1. In der Regel ist dem tatsächlich so, aber es gibt auch Fälle von asymmetrischer Verständlichkeit. Beispielsweise haben Deutsche oft große Schwierigkeiten, Schweizer Dialekte zu verstehen, während Deutschschweizer süddeutschen Dialekten oder norddeutschen Umgangsvarietäten ohne weiteres einen Sinn entnehmen können.

Das zweite für die Zuordnung von Varietäten zu Sprachen maßgebliche Kriterium ist das der **Überdachung**. Dieses Phänomen ist an zwei Bedingungen geknüpft: Die Sprecher der Nonstandardvarietät leben im Geltungsbereich der Standardvarietät und werden (zumindest einigermaßen) regelmäßig zur Standardvarietät hin korrigiert. Die Korrekturen finden vor allem in der Schule statt und werden von den Sprechern meist ohne weiteres akzeptiert, weil sie die Standardvarietät als sprachliche Norm anerkennen. Überdachung findet nur zwischen Standard- und Nonstandardvarietäten statt. Sie ist eine asymmetrische Relation, die immer nur in eine Richtung verläuft: Standardvarietäten überdachen Nonstandardvarietäten. Erstere können selbst nicht überdacht werden, letztere können nicht überdachen, sondern nur von Standardvarietäten überdacht werden.

Die Entscheidung, ob zwei Varietäten zu einer oder zu verschiedenen Sprachen gehören, kann nun mithilfe der beiden Kriterien der linguistischen Ähnlichkeit und der Überdachung getroffen werden. Dabei sind zwei Fälle zu unterscheiden:

(1) Handelt es sich bei den fraglichen Varietäten um zwei Standardvarietäten, gehören sie nur dann zur selben Sprache, wenn die linguistische Ähnlichkeit groß ist. Das Kriterium der Überdachung spielt dabei keine Rolle, da sich Standardva-

rietäten ohnehin nicht gegenseitig überdachen können. Wie oben bereits festgestellt wurde, besteht große linguistische Ähnlichkeit zwischen den Standardvarietäten Deutschlands, Österreichs und der Schweiz, weshalb sie eindeutig zur selben
Sprache (Deutsch) gehören. Ist die linguistische Ähnlichkeit zwischen zwei Standardvarietäten mittleren Grades oder nur gering, sind sie verschiedenen Sprachen
zuzuordnen. Daher gehören Standardletzeburgisch und die deutsche Standardvarietät aufgrund der mittleren linguistischen Ähnlichkeit nicht zur selben Sprache,
sondern zu Letzeburgisch bzw. Deutsch.

(2) Eine Standardvarietät und eine Nonstandardvarietät sind dagegen nur dann
Subsysteme derselben Sprache, wenn die linguistische Ähnlichkeit mittel oder
groß ist und die Nonstandardvarietät durch die Standardvarietät überdacht wird.
Wie oben bereits festgestellt wurde, wird der Düsseldorfer Dialekt von der deutschen Standardvarietät überdacht, und es besteht eine mittlere linguistische Ähnlichkeit zwischen den beiden Varietäten. Daraus kann gefolgert werden, dass es
sich um einen deutschen Dialekt handelt.

Sicherlich würde niemand bezweifeln, dass das Düsseldorfer Platt zur deutschen
Sprache gehört, und man könnte fragen, wozu ein solcher Aufwand getrieben
werden muss, um die Zuordnung von Varietäten zu Sprachen festzustellen.
Schließlich weiß man doch schon rein intuitiv, welche Dialekte zur deutschen
Sprache gehören. In den meisten Fällen ist dies sicher zutreffend, aber es gibt
auch Varietäten, deren Zugehörigkeit zu einer Sprache nicht so eindeutig ist. Die
Anwendung der o. g. Kriterien kann beispielsweise hilfreich sein, wenn es um die
Dialekte dies- und jenseits der niederländisch-deutschen Grenze, die letzeburgi-
schen Dialekte oder die alemannischen und rheinfränkischen Dialekte im Elsass
und in Lothringen geht. Bei letzteren handelt es sich aus deutscher Sicht um Dialekte des Deutschen, die auf französischem Boden beheimatet sind, aus der Perspektive der französischen Regierung handelt es sich dagegen nicht um deutsche
Mundarten. Solche Fälle sind hinsichtlich ihrer Zuordnung zum Teil sogar so
unsicher, dass die beiden Kriterien linguistische Ähnlichkeit und Überdachung
kaum ausreichen und auf ein drittes Hilfskriterium zurückgegriffen werden muss:
Die **Selbstzuordnung der Sprecher**. Dabei werden die Sprecher der betreffenden
Varietäten danach befragt, zu welcher Sprache sie selbst ihre Varietät rechnen
würden (vgl. Ammon 1994a: 372, 374).

Die Ausgangsfrage betreffend kann festgehalten werden, dass das Schweizerhochdeutsche und das österreichische Standarddeutsch aufgrund ihrer großen
linguistischen Ähnlichkeit mit der deutschen Standardvarietät zur deutschen Sprache gehören und es daher aus linguistischer Perspektive keinen Grund gibt, diese
Varietäten als eigenständige Sprachen aufzufassen.

Zusammenfassung

Nicht immer besteht Klarheit darüber, welche Varietäten zu einer Sprache gehören bzw. ob eine bestimmte Varietät Teil einer Sprache L_a oder einer anderen Sprache L_b ist. Für eine sprachwissenschaftlich fundierte Zuordnung von Varietäten zu Sprachen stehen drei Kriterien zur Verfügung: linguistische Ähnlichkeit, Überdachung und das (Hilfs-)kriterium der Selbstzuordnung der Sprecher. Anhand dieser Kriterien kann gezeigt werden, dass deutsches, österreichisches und schweizerisches Standarddeutsch zur gleichen Sprache gehören.

Weiterführende Literatur: Ammon, Ulrich (1994a): Was ist ein deutscher Dialekt? In: Mattheier, Klaus/Wiesinger, Peter (Hg.): Dialektologie des Deutschen. Forschungsstand und Entwicklungstendenzen. Tübingen, S. 369–383. **Wiesinger, Peter (1988):** Die deutsche Sprache in Österreich. Eine Einführung. In: Wiesinger, Peter (Hg.): Das österreichische Deutsch. Wien, S. 9–30.

Aufgaben

1. Diskutieren Sie, ob die folgenden Sprechweisen selbstständige Sprachen oder Varietäten des Deutschen oder einer anderen Sprache sind. Begründen Sie Ihre Aussagen mit sprachwissenschaftlichen Argumenten.

    a) Hessisch

    b) Alemannische Dialekte im Elsass

    c) Friesisch

    d) Niederfränkische Dialekte diesseits und jenseits der deutsch-niederländischen Grenze

2. Die folgenden Sprachproben stammen von einem Sprecher aus Namibia. Handelt es sich um Belege einer selbstständigen Sprache oder einer Varietät des Deutschen oder des Englischen?

    a) *Man kriecht tschiehp Coolboxen wie die aus Tschaina* (Ees o. J.: 38)

    b) *... egal wie man das jusd, das ist alles das säim* (ebd.: 57)

    c) *Als Jangsta hat man bei jeda Pahtie getrait das Gaim [...] zu spielen* (ebd.: 59)

6 Dialektale Gliederung des deutschsprachigen Raumes

In den vorangegangenen Kapiteln sollte deutlich geworden sein, dass nationale Standardvarietäten nicht mit Dialekten zu verwechseln sind. Letztere werden an dieser Stelle und im weiteren Verlauf des Buches dennoch immer wieder thematisiert, weil sie bei der Herausbildung der Nationalvarietäten eine wichtige Rolle spielten. Dialekte können Vorläufer oder Ableitungsstufen von Standardvarietäten sein (vgl. Löffler 2003: 6 f.). Im Falle der deutschen Sprache sind die Standardvarietäten Vereinigungsformen von zeitlich vorgelagerten Varietäten, aus denen durch Selektionsprozesse sprachliche Einheiten und Regeln ausgewählt und neu kombiniert wurden. Eine besondere Bedeutung spielte dabei die ostmitteldeutsche Schriftsprache (Sächsische Kanzleisprache bzw. Meißnisch), aber auch andere Varietäten dienten als Quellen des standardsprachlichen Wortschatzes und der morpho-syntaktischen Gestaltung des Deutschen. Der Dialekteinfluss ist allerdings nicht nur als historisch einzustufen, sondern dauert bis in die Gegenwart an. Eine Dialektlautung kann beispielsweise bei Mundartsprechern auch deren Aussprache der Standardvarietät beeinflussen, so dass sie einer bestimmten Region zugeordnet werden können. In diesem Fall verfügen sie über einen „Akzent" in der Standardlautung, vergleichbar mit dem von Nicht-Muttersprachlern. Im Bereich des Wortschatzes nehmen Dialekte ebenfalls Einfluss auf die Standardvarietäten des Deutschen, wenn z. B. Regionallexeme durch häufigen Gebrauch zunehmend in der öffentlichen und formellen Kommunikation akzeptiert und in den Standardwortschatz aufgenommen werden (vgl. Kap. 10.2.1).

Um die Bedeutung der Dialekte für die Ausprägung der verschiedenen nationalen Standardvarietäten besser nachvollziehen zu können, sind grundlegende Kenntnisse der Dialektologie hilfreich. Im Folgenden wird daher gezeigt, welche deutschen Dialekte es gibt und wie sie sich im deutschsprachigen Raum verteilen. Zunächst ist jedoch der Frage nachzugehen, was ein **Dialekt** bzw. eine **Mundart**[8] überhaupt ist.

Viele Menschen haben ein intuitives und implizites Wissen darüber, was ein Dialekt ist und welche Mundarten zur eigenen Sprache gehören. In der Sprachwissenschaft, sogar in der Dialektologie, sieht es dagegen ganz anders aus. Hier ist eine genaue und allgemein akzeptierte Begriffsbestimmung bisher nicht erfolgt. Das gleiche gilt übrigens auch für die Definition von ‚Standardvarietät' (vgl. Kap. 2.2; vgl. Kellermeier-Rehbein 2013). Zwar sind vielfältige Versuche unternommen

---

[8] Im Folgenden werden die Ausdrücke *Dialekt* und *Mundart* synonym verwendet.

worden, diese beiden Begriffe definitorisch zu bestimmen und von anderen Varie-
tätentypen abzugrenzen, doch liegt eine hinreichende und präzise Fassung bisher
nicht vor. Löffler klagt in diesem Zusammenhang:

> So stellt sich die einfache Frage nach der Definition des Begriffes *Mundart* und
> *Dialekt* gleich zu Beginn als eines der Probleme, wenn nicht gar als eines der
> Hauptprobleme der Dialektforschung heraus. Eine wissenschaftliche Disziplin,
> dazu noch eine der exakt sein wollenden kennt offenbar ihren Gegenstand nicht.
> (Löffler 2003: 1; Hervorhebungen im Original)

Die Schwierigkeit einer solchen Definition wird deutlich, wenn man bedenkt, dass
der Begriff ‚Dialekt' aus verschiedenen Perspektiven betrachtet werden kann.
Löffler (2003: 3 ff.) stellt eine Reihe von Kriterien zur Bestimmung von Dialekten
vor, anhand derer eine Annäherung an den Dialekt-Begriff und zugleich eine
Abgrenzung von Standard und Dialekt versucht wurde. Sie können hier nicht im
Einzelnen erläutert, aber zumindest genannt werden: linguistisches Kriterium
(Dialekt als Subsystem eines übergreifenden Sprachsystems; linguistische Ähnlichkeit; vgl. Kap. 1 und 5), Verwendungsbereich (öffentlich vs. privat), sprachge-
schichtliche Entstehung (Dialekt als Vorläufer oder Ableitungsstufe einer Standardvarietät), räumliche Erstreckung und kommunikative Reichweite. Die unzu-
reichenden Definitionsversuche beruhen oft darauf, dass diese Kriterien nicht klar
voneinander getrennt werden und ‚Dialekt' immer im Vergleich zur Hochsprache,
aber nie aus sich selbst heraus beschrieben wird (vgl. ebd.: 8). Ferner ist keines
dieser Kriterien uneingeschränkt gültig, denn zu jedem gibt es Ausnahmen und
Abweichungen.

Dennoch versucht Löffler eine Definition „unter Berücksichtigung möglichst
vieler Kriterien":

> Mundart ist stets eine der Schriftsprache vorangehende, örtlich gebundene, auf
> mündliche Realisierung bedachte und vor allem die natürlichen, alltäglichen Le-
> bensbereiche einbeziehende Redeweise, die nach eigenen, im Verlaufe der Ge-
> schichte durch nachbarmundartliche und hochsprachliche Einflüsse entwickelten
> Sprachnormen von einem großen heimatgebundenen Personenkreis in bestimmten
> Sprachsituationen gesprochen wird. (Löffler 2003: 9)

Allerdings gibt es zwischen überdachenden Standardvarietäten und kleinräumigen
Dialekten noch eine weitere Schicht: die **regionalen Umgangsvarietäten** (z. B.
Ruhrdeutsch, Berlinerisch). Sie sind der Standardvarietät linguistisch ähnlicher
und großräumiger verbreitet als die Dialekte, gehören aber ebenso wie letztere zu
den Nonstandardvarietäten.

6.1   Dialektale Großräume

Der gesamte deutschsprachige Raum ist dialektal geprägt: Es gibt keine Region ohne heimische Mundarten. Die Gebiete unterscheiden sich aber in der Lebendigkeit und Präsenz der Dialekte. Während im Süden häufig Dialekt gesprochen wird, sind Mundarten im Norden weitgehend durch Umgangsvarietäten ersetzt worden.

Insgesamt lässt sich das deutsche Sprachgebiet in zwei bzw. drei dialektale Großräume gliedern: Im Norden des deutschen Sprachgebietes werden **niederdeutsche Dialekte** gesprochen, auf die in Kap. 6.2 näher eingegangen wird. In Mittel- und Süddeutschland sowie in Österreich und der Schweiz sind **hochdeutsche Dialekte** heimisch. Sie lassen sich weiter in **mittel- und oberdeutsche Dialekte** untergliedern.

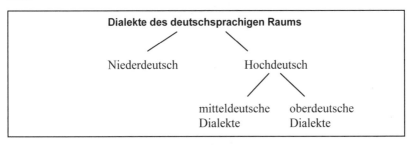

Abb. 13: Dialektgruppen des deutschsprachigen Raums

Der Terminus *Hochdeutsch* kann leicht missverstanden werden, da er zwei Bedeutungen umfasst, die nicht immer explizit differenziert werden. In der alltäglichen Umgangssprache steht er für ‚Standarddeutsch‘, also für das „richtige Deutsch". Als linguistischer Fachterminus bezeichnet er dagegen eine Menge von Dialekten mit bestimmten Merkmalen, die im Folgenden vorgestellt werden. In diesem Sinne wird *Hochdeutsch* im vorliegenden Buch verwendet.

Die sogenannte **Benrather Linie** bildet die Grenze zwischen dem niederdeutschen Dialektraum (in Abb. 14 der Bereich im Norden Deutschlands) und dem hochdeutschen Dialektgebiet. Sie ist die wichtigste Dialektgrenze im deutschsprachigen Raum und verläuft in West-Ost-Richtung, wobei sie im Westen beim niederländischen Venlo beginnt, den Düsseldorfer Stadtteil Benrath, Olpe, Kassel, Göttingen, Magdeburg und Berlin passiert und schließlich bei Frankfurt an der Oder endet. Die mittel- und oberdeutschen Dialektgebiete werden durch die **Speyerer Linie** getrennt.

Legende: •–•–•—— Staatsgrenze

Abb. 14: Dialektale Gliederung des deutschsprachigen Raums (Quelle: Elsen 2013: 58)

Die Feststellung dieser beiden Dialektgrenzen beruht auf den dialektgeographischen Arbeiten von Georg Wenker. Er führte ab 1882 Fragebogen-Erhebungen in vielen Orten des Deutschen Reiches durch, indem er Lehrer bat, die auf den Bögen notierten 40 standarddeutschen Sätze in den am Ort üblichen Dialekt zu übersetzen. Diese sogenannten *Wenker-Sätze* (vgl. Abb. 15) basierten nicht auf einer zufälligen Auswahl, sondern waren so konstruiert, dass phonologische und morphologische Aspekte erhoben werden konnten.

1. Im Winter fliegen die trockenen Blätter in der Luft herum.

2. Es hört gleich auf zu schneien, dann wird das Wetter wieder besser.

3. Tu Kohlen in den Ofen, damit die Milch bald zu kochen anfängt.

4. Der gute alte Mann ist mit dem Pferd(e) auf dem Eis eingebrochen und in das kalte Wasser gefallen.

5. Er ist vor vier oder sechs Wochen gestorben.

6. Das Feuer war zu heiß, die Kuchen sind ja unten ganz schwarz gebrannt.

7. Er isst die Eier immer ohne Salz und Pfeffer.

[...]

Abb. 15: Wenker-Sätze 1 bis 7 (Quelle: Niebaum/Macha 1999: 59)

1895 verfügte er über 48.500 ausgefüllte Fragebögen, deren Daten per Hand in Sprachkarten eingetragen wurden, die bis heute in Berlin und Marburg aufbewahrt werden. Vereinfachte Versionen dieser Karten wurden nach Wenkers Tod durch seinen Nachfolger Ferdinand Wrede als **Deutscher Sprachatlas** veröffentlicht. Die darin enthaltenen 128 Karten zeigen die Verbreitung phonologischer und morphologischer Merkmale im Deutschen Reich. Da sich die dialektale Landschaft seitdem nicht grundlegend verändert hat, werden die Karten bis heute zur Darstellung von Dialektgrenzen sowie zu Forschungszwecken herangezogen.

In den Originalkarten bildet die Benrather Linie einen Trichter um Berlin (vgl. Abb. 16), der die Stadt dem hochdeutschen Dialektgebiet zuordnet. Er ist Gegenstand mancher Diskussion, da seine Existenz bezweifelt und die Vermutung geäußert wird, er könne Folge eines Erhebungsfehlers zu Wenkers Sprachkarten gewesen sein. Die Zweifel entstanden vor allem dadurch, dass der Trichter suggeriert, Berlin gehöre sprachlich zum mitteldeutschen Raum, während Beobachtungen der Berliner Sprachwirklichkeit etwas anderes ergeben. Für Berlin besonders typische sprachliche Merkmale wie der Gebrauch von *dat/wat* statt *das/was* oder von *ik* statt *ich* sowie die Verwechslung von Dativ und Akkusativ (*dir/dich*), die immer wieder zu Sprachspott führen (*Ik liebe dir!*), sind ausgesprochen niederdeutsch. Möglicherweise geht dieser Widerspruch auf einen Irrtum des Informanten zurück, der die örtliche Sprechweise entweder nicht gut kannte oder verleugnen wollte. Daher ist der Trichter in Abb. 14 aus gutem Grund nicht eingezeichnet worden.

Die in den dialektalen Großräumen verbreiteten Dialekte Nieder-, Mittel- und Oberdeutsch stellen keine konkreten und homogenen Dialekte dar, sondern sind lediglich abstrakte Mengen von Dialekten, die aufgrund gemeinsamer sprachlicher Merkmale zusammengefasst werden. Die Elemente dieser Mengen lassen sich immer weiter in „kleinere" Varietäten gliedern, die mit sinkendem Abstraktionsgrad immer kleinräumiger werden. Die höchste Abstraktionsebene bilden die o. g. dialektalen Großgruppen Nieder-, Mittel- und Oberdeutsch. Eine Stufe darunter können weitere grobe Einteilungen vorgenommen werden. Im Falle von Nieder- und Mitteldeutsch handelt es sich um eine Ost-West-Einteilung (West- bzw. Ostniederdeutsch; West- bzw. Ostmitteldeutsch), beim Oberdeutschen um eine Dreiteilung (Alemannisch, Bairisch, Ostfränkisch). Auf der nächstkleineren Abstraktionsstufe sind beispielsweise für das Westmitteldeutsche Ripuarisch, Mosel- und Rheinfränkisch sowie Hessisch zu nennen, für das Ostmitteldeutsche Thüringisch und Obersächsisch. Auch diese können weiter aufgeteilt werden: Das Hessische besteht aus Nieder-, Mittel- und Osthessisch, die wiederum noch kleinere ortsgebundene Dialekte umfassen, z. B. Frankfurterisch, Kasselänisch. Hierbei handelt es sich schließlich um konkrete Varietäten, die tatsächlich gesprochen werden.

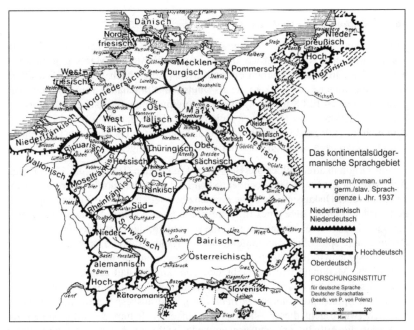

Abb. 16: Dialektale Gliederung des deutschsprachigen Raumes um 1900 (Quelle: Niebaum/Macha 1999: 193)

Die Gründe für diese Einteilung der deutschen Dialekte in Nieder- und Hochdeutsch liegen in der Sprachgeschichte und sind vor allem mit der **Zweiten (hochdeutschen) Lautverschiebung** verknüpft. Mit dem Terminus *Lautverschiebung* bezeichnet man im Allgemeinen einen Lautwandelprozess, der so weit reichen kann, dass eine neue Sprache entsteht. In der germanisch-deutschen Sprachgeschichte hat es zwei solcher Veränderungen gegeben. Die Erste (germanische)

Lautverschiebung führte zur Abspaltung des Germanischen aus dem Indoeuropäischen. Ihre Datierung ist umstritten, häufig wird als Maximaldauer die Zeitspanne von etwa 1200 v. Chr. bis ca. 300 v. Chr. angegeben (vgl. Glück ^{4}2010: 254). Für die dialektale Gliederung des deutschsprachigen Raums ist aber die Zweite Lautverschiebung relevant, die vom 5. bis zum 8. Jahrhundert n. Chr. in einem Gebiet stattfand, das heute dem Raum Mittel- und Süddeutschland, Österreich und Schweiz entspricht. Die dort verbreiteten germanischen Dialekte erfuhren dadurch eine weitreichende Veränderung des Konsonantensystems, die zur Abspaltung der althochdeutschen Dialekte aus dem Germanischen führte. Dieser Prozess gilt als Entstehung der deutschen Sprache, die allerdings zunächst aus einer Reihe von Dialekten (Alemannisch, Bairisch, Ostfränkisch, Südrheinfränkisch, Rheinfränkisch und Mittelfränkisch) bestand und von einer einheitlichen Erscheinungsform noch weit entfernt war.

Die Zweite Lautverschiebung umfasste verschiedene Bereiche. Bei der Tenuesverschiebung wurden die stimmlosen Plosive [p, t, k] je nach Position im Wort zu Frikativen [f, s, x] bzw. Affrikaten [pf, ts, kx] verschoben (germ. *opan → ahd. offan; germ. *kamp → ahd. kampf). Bei der Medienverschiebung wurden stimmhafte Plosive [b, d, g] stimmlos [p, t, k] (germ. dag → ahd. tag/tak). Letzteres wurde allerdings später teilweise wieder rückgängig gemacht (altsächs. bindan → ahd. pintan → mhd. binden) (vgl. Bussmann 1990: 872; Schützeichel 1989).

Diese durch die Zweite Lautverschiebung verursachten Veränderungen des Konsonantensystems erfolgten mit einer großen regionalen Differenzierung. Vereinfachend kann man festhalten, dass sie im oberdeutschen Raum konsequent, im mitteldeutschen Raum nur teilweise und im niederdeutschen Raum gar nicht stattfanden. Aus diesem Grund kann man ober- und mitteldeutsche Dialekte unter dem Oberbegriff **Hochdeutsch** zusammenfassen, weil sie mehr oder weniger von der Zweiten Lautverschiebung betroffen waren, während niederdeutsche Dialekte davon ausgeschlossen waren und folglich eine andere Entwicklung durchliefen als die südlich der Benrather Linie angesiedelten Dialekte.

6.2 Sonderfall Niederdeutsch – Status, Geschichte und Gegenwart

Wie oben bereits ausgeführt wurde, umfasst das Niederdeutsche solche Dialekte, die nicht von der Zweiten Lautverschiebung betroffen waren und dadurch Gemeinsamkeiten in der Lautung (z. B. *ick, dat/wat, Tied, laten, setten* u. a.), aber auch auf anderen Ebenen aufweisen. Darüber hinaus gibt es weitere Besonderheiten, die historisch auf sprachliche Gepflogenheiten der Nordseegermanen zurückzuführen sind. Sie weisen gewisse Parallelen zu angelsächsischen Sprachmerkmalen auf und sind verantwortlich für Ähnlichkeiten mit dem Englischen, die bis heute fortbestehen. Als Beispiel sei hier mit Stedje (2001: 81) der Zusammenfall der Personalpronomen (1. und 2. Person) im Dativ und Akkusativ erwähnt: *mi* (‚mir/mich‘, vgl. engl. *me*) und *di* (‚dir/dich‘). Daraus und aus anderen niederdeutschen Varianten ergibt sich eine Dialektgruppe, die deutlich von den hochdeutschen Varietäten abweicht. Die folgende kleine Sprachprobe gibt davon einen Eindruck:

Nedderdüütsche Literatuur gifft dat so lang, as wi in de Geschicht vun uns Land trüüchkieken köönt. De Germanen mössen eerst uphören mit ehr Wannern vun hier na door, se mössen sick richtig fastsetten hier baven; dunn kömen se mit de Nääs' ran an de Kultuur uut'n Süden, dunn lehren se kennen, wat dat up sick hett mit schreven Schrift: dat se miteens upschrieven (laten) kunnen, wat vörher, Dichtung oder nich, vun Mund to Mund gahn weer, jümmer vun de Öllern na de Kinner, oder wat jüm so bifüll över ehr egen Tiet un Leven. (Schuppenhauer (INS); Homepage *Institut für niederdeutsche Sprache*; eingesehen am 17.8.2013)

Status des Niederdeutschen

Die linguistische Distanz zu deutschen Standardvarietäten ist so groß, dass der Status des Niederdeutschen umstritten ist und darüber diskutiert wird, ob es eine eigene Sprache oder ein Dialekt des Deutschen ist. Jacob Grimm vertrat im 19. Jahrhundert die Auffassung, es gehöre nicht zur deutschen Sprache und niederdeutsches Wortgut könne daher nicht in das *Deutsche Wörterbuch* (DWB) aufgenommen werden:

[…] und wenn heutzutage im gegensatz zu französischer, italienischer, englischer von deutscher sprache die rede ist, kann darunter nicht mehr die niederdeutsche mundart verstanden werden. Diese jetzt allgeläufigen, für unsere grammatik entscheidenden verhältnisse hindern, wie jedermann einsieht, niederdeutsche wörter in ein deutsches wörterbuch aufzunehmen; sie würden sich eher in ein niederländisches, englisches oder gar dänisches fügen. deep läszt sich nicht stellen neben tief, dal, dag nicht neben thal, tag und to, tunge nicht neben zu, zunge; […] (Deutsches Wörterbuch 1854: Vorwort: XV)[9]

Grimm bezeichnet die Varietät im Folgenden abwechselnd als *Sprache* oder *Mundart*, was davon zeugt, dass Grimm die Frage nach dem Status letztlich unberührt ließ (vgl. ebd: Abschnitt 3). Kloss (1978: 67-70) klassifiziert Niederdeutsch als selbstständige Sprache und nennt es eine **scheindialektalisierte Abstandsprache**. So bezeichnet er Sprachsysteme, die eine große linguistische Distanz („Abstand") zu anderen Sprachen aufweisen und nur scheinbar Dialekte einer Sprache (in diesem Fall des Deutschen) sind[10]. Häufig sind es die Sprecher selber, die ihre von Experten als Abstandsprache bezeichnete Sprechweise irrtümlich für einen Dialekt einer anderen, dominanten Sprache halten. Auch die Verfasser der *Europäischen Charta der Regional- oder Minderheitensprachen* stuften Niederdeutsch als selbstständiges System ein, als sie es 1997 als schützenswerte **Regionalsprache**

---

[9] Die Kleinschreibung der Substantive entspricht dem Original.

[10] „Große linguistische Distanz" bei Kloss ist nicht gleichzusetzen mit „linguistischer Unähnlichkeit" bei Ammon (1995), vgl. Kap. 5.

in die Charta aufnahmen. Der Charta zufolge kann es sich nicht um eine Mundart handeln, da Dialekte einer Amtssprache per definitionem nicht als Regionalsprachen anerkannt werden (vgl. *Europäische Charta*, Artikel 1a; mehr dazu s. u.). Wenn man es tatsächlich als eigene Sprache deklarieren will, muss man hinnehmen, dass es sich um eine Sprache ohne Standardvarietät (Vernakularsprache) handelt, was bei europäischen Sprachen selten vorkommt. Einer der wenigen Fälle ist das Friesische, das aus drei räumlich voneinander getrennten Zweigen besteht und keine gemeinsame Schriftsprache entwickelt hat (vgl. Kloss 1978: 176). Wenn man Friesisch und Niederdeutsch jeweils mit der deutschen Standardvarietät vergleicht, stellt man fest, dass das Friesische eine noch größere linguistische Distanz zum Standarddeutschen aufweist als das Niederdeutsche. Während Letzteres für Sprecher der deutschen Standardvarietät doch noch verständlich ist, wenn auch nur mit Mühe, trifft dies für das Friesische kaum mehr zu. Aus diesem Grund werden niederdeutsche Varietäten nicht von allen Sprachwissenschaftlern als eigene Sprache aufgefasst, sondern zum Teil zu den Dialekten des Deutschen gezählt (z. B. Ammon 1994a: 376 f.). Kurz gesagt steht und fällt der Status des Niederdeutschen als Sprache oder Dialekt mit der mehr oder weniger subjektiven Einschätzung der linguistischen Distanz zu Vergleichsvarietäten (vgl. Kap. 5).

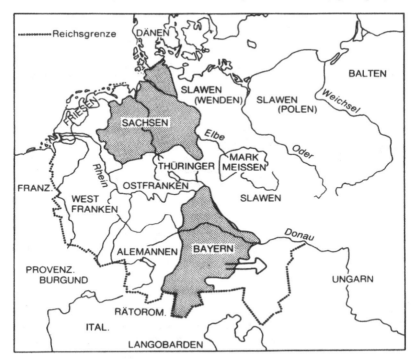

Abb. 17: Die Siedlungsgebiete der Sachsen und Bayern um 950 (Quelle: Stedje 2001: 65)

Niederdeutsch in Geschichte und Gegenwart

Das Niederdeutsche lässt sich diachron in drei Abschnitte gliedern. Das **Altniederdeutsche** (ca. 800–1150 n. Chr.), das **Mittelniederdeutsche** (1150–1650) und das **Neuniederdeutsche** (ab 1650; auch: *Plattdeutsch*). Das Altniederdeutsche wird häufig als **Altsächsisch** bezeichnet, was auf den germanischen Stamm der Sachsen zurückzuführen ist, der große Gebiete des heutigen Nordwestdeutschlands besiedelte. Der Raum östlich der Elbe (im heutigen Nordostdeutschland) war ursprünglich von slawisch sprechenden Stämmen besiedelt, so dass deutsche Dialekte im frühen Mittelalter dort noch nicht vorkamen (vgl. Abb. 17).

Zu den ältesten schriftlichen Zeugnissen des Altniederdeutschen gehört das um 830 im Kloster Fulda verfasste Epos *Heliand*. Spätere bedeutende Schriften sind der *Sassenspegel* (Sachsenspiegel, um 1220) von Eike von Repgow, in dem das Sachsenrecht dargestellt wird, sowie die *Sassesche Weltchronik* von 1230. Als rein literarisches Werk ist der 1498 in Lübeck erschienene *Reynke de vos* (Reinecke der Fuchs) zu nennen.

Im Mittelalter gewann das Niederdeutsche stark an Bedeutung. Zum einen dehnte es sich geographisch aus: einerseits nach Westen, wo es allmählich das Friesische zurückdrängte, andererseits im Zuge der **Ostkolonisation**, die zwischen 1150 und 1350 ihren Höhepunkt erreichte, in die östlichen, zuvor slawisch besiedelten Gebiete, wo die ostniederdeutschen Mundarten entstanden (vgl. Abb. 18).

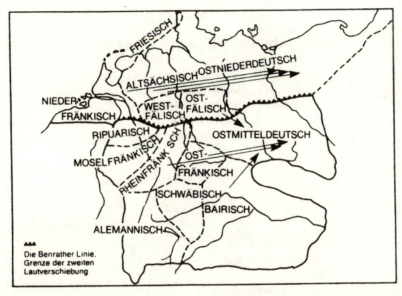

Abb. 18: Verbreitung der Mundarten durch die Ostkolonisation (Quelle: Stedje 2001: 90)

Zum anderen verzeichnete Niederdeutsch im 14. und 15. Jahrhundert als **Sprache der Hanse** einen enormen Zuwachs an Prestige und verbreitete sich als internationale Handelssprache in Nordeuropa. Die im 13. Jahrhundert gegründete Hanse war ein Städtebund zur Vertretung gemeinsamer wirtschaftlicher Interessen im Nord- und Ostseeraum. Man betrieb großräumigen Handel zwischen London, Brügge, Bergen und Nowgorod und hatte unzählige Niederlassungen in vielen nordeuropäischen Städten. Die Schriftsprache der Hanse (und der städtischen Kanzleien) war zunächst das Lateinische, aber gegen 1370 wechselte man zum Mittelniederdeutschen (vgl. Peters 2000: 1499). Die Stadt Lübeck spielte als Oberhaupt des Städtebundes eine besondere Rolle. Nach ihrer Gründung im Jahre 1143 entstand durch den Zuzug vieler Neubürger und unter Einfluss ihrer verschiedenen Mundarten eine Art innerstädtische Ausgleichssprache, die „**lübische Stadtsprache**" (Peters 2000: 1498). Diese breitete sich nicht nur als Verkehrssprache im gesamten norddeutschen Gebiet aus (vgl. Stedje 2001: 109), sondern wurde darüber hinaus aufgrund der dominanten Stellung der Stadt in der Hanse zur „**übernationalen Handels- und Geschäftssprache**" (Peters 2000: 1501) in weiten Teilen des nordeuropäischen Raumes. In den Niederlassungen der Hanse war Mittelniederdeutsch Schrift- und Urkundensprache. Nach Peters (ebd.) führten die Zuwanderung niederdeutschsprachiger Minderheiten aus Norddeutschland und das Prestige ihrer Sprache dazu, dass die Einheimischen mancher skandinavischer Städte (z. B. Stockholm) sich die Mühe machten, Niederdeutsch zu lernen und auf diese Weise zweisprachig wurden. Stedje (2001: 109) verweist in diesem Zusammenhang auf die (nieder-)deutschsprachigen Städte Visby (auf der schwedischen Insel Gotland) sowie Riga, Reval und Dorpat (im Baltikum). Das 15. Jahrhundert war der Höhepunkt der mittelniederdeutschen Schriftsprache mit großräumiger Vereinheitlichung und internationaler Geltung (vgl. Peters 2000: 1503).

Mit dem Niedergang der Hanse um 1500 verlor auch das Mittelniederdeutsche an Bedeutung. In Nordeuropa wurde es als Verkehrssprache aufgegeben und im niederdeutschen Gebiet fand der sogenannte **Norddeutsche Sprachentausch** statt. Dieser Terminus bezeichnet den Umstand, dass zwischen 1510 und 1640 die norddeutschen Kanzleien ihre Korrespondenz- und Urkundenschrift Schritt für Schritt auf das angesehenere Hochdeutsch umstellten.

Die Ursachen dafür liegen in der ab dem 16. Jahrhundert zunehmenden Orientierung der niederdeutschen Oberschicht am süddeutschen Raum, der wirtschaftlich, politisch und kulturell als führend galt. Wirtschaftszentren wie Augsburg und Nürnberg gewannen an Bedeutung und wichtige politische Institutionen lagen im Süden (Kaiser, Reichskammergericht) (vgl. König 2007: 103). Kulturell galt das Hochdeutsche schon im Mittelalter als führend, was niederdeutsche Dichter veranlasste, ihre Werke auf Hochdeutsch zu verfassen[11] (vgl. Stedje 2001: 107). Dies

---

[11] Mittelalterliche Sachprosa erschien aber durchaus auf Niederdeutsch, vgl. oben: die *Sächsische Weltchronik* aus dem 13. Jahrhundert und der *Sachsenspiegel* (um 1224).

alles führte dazu, dass das Niederdeutsche zunehmend als minderwertig eingestuft wurde, die Bildungsschichten sich immer mehr davon distanzierten und die **Kanzleien** ihren Schriftsprachgebrauch auf das Hochdeutsche umstellten.

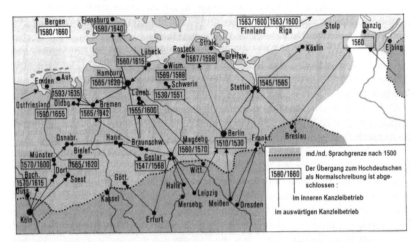

Abb. 19: Norddeutscher Schriftsprachentausch (Quelle: König [16]2007: 102)

Die Abbildung zeigt das Voranschreiten der Umstellung von der niederdeutschen auf die hochdeutsche Schriftsprache in norddeutschen Kanzleien. Sie erfolgte zunächst in Orten an der Grenze zum hochdeutschen Gebiet. Je weiter die Orte davon entfernt waren, desto später erfolgte die Umstellung (vgl. Sodmann 2000: 1506).

Die Jahreszahlen unter den Ortsnamen kennzeichnen die Umstellung des externen (vor dem Schrägstrich) und internen (nach dem Schrägstrich) Schriftverkehrs einer Kanzlei.

Der **Buchdruck** stellte sich im Laufe der Zeit ebenfalls auf das Hochdeutsche um. Nach König (2007: 102 f.) erschienen im Jahre 1550 noch über 700 niederdeutsch verfasste Drucke. Um 1700 dagegen spielte Niederdeutsch als Druckersprache praktisch keine Rolle mehr. „Die große Epoche des mnd. [mittelniederdeutschen (B. K.-R.)] Buchdrucks geht um 1620 zu Ende." (Sodmann 2000: 1508) Dies steht auch im Zusammenhang mit der Reformation und dem Wirken Martin Luthers, dessen Bibelübersetzung zur Durchsetzung des Ostmitteldeutschen als Schriftsprache im gesamten deutschsprachigen Raum beitrug.

Auf diese Art entstand im norddeutschen Raum zunächst eine Diglossiesituation. Unter **Diglossie** versteht man eine Sprachverwendungsweise, bei der zwei Varietäten einer Sprache innerhalb einer Gesellschaft für unterschiedliche Zwecke gebraucht werden (vgl. Kap. 11.2). Im niederdeutschen Raum wurde für offizielle Schriften und Urkunden Hochdeutsch als Schriftsprache verwendet. Ferner übernahmen Schulen und Kirchen das Hochdeutsche, so dass das Niederdeutsche nach 1650 keine geschriebene Sprache mehr war (vgl. Stedje 2001: 111). Nur für die mündliche Kommunikation gebrauchte die Bevölkerung vorläufig weiterhin das Niederdeutsche. Der zunehmende Geltungs- und Prestigeverlust kam auch in der neu aufkommenden Bezeichnung **Plattdeutsch** zum Ausdruck (niederdt. *platt* bedeutet ‚allgemeinverständlich') und führte dazu, dass sich zunächst die höheren Sozialschichten im mündlichen Sprachgebrauch auf das Hochdeutsche umstellten. Zur sozialen Bewertung des Niederdeutschen heißt es:

> Niederdeutsch war nach seiner Blütezeit jahrhundertelang als Sprache der einfachen Menschen sozial verachtet. Den Sprachen und Kulturen, die neben der deutschen Standardsprache auf diesem Sprachgebiet vorhanden waren, wurde so gut wie kein geistig-gesellschaftlicher Wert beigemessen. (Homepage *Institut für niederdeutsche Sprache*, Bremen, eingesehen am 10.5.2014)

Andere soziale Schichten konnten sich diesem Stigmatisierungsprozess auf Dauer ebenso wenig entziehen, und Niederdeutsch wurde Stück für Stück aus der letzten verbliebenen Domäne, der Mündlichkeit, verdrängt, zunächst nur aus der Öffentlichkeit, später auch darüber hinausgehend.

Heute ist Niederdeutsch weitgehend durch standardnahe Umgangsvarietäten ersetzt worden, entgegen aller Voraussagen aber noch nicht ausgestorben. Es wird noch auf dem Land und von älteren Bürgern gesprochen. Zur genauen Anzahl der Niederdeutsch-Sprecher finden sich in der Literatur widersprüchliche Angaben: Während Ammon (1995: 368) konstatiert, dass das Niederdeutsche nur noch ein „relikthaftes Dasein" führe, heißt es an anderer Stelle: „[d]as Niederdeutsche wird im norddeutschen Raum von einer zahlenmäßig großen Sprechergruppe vor allem als Nahsprache gesprochen" (BMI 2003: Rdn 37). Eine Erhebung von 2007 zeigte, dass 2,6 Millionen Menschen (= 12,9 %) von sich behauptete, Niederdeutsch gut oder sehr gut sprechen zu können, und 75 % der in Norddeutschland lebenden Personen gaben an, es immerhin zu verstehen (vgl. BMI 2011: 26 f.). Dennoch hat das Niederdeutsche einen beträchtlichen Teil seines Geltungsbereiches in der Öffentlichkeit sowie den Status als norddeutsche Schriftsprache verloren und dadurch enorm an Ansehen eingebüßt. Da außerdem alle Sprecher des Niederdeutschen heutzutage auch die Standardvarietät beherrschen, ist man nicht unbedingt auf den Dialekt angewiesen, so dass er immer mehr in den Bereich des Privaten zurückgedrängt wird.

Abb. 20: Institut für niederdeutsche Sprache (INS), Bremen (Foto: B. Kellermeier-Rehbein)

Nichtsdestotrotz werden Maßnahmen zum Schutz und zur Förderung des Niederdeutschen durchgeführt. Einer der Hauptakteure ist dabei das **Institut für niederdeutsche Sprache** (INS) mit Sitz in Bremen. Es ist eine „überregional wirkende wissenschaftliche Einrichtung zur Pflege und Förderung der niederdeutschen Sprache, Literatur und Kultur" (vgl. Homepage INS: Das INS). Ihre Ziele und Aufgaben sind die Sammlung, Dokumentation und wissenschaftliche Analyse des Niederdeutschen, das Verfassen von Publikationen zum Niederdeutschen, die Durchführung von Veranstaltungen sowie die Beratung in allen Fragen rund um das Niederdeutsche (vgl. ebd.). Ergänzt werden diese Aktivitäten durch verschiedene Projekte zum Erlernen des Niederdeutschen oder zur Imagepflege der Regionalvarietät. Das INS bezeichnet das Niederdeutsche als „Kennzeichen lebendiger Alltagskultur" und sieht eine „Entwicklung zu einer tendenziellen Zweisprachigkeit des niederdeutschen Kulturraumes" (ebd.).

Gleichzeitig wird bedauert, dass die niederdeutsch sprechende Bevölkerung wenig über ihre Varietät weiß und ihr auch wenig Interesse entgegenbringt. Daher wurden verschiedene Projekte ins Leben gerufen: *Platt is cool* (vgl. Abb. 21, 22) soll auf das Niederdeutsche aufmerksam machen, sein Image verbessern und dazu anregen, es häufiger zu gebrauchen.

Abb. 21: Imagekampagne für das Niederdeutsche: Platt is cool (Quelle: www.platt-is-cool.de)

Abb. 22: Geiht nich gifft 't nich (Quelle: www.platt-is-cool.de)

Auch auf wissenschaftlichem Gebiet befasst sich das INS (in Zusammenarbeit mit Universitäten) mit dem Niederdeutschen und publiziert Schriftenreihen zu verschiedenen Themen. Daraus gingen beispielsweise eine *Niederdeutsche Grammatik* und Wörterbücher hervor.

In den 1990er Jahren bemühte sich das INS um die Anerkennung des Niederdeutschen im Rahmen der *Europäischen Charta der Regional- oder Minderheitensprachen*, die seit 1999 in Deutschland gilt. Damit wird Niederdeutsch als Regionalsprache aufgefasst und in den Bundesländern Schleswig-Holstein, Hamburg, Bremen, Niedersachsen, Nordrhein-Westfalen, Mecklenburg-Vorpommern, Brandenburg und Sachsen-Anhalt als einzigartiger Bestandteil des kulturellen Erbes Europas anerkannt. Ziel der Charta ist der Schutz der Regional- und Minderheitensprachen vor dem Aussterben und die Förderung ihres Gebrauchs, insbesondere in den Bereichen Verwaltung, Recht, Schule, Öffentlichkeit, Kultur, Wirtschaft, Medien und soziales Leben. Mit der Unterzeichnung der Charta verpflichtete sich die Bundesrepublik Deutschland, fünf Minderheitensprachen (Dänisch, Nordfriesisch, Saterfriesisch, Sorbisch, Romanes) und eine Regionalsprache (Niederdeutsch) im Sinne der Charta zu schützen. Dies gilt allerdings nur für die o. g. Bundesländer, in denen diese Sprachen gesprochen werden. Für die Sprecher des Niederdeutschen bedeutet dies konkret, dass sie beispielsweise innerhalb der betreffenden Verwaltungsbezirke mündliche und schriftliche Anträge auf Niederdeutsch stellen dürfen (vgl. SHL 2007: 64 f.). Allerdings sollte nicht unerwähnt bleiben, dass durch den Zusatz „im Rahmen des Zumutbaren" die Einhaltung der Bestimmungen letztlich nicht absolut obligatorisch ist. Weitere Maßnahmen wurden auch für die Bereiche Justiz, Bildungswesen u. a. festgelegt.

Beobachtet, begleitet und überprüft wird die Umsetzung der o. g. Bestimmungen bezüglich des Niederdeutschen durch den 2002 gegründeten *Bundesrat für Nedderdüütsch* (BfN). Er vertritt die sprachenpolitischen Interessen der niederdeutschen Sprachgemeinschaft gegenüber den Bundesländern, dem Bund und den europäischen Instanzen (vgl. INS, Homepage: Sprachenpolitik; eingesehen am 10.5.2014). Seine Aufgaben werden folgendermaßen beschrieben:

> Der Bundesrat för Nedderdüütsch hat die Aufgabe, die Maßnahmen zur Umsetzung der Charta und deren Verlaufsprozess zu begleiten. Es geht darum, kritisch zu überprüfen, ob die in der Charta festgelegten Bestimmungen auch erfüllt werden. (BfN, Homepage: Aufgaben und Ziele)

Darüber hinaus gibt er einschlägige Broschüren heraus und führt Informationsveranstaltungen durch. Die Geschäftsführung liegt beim *Institut für niederdeutsche Sprache*.

Zusammenfassung

Die Standardvarietäten des Deutschen gehen historisch auf mehrere Varietäten zurück, aus denen durch Selektionsprozesse das Inventar der schriftsprachlichen Lexik und Grammatik hervorgegangen ist. Zu diesem Repertoire prästandardsprachlicher Varietäten gehörten vor allem Dialekte, die noch heute die Hochsprache beeinflussen. Die Gesamtheit aller deutschen Dialekte lässt sich zu drei Großgruppen zusammenfassen: Nieder-, Mittel- und Oberdeutsch. Das Ostmitteldeutsche spielte eine besondere Rolle bei der Herausbildung des sprachlichen Standards. Das in Norddeutschland beheimatete Niederdeutsch stellt einen Sonderfall dar, da es nicht von der Zweiten Lautverschiebung betroffen war und sein Status als Dialekt des Deutschen oder eigenständige Sprache ungeklärt ist.

Weiterführende Literatur: Institut für niederdeutsche Sprache, Homepage: www. ins-bremen.de/de/sprache/kultur.html, eingesehen am 10.5.2014. **Löffler, Heinrich (2003):** Dialektologie. Eine Einführung. Tübingen. **Peters, Robert (2000):** Die Rolle der Hanse und Lübecks in der mittelniederdeutschen Sprachgeschichte. In: Besch, Werner/Betten, Anne/Reichmann, Oskar/Sonderegger, Stefan (Hg.): Sprachgeschichte. Ein Handbuch zur Geschichte der deutschen Sprache und ihrer Erforschung. Berlin/New York, S. 1496–1505. **Sodmann, Timothy (2000):** Die Verdrängung des Mittelniederdeutschen als Schreib- und Druckersprache Norddeutschlands. In: Besch, Werner/Betten, Anne/Reichmann, Oskar/Sonderegger, Stefan (Hg.): Sprachgeschichte. Ein Handbuch zur Geschichte der deutschen Sprache und ihrer Erforschung. Berlin/New York, S. 1505–1512.

✐ Aufgaben

Ordnen Sie folgende Städte mit ihren Mundarten den Dialektgebieten zu. Orientieren Sie sich dabei an der Karte in Abb. 16.

a)   Köln (Kölsch)

b)   Basel (Baseldütsch)

c)   Bremen (Bremisch)

d)   Wittenberg (Osterländisch)

Linguistische Darstellung

nationaler Varianten

7 Nationale Varianten der Lexik

Mit dem Terminus Lexik bezeichnet man die Gesamtheit aller Wörter einer Sprache. Wortschatzvarianten sind neben den Besonderheiten der Aussprache die auffälligsten Phänomene der sprachlichen Variation. Zu den nationalen Standardvarianten gehören onomasiologische und semasiologischen Varianten (Ausdrucks- und Bedeutungsvarianten, vgl. Kap. 3) sowie Phraseologismen (Redewendungen). Lexikalische Austriazismen, Helvetismen und Teutonismen werden im Folgenden in einer kleinen Auswahl exemplarisch dargestellt. Alle Beispiele wurden in stark gekürzter und vereinfachter Form dem *Variantenwörterbuch des Deutschen* (VWD 2004) entnommen.

7.1 Onomasiologische Varianten

Die folgende Darstellung in Form von stark vereinfachten Wörterbuchartikeln zeigt onomasiologische Austriazismen, Helvetismen und Teutonismen. Die Einträge sind nach Domänen (Sachgebieten) wie Berufe, Gastronomie, Transport u. a. sortiert. Innerhalb dieser Domänen erscheinen die Einträge in alphabetischer Reihenfolge, wobei an erster Stelle nach Möglichkeit eine spezifische Nationalvariante einer Gesamtregion steht. Es folgen, sofern vorhanden, weitere synonyme Varianten. Vorgestellt werden sowohl spezifische und unspezifische Varianten als auch solche der Gesamt- oder Teilregion. Alle Varianten sind mit Arealmarkierungen bezüglich ihres Geltungsbereiches gekennzeichnet. Die Einträge enden mit gemeindeutschen Synonymen (mit der vorangestellten Kennzeichnung *gmd.*) oder mit kurzen Bedeutungserläuterungen (in einfachen Anführungszeichen). Auf die sonst übliche Kursivsetzung der Ausdrücke wurde verzichtet.

Die folgende Liste enthält die Arealkürzel und ihre Bedeutungen:

A	Österreich	mw	mittelwest
CH	Schweiz	n	nord
D	Deutschland	no	nordost
		nw	nordwest
BELG	Ostbelgien	o	ost
LIE	Liechtenstein	s	süd
LUX	Luxemburg	so	südost
STIR	Südtirol	sw	südwest
		w	west
gmd.	gemeindeutsch	Tir	Tirol
m	mittel	Vbg	Vorarlberg
mo	mittelost	/	und

Der Eintrag „Abitur" (s. u.) ist demnach so zu lesen: Es handelt sich um einen spezifischen Teutonismus, der nur in Deutschland standardsprachlich ist. Es folgen weitere Varianten: der Helvetismus *Matur*, der Austrohelvetismus *Matura*, der Helvetismus *Maturität* und der Austroteutonismus *Reifeprüfung*. Der Artikel schließt mit der gemeindeutschen Bezeichnung *Allgemeine Hochschulreife*. Das Stichwort „Ausrufungszeichen" ist als spezifische Variante gekennzeichnet, die im Gesamtgebiet Deutschlands standardsprachlich ist. Nach weiteren Varianten mit Arealangaben folgt eine Bedeutungserläuterung in einfachen Anführungsstrichen (‚...').

(Aus)bildung / Schule / Studium

Abitur D, **Matur** CH, **Matura** A CH, **Maturität** CH, **Reifeprüfung** A D, gmd.: Allgemeine Hochschulreife

Ausrufungszeichen D, **Ausrufezeichen** CH D (ohne so), **Rufzeichen** A D-so, **Rufezeichen** A-w ‚Satzzeichen, das Aufforderungs-, Ausrufe- und Wunschsätze abschließt'

Auszubildende D, **Azubi** D, **Lehrbub** A D-s, **Lehrmädchen** A D-s, **Lehrtochter** CH, gmd.: Lehrling

Beistrich A, **Komma** CH D ‚Satzzeichen, das Satzperioden und Satzteile gliedert'

Dissertant A, **Doktorand** CH D, **Promovend** D ‚Person, die an einer Dissertation schreibt'

Grundschule D, **Klippschule** D-no, **Primarschule** CH, **Volksschule** A ‚erste, vier oder fünf Jahre dauernde staatliche Schule zur Vermittlung von elementarer Bildung bzw. Gebäude, in dem diese Schule untergebracht ist'

Hellraumprojektor CH, **Overheadprojektor** A D, **Prokischreiber** CH, **Tageslichtprojektor** D ‚Gerät zur Projektion beschriebener Transparentfolien auf eine Leinwand'

Jura D, **Jus** A CH, gmd.: Rechtswissenschaften

Klassenchef CH, **Klassensprecher** A D ‚von den Schülern einer Klasse gewählter Mitschüler zur Vertretung der Klasseninteressen'

Lagerhaus CH, **Schullandheim** A D ‚Heim, in dem Schulklassen bei Reisen wohnen'

Legi CH, gmd.: Studentenausweis

Privatissimum A ‚Übung an einer Universität für eine beschränkte Zahl ausgewählter Teilnehmer'

Schwindelzettel A, **Pfuschzettel** D-mw, **Spicker** CH D-mo/so, **Spickzettel** CH D ‚kleiner Notizzettel, der als unerlaubtes Prüfungshilfsmittel dient'

Beruf / Handel / Handwerk / Wirtschaft

Abwart CH, **Hausbesorger** A, **Hausmeister** A D, **Hauswart** CH D-nw ‚angestellte Person eines Hausbesitzers, die für Unterhalt und Reinigung des Gebäudes und für die Einhaltung der Hausordnung sorgt'

Arzthelfer(in) D, **Ordinationshilfe** A, **medizinischer Praxisassistent** CH, **Sprechstundenhilfe** A D ‚Person, die in einer Arztpraxis administrative Arbeiten erledigt und bei den medizinischen Behandlungen assistiert'

Berufsdiplom CH, **Fachausweis** CH, **Fähigkeitsausweis** CH, **Fähigkeitszeugnis** CH, **Gesellenbrief** A D, **Lehrabschlusszeugnis** A CH ‚amtliche Bescheinigung über eine abgeschlossene Berufsausbildung'

Berufsmann CH, **Facharbeiter** A D, **Professionist** A-o ‚Person mit abgeschlossener Lehre in einem Lehrberuf'

Doppelmeter CH, **Gliedermeter** CH, **Meter** A CH, **Zollstab** A, **Zollstock** D, gmd.: Meterstab

Garage CH, **Autohaus** A D, gmd.: Autohandlung

Gassenarbeit CH, gmd.: Streetwork

Kassa A, **Kasse** CH D ‚verschließbarer Geldbehälter'

Kehrrichtmann CH, **Coloniamann** A-o, **Kübelmann** CH-o, **Mistmann** A-m, **Müllkutscher** D-no, **Müllmann** D, **Müllwerker** D ‚Angestellter eines Unternehmens, das Abfall abholt und zu einer Sammelstelle bringt'

Klempner D (ohne so), **Spengler** A CH D-so, **Blechner** D-sw, **Flaschner** D-sw, ‚Blech verarbeitender Handwerker'

Kneifzange D-n/m, gmd.: Beißzange

konkursit CH, gmd.: bankrott

Kostendach CH, gmd.: Kostenrahmen

lädelen CH, **bummeln** CH D, **shoppen** CH D, gmd.: flanieren

Mercerie(abteilung) CH, **Kurzwaren(abteilung)** A D ‚(Abteilung für) Nähzubehör'

Pneuhaus CH ‚Geschäft, das Autoreifen verkauft und wechselt'

Selcherei A, **Räucherei** CH D ‚Betrieb, in dem Fleisch und Fisch geräuchert wird'

**Abb. 23: Hinweisschild „Trinkhalle"
(NRW)** (Foto: B. Kellermeier-Rehbein)

Schornsteinfeger D-n/m, **Essenkehrer** D-mo, **Kaminfeger** CH D-mw/sw, **Kaminkehrer** A-w D-so, **Rauchfangkehrer** A D-so, **Schlotfeger** D-mo/so ‚Person, die Rauchabzüge reinigt'

Tischlerei A D-n/m, **Schreinerei** A-Vbg CH D-mw/s ‚Werkstatt, in der Holz zu Möbelstücken u. Ä. verarbeitet wird‘

Trafik A, **Tabakladen** CH D, **Tabakwarengeschäft** CH D ‚Tabakwaren- und Zeitschriftenhandlung‘

Trinkhalle D-n/mw ‚Kiosk, an dem es v. a. Getränke, Zeitungen, Tabak- und Süßwaren zu kaufen gibt‘

Zügelmann CH ‚Angestellter einer Umzugsfirma‘

Brauchtum / Kultur / Kunst / Musik / Religion

Aufrichte CH, **Dachgleiche** A, **Firstfeier** A, **Gleichenfeier** A, **Richtfest** D ‚Fest der Bauherrschaft mit Handwerkern und Bauarbeitern anlässlich der Fertigstellung des Dachstuhls‘

Bierzeltgarnitur D, **Heurigengarnitur** A, **Festgarnitur** CH D (ohne so) ‚zusammenklappbarer Tisch und zwei Bänke, die vorwiegend bei größeren Festen gebraucht werden‘

Faschingsnarr A, **Fasnatnarr** A-Vbg, **Fasnächtler** CH, **Fastnachter** D-s, **Jeck** D-mw, **Karnevalist** D-n/mw ‚Person, die aktiv am Karneval teilnimmt‘

Heiligabend D, gmd.: Heiliger Abend

Klaus CH, **Samichlaus** CH, **Nikolaus** A D, **Nikolo** A D-so, gmd.: Sankt Nikolaus

Maurerklavier A, **Handharmonika** CH D (ohne mo/so), **Handorgel** A-Vbg CH, **Knöpferlharmonika** A (ohne w), **Knopforgel** A-w, **Quetsche** A D-nw/s, **Quetschkommode** D (ohne so), **Schifferklavier** D, **Schwyzerörgeli** CH, **Ziehharmonika** A D, **Ziehorgel** A-w (Tir), gmd.: Akkordeon

Schmutzli CH, **Klaubauf** A-w/so, **Knecht Ruprecht** A-w D-mw/s, **Krampus** A D-so, **Pelznickel** D-mw/sw ‚strafender Begleiter des St. Nikolaus‘

Stutenkerl D-nw/mw, **Gratimaa** CH-nw, **Grittibänz** CH (ohne nw), **Weckmann** D-mw/sw ‚süßes Gebäck in Form einer menschlichen Gestalt, das zum Tag des St. Nikolaus gebacken wird‘

Einrichtung / Familie / Haushalt / Wohnen

Brünneli CH, **Lavabo** CH, gmd.: Waschbecken

Cheminée CH, **offener Kamin** A D ‚offene Feuerstelle in einem Wohnraum‘

doppeln A D-so ‚(Schuhe) neu besohlen‘

Duvet CH, **Federbett** A D, **Oberbett** D (ohne o), **Plumeau** D-so, **Tuchent** A ‚mit Federn oder anderen weichen Materialien gefüllte Bettdecke‘

Fauteuil A CH, **Sessel** CH D ‚Polstersessel‘

Fegbürste CH, **Leuwagen** D-n, gmd.: Schrubber

Feudel D-n, **Aufnehmer** D-nw/mw, **Ausreibfetzen** A (ohne w), **Bodenlumpen** A-w CH, **Reibtuch** A (ohne w) ‚Tuch, mit dem Böden nass gereinigt werden'

Glätteisen CH, **Plätte** D-o, **Plätteisen** D-n: gmd.: Bügeleisen

Haferl A D-so, **Häferl** A-o, gmd.: Tasse/kleiner Topf

Handwischer CH, **Bartwisch** A (ohne w), **Beserl** A-o D-so, **Handbesen** D-n/mw, **Handeule** D-n, **Handfeger** D (ohne so), **Kehrbesen** D-mw, **Kehrwisch** A-w D-sw ‚kleiner Besen mit feinen, rechtwinklig zum kurzen Griff abstehenden Borsten'

Inklusivmiete A, **Warmmiete** D ‚Miete inklusive Heizkosten'

Luller A, **Nuckel** D-n/m, **Nuggi** A-Vbg CH, **Schnuller** A D, **Zuzel** A (ohne w) ‚kleines, auf einer mit einem Ring versehenen Plastikscheibe befestigtes Gummibällchen, das Kleinkindern zur Beruhigung in den Mund gesteckt wird'

Mist A, **Güsel** CH-o/z, **Kehricht** CH D-sw, **Müll** A D, gmd.: (Haushalts-)Abfall

Nudelholz D (ohne so), **Nudelrolle** D-mw, **Nudelwalker** A D-so, **Wallholz** CH, **Wellholz** D-sw ‚hölzerne Rolle zum Auswalzen von Teig'

Pickerl A D-so, **Wapperl** D-so, gmd.: Aufkleber

Plättli CH, **Fliese** A D, **Kachel** A D (ohne no) ‚Keramikplatte zur Auskleidung von Böden oder Wänden'

Putzete CH, **Hausputz** A D, **Reinemachen** D-n/mo ‚gründliches Putzen aller Räume des Hauses/der Wohnung'

Schlummermutter CH, **Hausfrau** A D-mo/so, **Zimmerfrau** A, **Zimmerwirtin** D (ohne so), gmd.: Vermieterin

Söller D-mw, **Speicher** D-mw/s, **Boden** D (ohne sw), **Bühne** D-sw, **Dachboden** A D, **Estrich** CH, **Unterdach** CH-sw ‚unbewohnter Raum unter dem Dach eines Hauses'

Spannteppich CH, **Teppichboden** A D ‚durchgehender textiler Bodenbelag'

Stiege A D-s, **Treppe** CH D ‚aus Stufen bestehender Aufgang'

Stockwerkeigentum CH, gmd.: Eigentumswohnung

Züglete CH, **Übersiedlung** A D, gmd.: Umzug

Freizeit / Spiel / Sport

Angelschein D, **Fischereipatent** CH, **Fischerkarte** A, **Fischkarte** D-so ‚behördlich ausgestellte Erlaubnis zum nicht gewerbsmäßigen Angeln'

Datsche D-o, gmd.: Ferienhaus

Ecke D, **Eckstoß** D, **Corner** A CH, gmd.: Eckball

Endspiel D, **Final** (der) CH, **Finale** A D ‚Schlussspiel oder -wettkampf um den Sieg in einem Turnier'

Fenstertag A, **Zwickeltag** A, **Brückentag** CH D ‚zwischen einem Feiertag und einem Wochenende liegender Arbeitstag, der häufig als arbeits- oder schulfreier Tag genommen wird'

Fex A D-so ‚Person, die von etwas sehr begeistert ist, z. B. Bergfex, Sportfex'

Goalie CH, **Schlussmann** D, **Tormann** A D, **Torwart** D, gmd.: Torhüter

kicken D, **ballestern** A-o/so, **bolzen** D, **tschutten** CH ‚Fußball spielen'

Kicker D, **Ballesterer** A-o/so, **Tschütteler** CH, gmd.: Fußballspieler

Kicker D, **Tischfußballtisch** A, **Tischfußball** D, **Töggeli** CH, **Töggelikasten** CH, **Wuzeltisch** A, **Wuzler** A, ‚Kasten auf Beinen, an dem an drehbaren Stangen Spielfiguren befestigt sind, mit denen Fußball gespielt werden kann'

Klicker D-mw, **Knicker** D-mw, **Marmel** CH D-no, **Murmel** A CH D (ohne nw/so), **Picker** D-nw, **Schusser** D-so ‚kleine Glaskugel zum Spielen'

klimmen D, **kraxeln** A D-so, **krebseln** D-sw, gmd.: klettern

Pedalo CH, **Tretboot** A D ‚kleines Vergnügungsboot mit Tretkurbelantrieb'

Ref CH, **Referee** A D, gmd.: Schiedsrichter

Ringelspiel A, **Rösslispiel** CH, gmd.: Karussell

schlitteln CH, **rodeln** A D ‚Schlitten fahren'

Tanztee D ‚nachmittägliche Tanzveranstaltung'

Trimm-Dich-Pfad D, **Fitnessparcours** A CH, **Forstmeile** A-w, **Vita-Parcours** CH ‚Weg mit Turngeräten und Anweisungen für gymnastische Übungen'

verpusten D-n, **ausschnaufen** A CH D-s, gmd.: verschnaufen

Gastronomie / Lebensmittel / Mahlzeiten / Speisen

Bedienung A D, **Ober** A D, **Schani** A-o, **Serviceangestellte** CH, gmd.: Kellner

Biergarten D, **Gartenlokal** D (ohne mo), **Gartenrestaurant** CH D-nw/sw, **Gartenwirtschaft** A-Vbg CH D-nw/sw, **Schanigarten** A-o, **Schankgarten** A-w ‚größere, meist abgegrenzte Fläche (eines Lokals) im Freien, in dem v. a. Bier konsumiert wird'

Bierteller CH, **Bierfilz** D-so, gmd.: Bierdeckel

Biskotte A, **Löffelbiskuit** CH D ‚fingerlanges, schmales Feingebäck mit abgerundeten Ecken'

bräteln CH, **grillen** A D, **grillieren** CH ‚Lebensmittel, oft Fleisch oder Fisch, über offener Glut oder durch große Hitze garen'

Brötchen D-n/m, **Brötli** CH, **Bürli** CH, **Laibchen** A, **Mutschli** CH, **Rundstück** D-nw, **Schrippe** D-no, **Semmel** A D-nw/so, **Wecken** D-sw, **Weckerl** A D-so, **Weggen** CH ‚kleines rundes oder längliches, aus Brotmehl hergestelltes Gebäck'

Eingeklemmte CH, gmd.: Sandwich

Einspänner A-o ‚schwarzer Kaffee im Glas mit einer Schlagobershaube'

Erdapfel A D-so, gmd.: Kartoffel

Faschierte A, **Gehackte** CH D-n/m, **Hack** D-n/mw, **Hackfleisch** CH D, **Hackepeter** D-o ‚im Fleischwolf zerkleinertes Fleisch'

Faschiertes Laibchen A, **Bulette** D-o, **Deutsches Beefsteak** D-n/mo, **Fleischküchle** D-sw, **Fleischlaibchen** A, **Fleischpflanzerl** D-so, **Frikadelle** D-nw/mw, **Hacktätschli** CH, **Klops** D-mo ‚gebratene Speise aus gehacktem Fleisch, eingeweichtem Brot, Ei und Gewürzen, in kleiner, rundlicher Form'

Feldsalat D, **Ackersalat** D-sw, **Nüssler** CH, **Nüsslisalat** CH, **Rapunzel** A-w/so D-m, **Vogerlsalat** A ‚Salatsorte mit feinen Blättern, die in Rosetten wachsen'

Fisole A (ohne w), gmd.: grüne Bohne

Fleischvogel CH, **Rindsvögerl** A D-so, **Roulade** A D ‚fein gehacktes (Rind-)Fleisch, umwickelt mit Speck und einem dünnen Stück (Kalb-)Fleisch, zusammengehalten mit einem Zahnstocher'

Gipfeli CH, **Hörnchen** D, **Hörndl** D-so, **Kipferl** A ‚Gebäckstück in gebogener Form'

Güggeli CH, **Brathähnchen** D-n/m, **(Brat)hendl** A D-so, **Brathuhn** A, **Broiler** D-o, **Hähnchen** D (ohne so), **Mistkratzerli** CH, **Poulet** CH ‚als Gericht zubereitetes, gebratenes (junges) Huhn/ Hähnchen'

Gustostückerl A, **Schmankerl** A D-so, gmd.: Leckerbissen

Habitué CH, gmd.: Stammgast

Jause A, **Brotzeit** D-so, **Gabelfrühstück** A-o, **Vesper** D-sw, **Znüni** CH, **Zvieri** CH, **zweites Frühstück** D-n/m, **Zwischenverpflegung** CH ‚Zwischenmahlzeit am Vormittag oder Nachmittag'

Karfiol A, **Blumenkohl** A-Vbg CH D ‚Kohlgemüse mit festem Kopf und kleinen weißen Röschen'

Kneipe D (ohne so), **Beisel** A (ohne w) D-so, **Beiz** A-Vbg CH D-sw, **Krug** D-n, **Pinte** CH D-n/mw, **Spunten** CH, **Wirtshaus** A D-nw/s, **Wirtschaft** A-Vbg CH D (ohne o) ‚einfaches Lokal, in dem man sich besonders zum Trinken und Plaudern trifft'

Kren A D-so, **Meerrettich** CH D ‚Pflanze mit einer sehr scharf schmeckenden, länglichen Wurzel, die zum Würzen verwendet wird'

Lakritz D, **Bärendreck** A CH D-s, **Bärenzucker** A (ohne w), gmd.: Lakritze

Marille A, **Aprikose** CH D ‚orangefarbenes, samtiges Steinobst mit braunem, glattem Kern'

Mostrich D-o: Senf gmd.

Nachtmahl A, **Abendbrot** D-n/m, **Nachtessen** A-Vbg CH D-sw, **Znacht** CH, gmd.: Abendessen

Negerkuss D, **Schwedenbombe** A, **Mohrenkopf** A-Vbg CH D (ohne nw), **Schokokuss** D-mw/sw ‚mit Schokolade überzogenes Schaumgebäck auf Waffelboden'

Nidel CH, **Obers** A-ost, **Rahm** CH, **Sahne** D (ohne so) ‚flüssiger Süßrahm'

Panaché CH, **Alsterwasser** D-n/mw, **Radler** A D (ohne nw) ‚Getränk aus hellem Bier und Limonade'

Paradeiser A (ohne w), gmd.: Tomate

Pintenkehr CH, gmd.: Zechtour

Powidl A ‚Mus aus Zwetschken, Honig und Gewürzen, das im Backrohr gegart wird'

Pute A D, **Trute** CH, gmd.: Truthenne

Ribisel A (ohne Vbg), **Johannisbeere** A-Vbg CH D ‚in kleinen Trauben wachsende Beerenfrucht'

Rüebli CH, **Gelbrübe** D-sw, **Gelbe Rübe** D-s, **Möhre** D-m, **Mohrrübe** D-o, **Wurzel** D-n, gmd.: Karotte

Schleckstängel CH **Dauerlutscher** D-nw/m, **Lolli** D-n/m, **Lutscher** A D, **Schlecker** A (ohne w/so), ‚Süßigkeit auf einem Stängel zum Lutschen'

Silserli CH, gmd.: Laugengebäck

Spekulatius D ‚gewürztes Weihnachtsgebäck'

Spritzbeutel D, **Dressiersack** A CH ‚besonders zur Verzierung von Torten verwendeter, spitz zulaufender Sack mit Tülle'

Topfen A D-so, **Schotten** A-w (Tir.)/so D-s, **Quark** CH D, **Weißkäse** D-o ‚cremige Masse aus saurer Milch'

Tranksame CH, gmd.: Getränk

Wirtesonntag CH, gmd.: Ruhetag

Gesellschaft / Justiz / Politik / Recht / Verwaltung

Abschiebehaft D, **Abschiebungshaft** D, **Ausschaffungshaft** CH, **Schubhaft** A ‚richterlich angeordnete Haft, durch die erreicht werden soll, dass eine ausländische Person des Landes verwiesen werden kann'

Bundestag D, **Nationalrat** A CH, **Grosse Kammer** CH gmd.: Parlament

Bünzli CH, **Füdlibürger** CH, gmd.: Spießbürger

Departement CH, **Ministerium** A D ‚höchste Verwaltungsbehörde eines Staates'

Gefangenenhaus A, **Justizanstalt** A, **Justizvollzuganstalt** D, **Polizeianhaltezentrum** A, gmd.: Strafvollzugsanstalt

Halbgefangenschaft CH, **Freigang** A D ‚regelmäßiges Verlassen der Haftanstalt im Strafvollzug'

Handänderung CH, gmd.: Besitzerwechsel

Identitätskarte CH, **Personalausweis** A D ‚amtlicher Ausweis mit Foto und Personalangaben eines Staatsbürgers'

Kassenwart D, **Kassier** A CH D-s, **Kassierer** D-n/m, **Quästor** CH, **Säckelmeister** CH, **Säckelwart** A, **Schatzmeister** D ‚Person, die für die Finanzen eines Vereins zuständig ist'

Klub A, **Fraktion** CH D ‚Vereinigung gleich gesinnter, in der Regel derselben Partei zugehöriger Abgeordneter in politischen Gremien'

Klubobmann A, **Fraktionspräsident** CH Lux, **Fraktionsvorsitzende** D ‚Leiter einer Partei im Parlament'

Kripo D ‚Abkürzung für Kriminalpolizei'

Mandatar A, **Abgeordnete** A D, **Parlamentsmitglied** CH, **Ratsmitglied** CH, gmd.: Parlamentarier(in)

Ministerpräsident D, **Landammann** CH-o/z, **Landeshauptmann** A, **Präsident des Senats** D (Bremen), **Regierender Bürgermeister** D (Berlin), **Regierungspräsident** CH-n/w ‚Regierungschef eines Bundeslandes bzw. Kantons'

Packelei A, **Päcklipolitik** CH ‚inoffizielle Absprache über eine bevorstehende Entscheidung'

Roman CH, **Welsche** CH ‚französischsprachiger Schweizer'

Schirmherrschaft D, **Ehrenschutz** A, **Patronanz** A, **Patronat** CH ‚(finanzielle) Förderung und Betreuung einer Veranstaltung durch eine (prominente) Person bzw. Institution oder Firma'

Schutzmann D, gmd.: Polizist

Tagesordnung A D, **Tagliste** CH-o, **Traktandenliste** CH, **Geschäftsliste** CH ‚Programmpunkte einer Sitzung'

Vernehmung D, **Einvernahme** A CH ‚gerichtliche oder polizeiliche Befragung'

Verzeigung CH, gmd.: Strafanzeige

(Neue) Medien / Kommunikation

Bezahlfernsehen D, gmd.: Pay-TV

Leibblatt CH ‚Lieblingszeitung einer Person'

Manus A CH, **Skript** D (ohne so), **Skriptum** A D-s, gmd.: Manuskript

Mausmatte CH, **Mauspad** D, **Mousepad** A D ‚Unterlage, auf der die Computermaus bewegt wird'

Medienkonferenz CH, **Medienorientierung** CH, **Presseorientierung** CH, gmd.: Pressekonferenz

Meteo CH, gmd.: Wetterbericht

Natel CH, gmd.: Mobiltelefon

Transport / Verkehr

Anhalter D, **Autostopper** A CH ‚Person, die per Autostopp fährt'

Anlieger D, **Anrainer** A, **Anstösser** CH, **Anwänder** CH-nw, **Anwohner** CH D ‚Besitzer(in) bzw. Nutzungsberechtigte(r) von (an eine Straße, einen Weg etc.) angrenzenden Grundstücken'

Autocar CH, **Reisebus** A D ‚Bus für Gesellschaftsfahrten'

Billett CH, **Fahrausweis** A D, **Fahrschein** A D, gmd.: Fahrkarte

Bim A-o, **Straßenbahn** A D, **Tram** CH D-no, **Trambahn** CH-z D-so **Tramway** A-o/so ‚Schienenfahrzeug des öffentlichen Nahverkehrs'

Bürgersteig D (ohne sw), **Gehsteig** A D-so, **Gehweg** D (ohne so), **Trottoir** CH D-s ‚eine Straße entlang führender (erhöhter) Weg für Fußgänger'

Bussenzettel CH, **Knöllchen** D, gmd.: Strafzettel (Straßenverkehr)

Camion CH, **Laster** A D, **Lastkraftwagen** A D, gmd.: Lastwagen

Flaniermeile D, gmd.: Promenade

Folgetonhorn A, **Martinshorn** D gmd.: Sirene

Führerflucht CH, **Unfallflucht** D, gmd.: Fahrerflucht

Gepäckrolli CH, **Gepäckwägeli** CH, **Kofferkulli** D, **Wagerl** A ‚kleiner Wagen zum Gepäcktransport in Bahnhöfen und auf Flughäfen'

Grüne Minna D-n/m, **Grüner Heinrich** A, **Arrestantenwagen** A ‚gesichertes Auto für den Transport von Häftlingen'

Hintersitz CH, gmd.: Rücksitz

Jahreswagen D ‚einjähriges Auto aus zweiter Hand'

Kennzeichenschild D, **Kennzeichentafel** A, **Kontrollschild** CH, **Nummernschild** CH D, **Nummerntafel** A ‚an Fahrzeugen angebrachtes Schild mit dem amtlichen Kennzeichen'

Kondukteur CH, **Schaffner** A D, **Zugbegleiter** A D ‚Person, die in öffentlichen Verkehrsmitteln Fahrkarten kontrolliert (und verkauft)'

Lenker A CH ‚Person, die ein motorbetriebenes Fahrzeug steuert', gmd.: Fahrer

Lernfahrer CH, gmd.: Fahrschüler

Nationalstrasse CH, **Bundesstraße** A D ‚Straße für den weiträumigen Verkehr'

Naturstrasse CH ‚nicht asphaltierte Straße'

Neulenker CH, **Fahranfänger** A D, **Führerscheinneuling** A D ‚Person, die erst kurze Zeit im Besitz eines Führerscheines ist'

Occasion CH, **Gebrauchtwagen** A D ‚Auto aus zweiter Hand'

Oberleitungsbus D, **Trolleybus** CH, **Obus** A D ‚Bus mit Elektromotor, der über eine Oberleitung mit Energie versorgt wird'

Perron CH, **Bahnsteig** A D ‚neben Bahngleisen gelegene Plattform, die das Ein- und Aussteigen ermöglicht'

Postauto CH, **Postautobus** A, **Postbus** A ‚gelber Linienbus der Post'

Töffli CH, gmd.: Moped

Tretroller D (ohne sw), **Trittroller** A, **Trotti** CH, **Trottinett** CH, **Kinderroller** D, **Roller** A D ‚zweirädriges Fahrzeug mit Lenkstange und Trittfläche für eine Person'

Velo CH, **Rad** A D, **Radl** A D-so, gmd.: Fahrrad

Wägeli CH, **Bollerwagen** D (ohne no/so), **Wagerl** A ‚(kleiner) Handwagen'

Wendehammer D ‚eine Straße abschließender t-förmiger Freiraum zum Wenden eines Fahrzeuges'

Sonstiges

abknibbeln D-nw/mw, **abfieseln** A D-s ‚mühsam ablösen'

Aufsteller CH ‚Anlass für gute Laune'

Ablöscher CH, **Absteller** CH ‚Anlass für schlechte Laune'

Agglo CH, **Agglomeration** CH, **Ballungsgebiet** A D, **Ballungsraum** A D ‚dicht bebautes Siedlungs- und Industriegebiet'

Altenheim D, **Altersasyl** CH, **Feierabendheim** D-o, **Pensionistenheim** A, **Seniorenheim** A D, gmd.: Altersheim

aper A CH D-so, gmd.: schneefrei

aufmascherln A, gmd.: auftakeln, aufdonnern

Bostitch CH, **Klammeraffe** D-n/m, **Klammermaschine** A, **Tacker** D, gmd.: Hefter

Buchzeichen CH, **Lesezeichen** A D ‚Markierung, die zwischen zwei Buchseiten gelegt wird'

Dächlikappe CH, **Kappe** A D, **Schildkappe** A D-sw, **Schirmmütze** CH D ‚eng anliegende Kopfbedeckung mit Schirm zum Schutz der Augen vor Sonnenlicht'

ennet CH, gmd.: jenseits

Entreissdiebstahl CH, **Straßenraub** D ‚Raub auf offener Straße durch überraschendes, gewaltsames Entreißen der Beute'

Fallmasche CH, gmd.: Laufmasche

Feber A, gmd.: Februar

Gelse A, **Mücke** CH D-n/m, **Schnake** CH-n/o D-mo/s, gmd.: Stechmücke

grüezi CH /Grußformel zur Begrüßung von nicht näher befreundeten oder verwandten Personen/

Guckerschecken A, **Gugerschecken** A, **Laubflecken** CH, **Märzenflecken** CH, gmd. Sommersprosse

gwunderig CH, **wunderfitzig** CH, gmd.: neugierig

Häuschenpapier CH, **Rechenpapier** D (ohne so) ‚kariertes Papier'

Herr und Frau Österreicher A, **Herr und Frau Schweizer** CH, **Otto Normalverbraucher** D ‚der bzw. die durchschnittliche ÖsterreicherIn/SchweizerIn/Deutsche'

heuer A CH D-so ‚dieses Jahr'

Hosensack A-w CH D-s, gmd.: Hosentasche

Hosenstoss CH, gmd.: Hosensaum

Hündeler CH, **Herrchen** CH D, **Herrl** A ‚Besitzer eines Hundes'

innert A-w-Vbg CH, gmd.: ‚innerhalb von', ‚binnen (einer Frist)'

Jänner A, **Januar** CH D ‚erster Monat des Kalenderjahres'

Knauser D, **Pfennigfuchser** D, **Rappenspalter** CH, gmd.: Geizhals

Krankenhaus A D, **Spital** A CH, gmd.: Klinik

Kulturbeutel D, **Kulturtasche** D-n/m, **Necessaire** CH D-so, **Toilettetasche** A, **Waschbeutel** D, gmd.: Toilettentasche

Lismer CH, **Janker** A D-so gmd.: Strickjacke

Mascherl A, **Fliege** CH D, **Schlips** CH ‚zur Querschleife gebundene Krawatte'

mausarm CH, gmd.: mittellos, bedürftig

Moin D-nw, **Guten Tag** CH D-n/m, **Grüß Gott** A D-s, **Tag** D-n/m, Grüezi CH /Grußformel/

Papiertüte D, **Stanitzel** A-m/o D-so ‚trichterförmiges oder rechteckiges Verpackungsmittel'

Pelerine CH, **Regencape** D, **Wetterfleck** A ‚ärmelloser Regenschutzumhang'

Plaste D-o, gmd.: Kunststoff

Pusteblume D (ohne so) ‚verblühter Löwenzahn'

Schiebekarre D, **Schiebkarre** D-n, **Schubkarre** D-n/m, **Schubkarren** A D-mo/s, **Karrette** A-w (Vbg) CH,

Stosskarre CH ‚einrädriger Wagen mit zwei Griffen zum Transport kleinerer Lasten'

Schlips D (ohne so), **Selbstbinder** A D-so, gmd.: Krawatte

Schreibname A, **Zuname** A D, gmd.: Nachname

Sonnabend D-n/m, **Samstag** A CH D-m/s ‚sechster Tag der Woche'

Sonnenbank D, gmd.: Solarium

Stippvisite CH D, gmd.: Kurzbesuch

Tüte D, **Beutel** D, **Sack** A CH, **Sackerl** A, **Tasche** CH D-s, **Tragetasche** D, **Tragtasche** A CH D-so ‚aus Plastik oder Papier gefertigtes Behältnis mit Tragegriff für den Transport gekaufter Waren'

untertags A CH, gmd.: tagsüber

Ziegenpeter D-n/m, gmd.: Mumps

Abb. 24: Hinweisschild „Schiebekarrenrennen" (NRW) (Foto: B. Kellermeier-Rehbein)

7.2 Semasiologische Varianten

Semasiologische Varianten wurden in Kapitel 3 als Bedeutungsvarianten charakterisiert. Dabei handelt es sich um Lexeme mit gemeindeutschen Wort*formen* (Ausdrücke), aber national variierenden Bedeutungen. Meist haben semasiologische Varianten eine oder mehrere gemeindeutsche Bedeutungen und zusätzliche areal markierte Inhalte.

Im Folgenden werden semasiologische Standardvarianten der deutschen Sprache nur exemplarisch genannt, ohne dabei Vollständigkeit anzustreben. Das fettgedruckte Lemma repräsentiert das Lexem, dessen Wort*form* gemeindeutsch ist. Im Anschluss daran werden die variierenden Bedeutungen dargestellt. Sie werden jeweils durch ein Nationalkürzel eingeleitet, das auf den Geltungsraum der abweichenden Bedeutung verweist. Nach einem Doppelpunkt stehen die Bedeutungserläuterungen in einfachen Anführungszeichen (,...'). Gibt es mehrere variierende Bedeutungen, werden sie durch Ziffern (1., 2.) voneinander abgegrenzt. Anschließend kann in eckigen Klammern und in Kursivschrift angegeben werden, mit welchen Ausdrücken dieser Sachverhalt in den anderen Zentren benannt wird. An letzter Stelle der Einträge steht, falls vorhanden, die gemeindeutsche Bedeutung des Lexems (eingeleitet durch „gmd."). Gibt es mehrere gemeindeutsche Bedeutungen, erfolgt der Hinweis „andere Bedeutungen sind gmd.".

Der Eintrag „Ansitz" ist folgendermaßen zu lesen: Das Wort hat zwei Bedeutungen. Im ganzen deutschen Sprachraum steht es in der Jägersprache für ‚Hochsitz'. In Westösterreich hat es die zusätzliche Bedeutung ‚größeres [herrschaftliches] Bauwerk'. Bei diesem Wort muss also der Kontext darüber Aufschluss geben, welche Bedeutung gemeint ist. Dem Artikel „Bäckerei" ist Folgendes zu entnehmen: Das Wort hat eine Bedeutung, die nur in Österreich gilt (‚Gebäck'), und eine zweite, die gemeindeutsch ist (‚Werkstatt und Verkaufsraum eines Bäckers'). Die spezifisch österreichische Bedeutung kann in Deutschland auch mit dem Ausdruck *Backwerk* bezeichnet werden.

Ablage CH: ‚Annahmestelle'; andere Bedeutungen sind gmd.

Abriss CH: ‚unverschämt hohe Preisforderung' [in CH D: *Abzockerei*, in A: *Nepp*]; andere Bedeutungen sind gmd.

Ansitz A-w: ‚größeres [herrschaftliches] Bauwerk'; gmd.: ‚Hochsitz' (Jägersprache)

Aufgebot CH: ‚(schriftlicher) Befehl, den Dienst in der Armee anzutreten'

[in A D: *Einberufung(sbefehl)*]; andere Bedeutungen sind gmd.

Bäckerei A: ‚Gebäck' [in D: *Backwerk*]; gmd.: ‚Werkstatt und Verkaufsraum eines Bäckers'

Balken A: ‚Fensterladen'; gmd.: ‚vierkantiges, massives, langes Stück (Bau-)holz'

Bonbon 1. A D-so: ‚gefüllte, mit Schokolade überzogene Süßigkeit' [in

A D-n/m: *Konfekt*; in CH D: *Praline*];
2. CH D: ‚Süßigkeit zum Lutschen'

Depot CH: ‚(Flaschen-)Pfand'; andere
Bedeutungen sind gmd.

Einspänner A: ‚schwarzer Kaffee im
Glas mit Schlagsahne'; gmd.: ‚von nur
einem Pferd gezogene Kutsche'

Estrich 1. CH: ‚unbewohnter Raum
unter dem Dach eines Hauses' [in A
D: *Dachboden*]; **2.** A D: ‚fugenloser
Unterboden'

exekutieren A: ‚bei jmdm. finanzielle
Ansprüche geltend machen, z. B.
jmdn. pfänden, zwangsräumen' [in
CH: *betreiben*, in D: *beitreiben*];
gmd.: ‚ein Urteil vollziehen, mit dem
Tod bestrafen'

Falle CH: ‚hebelartiger Griff zum
Öffnen und Schließen (eines Fensters,
einer Tür)' [in A D-s *Schnalle*, in D:
Türgriff, Klinke]; andere Bedeutungen
sind gmd.

fegen 1. CH: ‚den Boden mit einem
feuchten Tuch reinigen' [in A D:
wischen], **2.** CH: ‚schrubben' [in A:
(aus)reiben, in D: *scheuern*], **3.** D
(ohne so): ‚mit einem Besen Schmutz
vom Boden entfernen'

Fuß A D-s: ‚Bein (eines Menschen)';
gmd.: ‚Körperteil von den Zehen bis
zur Ferse'

Garage CH ‚Reparaturwerkstatt,
Autohandlung' [in A D: *Autohaus*];
gmd.: ‚Raum zum Einstellen von
Fahrzeugen'

Gegenstand A: ‚Schulfach'; andere
Bedeutungen sind gmd.

Hausfrau A D-mo/so: ‚Vermieterin
(eines möblierten Zimmers)'; gmd.:
‚den Haushalt führende (Ehe-)frau'

Kasten A CH D-s: ‚größeres Möbel-
stück zum Verstauen von Kleidung,
Gebrauchsgegenständen oder Lebens-
mitteln' [in CH D: *Schrank*]; gmd.:
‚Kiste'

Koch A: ‚Brei, Mus'; gmd.: ‚Person,
die Speisen zubereitet'

Mist A: ‚(Haushalts-)abfall' [in A D:
Müll, in CH D-sw: *Kehricht*)]; andere
Bedeutungen sind gmd.

Polster A: ‚mit weichem Material
gefüllte Stoffhülle (als Kopfunterlage
in Betten)' [in CH und D: *Kissen*];
gmd: ‚mit festem Stoff oder Leder
bezogene Auflage auf Sitz- und Lie-
gemöbeln'

Probe CH: ‚schriftliche Prüfung
während des Unterrichts' [in D: *Klas-
senarbeit*, in A: *Schularbeit*]; andere
Bedeutungen sind gmd.

Professor A: ‚(Gymnasial-)lehrer' [in
CH D: *Lehrer*, in D: *Studienrat*];
gmd.: ‚Universitätsprofessor'

Psyche A: ‚Schminktisch'; gmd.:
‚Seele'

Quartier CH ‚Stadtteil' [in A D:
Viertel]; andere Bedeutungen sind
gmd.

Rettung A: ‚Rettungsdienst', ‚Kran-
kenwagen'; gmd.: ‚das Retten, Geret-
tetsein'

Sack A CH: ‚aus Plastik oder Papier
gefertigtes Behältnis mit Tragegriff
für den Transport gekaufter Waren'
[in A *Sackerl*, in D: *Tüte*]; andere Bedeutungen sind gmd.

Schale 1. A: ‚Tasse', **2.** CH D: ‚flache
Schüssel'; gmd.: ‚äußere Hülle einer
Frucht'

Schlips 1. CH: ‚zur Querschleife gebundene Krawatte' [in CH D: *Fliege*, in A: *Mascherl*], **2.** D (ohne so): ‚Krawatte'

schwindeln A: ‚bei schriftlichen Prüfungen vom Nachbarn abschreiben; schummeln' [in CH D: *spicken*]; andere Bedeutungen sind gmd.

schwingen 1. CH ‚mit einem Schwingbesen/Schneebesen schaumig schlagen', **2.** CH (Sport: schweizerische Form des Ringens); andere Bedeutungen sind gmd.

Sessel 1. A: ‚Stuhl'; **2.** CH D: ‚Polstersessel'

Vorwort A: ‚Präposition' [in D auch: *Verhältniswort*]; gmd.: ‚Einleitung eines Buches'

wischen 1. CH: ‚mit einem Besen Schmutz vom Boden entfernen' [in A D-o/s: *kehren*, in D (ohne so): *fegen*], **2.** A D: ‚den Boden mit einem feuchten Tuch reinigen'

7.3 Phraseologismen

Feststehende mehrgliedrige Ausdrücke, deren Gesamtbedeutung nicht aus der Bedeutung der einzelnen Bestandteile ableitbar ist, werden als *Phraseologismen*, *Redewendungen* oder *Idiome* bezeichnet. Der Terminus *Idiomatisierung* steht für den Verlust der wörtlichen Bedeutung einer Wortgruppe. Die folgenden Beispiele zeigen, wie Sachverhalte, Konzepte oder menschliche Befindlichkeiten ganz unterschiedlich versprachlicht werden können. Zum Teil werden solche Inhalte nur in einem Sprachzentrum durch eine Redewendung zum Ausdruck gebracht (z. B. *aus Abschied und Traktanden fallen* CH), zum Teil gibt es in den anderen Zentren ähnliche Entsprechungen (*so sicher wie das Amen im Gebet* A vs. *so sicher wie das Amen in der Kirche* CH D), aber selbst die Bildung völlig unterschiedlicher Phraseologismen ist möglich (*Hans was Heiri* CH vs. *Jacke wie Hose* D).

Wie die Darstellungen der onomasiologischen und semasiologischen Varianten kann auch die Liste der areal variierenden Redewendungen nicht erschöpfend, sondern nur exemplarisch sein. Im Folgenden werden sie nach markanten Stichwörtern geordnet, in der Regel nach dem ersten substantivischen Autosemantikum. Die dazugehörige Wendung ist fett gedruckt und mit einer Regionalmarkierung versehen. Durch Kommata getrennt folgen (falls vorhanden) weitere mehrgliedrige nationale Varianten, deren nationale bzw. regionale Verbreitung ebenfalls angegeben wird. Die Einträge enden mit einer Bedeutungserläuterung in einfachen Anführungsstrichen (‚...') oder einer Kategorieangabe zwischen Schrägstrichen (/.../). Falls es bedeutungsgleiche gemeindeutsche Redewendungen gibt, werden sie mit der Markierung *gmd.* eingeleitet.

Abschied: **aus Abschied und Trak-tanden fallen** CH ,als bedeutungslos, erledigt erklärt werden; abgelehnt werden'

Amen: **etw. ist so sicher wie das Amen im Gebet** A, **etw. ist so sicher wie das Amen in der Kirche** CH D ,etw. ist absolut gewiss'

Bach: **bachab gehen** CH ,verloren gehen, entgehen'

Baum: **zwischen Baum und Borke stehen/sitzen** D ,keinen Ausweg, keine Lösung finden'; gmd.: in der Zwickmühle sein

Bein: **die Beine in die Hand/unter den Arm nehmen** CH D, die Füße unter den Arm nehmen A ,eilig laufen, sich beeilen'

beißen: **da beißt die Maus keinen Faden ab** D, das schleckt keine Geiss weg CH ,das ist nicht abzustreiten; daran gibt es keinen Zweifel'

Boden: **durch alle Böden** CH ,ganz und gar, bedingungslos'

brausen: **sich brausen können** A ,verschwinden, sich zurückziehen'

Brötchen: **kleine Brötchen backen** D ,bescheiden sein'

Buch: **über die Bücher gehen** CH ,noch einmal überdenken'

dastehen: **dastehen wie der Esel am Berg** CH, **dastehen wie der Ochs vorm Berg** A D ,verdutzt, ratlos sein; mit einer Situation überfordert sein'

Eier: **ungelegte Eier** D ,noch nicht spruchreife Dinge'

Einerkolonne: **in Einerkolonne** CH ,hintereinander in einer Reihe', gmd.: im Gänsemarsch

Faust: **die Faust im Sack machen** CH, **die Faust in der Tasche ballen** A D (ohne so) ,seine Wut verbergen'

Feuer: **das Feuer im Elsass sehen** CH ,starke Schmerzen haben'

Fisch: **weder Fisch noch Fleisch sein** A D, **weder Fisch noch Vogel sein** CH ,nicht zu bestimmen, einzuordnen sein; nichts Richtiges sein'

Fuß: **die Füße unter den Arm nehmen** A → Bein

Geld: **ohne Geld keine Musi** A, ohne Moos nix los D (ohne mo/sw) ,für alles muss bezahlt werden'

Gott: **jmdm. zeigen, wo Gott hockt** CH ,jmdm. seine Macht demonstrieren, jmdn. zurechtweisen'

grün: **jmdm. nicht grün sein** D ,jmdn. nicht leiden können'

Häkchen: **Was ein Häkchen werden will, krümmt sich beizeiten** D ,wer etw. erreichen will, muss sich rechtzeitig bemühen'

Hans: **Hans was Heiri** CH, Jacke wie Hose D (ohne so) ,egal, ohne Unterschied', gmd. gehüpft wie gesprungen

Heu: **das Heu (nicht) auf der gleichen Bühne haben** CH ,eine gleiche/unterschiedliche Art des Denkens und Fühlens haben', gmd.: (nicht) die gleiche Wellenlänge haben

Hofrat: **die Hofräte Hinsichtl und Rücksichtl** A ,personifizierte Haltung, die verschiedenen politischen Lagern gerecht werden will und dadurch Entscheidungen hinauszögert'

Hose: **in die Hosen müssen** CH ,sich an die Arbeit machen müssen; sich zum sportlichen Wettkampf rüsten müssen'

Hose: **mit abgesägten Hosen dastehen** CH ‚bloßgestellt sein', gmd.: den Kürzeren gezogen haben

Hut/Hutschnur: **jmdm. geht der Hut hoch** D, **jmdm. geht die Hutschnur hoch/jmdm. platzt die Hutschnur** D (ohne nw/s), jmdm. jagt es den Nuggi raus CH ‚jmd. verliert die Geduld; jmd. regt sich sehr auf'

Jacke: **Jacke wie Hose** D (ohne so) → Hans

Kaffee: **etw. ist kalter Kaffee** CH D ‚etw. ist schon länger bekannt und daher uninteressant'

Kelle: **mit der grossen Kelle anrichten/anrühren** CH ‚großzügig, verschwenderisch wirtschaften'

kennen: **etwas wie seinen Hosensack kennen** A-Vbg CH, **etw. wie seine Westentasche kennen** A D ‚etw. sehr genau kennen'

Kloß/Knödel: **einen Kloß in der Kehle/im Hals haben** D, **einen Knödel im Hals haben** A D-südost ‚vor Erregung kaum sprechen können'

Komma: **null Komma Josef** A ‚absolut nichts', gmd.: null Komma nichts

Kren: **seinen Kren zu etw. geben** A (ohne w) ‚zu etw. ungefragt eine Meinung abgeben'; gmd.: seinen Senf zu etw. geben

Kuttel: **jmdm. die Kutteln putzen** CH ‚jmdm. gehörig die Meinung sagen'

Laube: **Und fertig ist die Laube!** D (ohne so) ‚die Sache ist schon erledigt!'

Moos: **ohne Moos nix los** D (ohne mo/sw) → Geld

Nähkästchen: **aus dem Nähkästchen plaudern** D (ohne so) ‚etw. Vertrauliches, Privates preisgeben'

Nuggi: **jmdm. jagt es den Nuggi raus** CH → Hut

pellen: **wie aus dem Ei gepellt** CH D-n/m ‚hübsch zurecht gemacht; adrett'

Pi: **Pi mal Daumen** D, **Daumen mal Pi** A, **Handgelenk mal Pi** CH ‚ungefähr, in etwa'; über den Daumen gepeilt

Räuber: **Räuber und Schandi** A, **Räuber und Gendarm** A D /ein Kinderspiel/

recht: **wenn es mir recht ist** CH ‚wenn ich mich nicht irre'

Reinheft: **Klecks/Tollggen im Reinheft** CH ‚Makel, Schandfleck'

Schiff: **klar Schiff machen** D (ohne südost) ‚klare Verhältnisse schaffen; aufräumen'

schlecken: **das schleckt keine Geiss weg** CH → beißen

Schmäh: **den Schmäh rennen lassen** A ‚eine Pointe nach der anderen landen'

Schmäh: **jmdn. am Schmäh halten** A, jmdn. am Seil herunterlassen CH ‚jmdm. die Unwahrheit sagen und sich damit über ihn lustig machen', gmd.: jmdn. zum Narren halten

Schuh: **jmdm. den Schuh geben** CH ‚jmdn. (aus einer Liebesbeziehung) entlassen'

Schuh: **jmdm. in die Schuhe blasen** CH ‚etw. ist jmdm. gleichgültig';

gmd.: jmdm. den Buckel runterrutschen

Schuh: **neben den Schuhen stehen 1.** A CH ‚durcheinander sein; verwirrt sein‘; **2.** CH ‚sich irren, falsch liegen‘

Schuh: **umgekehrt wird ein Schuh draus** D (ohne so) ‚die Sache ist umgekehrt, muss andersherum angefangen oder gesehen werden‘

Schwammerl: **etw. schießt wie Schwammerl aus dem Boden** A D-so ‚innerhalb kürzester Zeit in großer Menge entstehen oder auftreten‘; gmd.: ‚etw. schießt wie Pilze aus dem Boden‘

Seife: **auf die Seife steigen** A ‚sich durch eine unbedachte Äußerung oder Handlung in eine unangenehme Lage bringen‘, gmd.: ins Fettnäpfchen treten

Seil: **jmdn. am Seil herunterlassen** CH → Schmäh

Sekt: **Sekt oder Selters** D-n/m ‚alles oder nichts‘

sitzen: **am längeren Ast sitzen** A, **am längeren Hebel sitzen** CH D ‚sich gegenüber jmdm. in einer günstigeren, mächtigeren Position befinden‘

Strumpf: **nicht im Strumpf sein** CH ‚nicht in guter Verfassung sein‘

Stuhl: **zwischen Stuhl und Bank fallen/geraten/sitzen** CH ‚sich alle Möglichkeiten verscherzen; weder hierhin noch dorthin gehören‘

Stuhl: **zwischen zwei Stühlen sitzen** A D ‚hin- und hergerissen sein‘

Suppe: **die Suppe ist zu dünn** A D-so ‚die Fakten oder die Beweislage sind für ein (gerichtliches) Vorgehen nicht ausreichend‘

Tuch: **in trockenen Tüchern sein** D ‚endlich zufriedenstellend abgeschlossen, erledigt sein‘

Tuch: **ins gute Tuch gehen** CH ‚teuer zu stehen kommen‘

um: **das Um und Auf** A ‚das Wesentliche, das Wichtigste‘, gmd.: das A und O

weggehen: **weggehen wie frische Semmeln** A D, **weggehen wie frische Weggli** CH ‚sich besonders schnell und gut verkaufen‘

Zimmer: **mit Zimmer, Kuchl, Kabinett** A-o (Wien) ‚mit großem Gepäck‘

Zusammenfassung

Nationale Varianten der Lexik sind neben Aussprachevarianten die auffälligsten Besonderheiten der Standardvariation. Ausdrucksvarianten (onomasiologische Varianten) kommen in vielen sprachlichen Domänen vor, v. a. im Bereich der Lebensmittel und Speisen. Bei Bedeutungsvarianten (semasiologischen Varianten) springt die national variierende Bedeutung nicht immer unmittelbar ins Auge, daher ist für ihre Identifikation besondere Aufmerksamkeit nötig. Phraseologismen zeigen, wie Sachverhalte, Konzepte oder Befindlichkeiten ganz unterschiedlich versprachlicht und idiomatisiert werden können.

Weiterführende Literatur: Ammon, Ulrich/Bickel, Hans/Ebner, Jakob et al. (2004): Variantenwörterbuch des Deutschen. Die Standardsprache in Österreich, der Schweiz und Deutschland sowie in Liechtenstein, Luxemburg, Ostbelgien und Südtirol. Berlin/New York. **Bickel, Hans/Landolt, Christoph (2012):** Schweizerhochdeutsch. Wörterbuch der Standardsprache in der deutschen Schweiz, hrsg. v. Schweizerischen Verein für deutsche Sprache. Mannheim/Zürich. **Ebner, Jakob (⁴2009):** Wie sagt man in Österreich? Wörterbuch des österreichischen Deutsch, Mannheim. Leipzig/Wien/Zürich. **Meyer, Kurt (2006):** Schweizer Wörterbuch. So sagen wir in der Schweiz. Frauenfeld/Stuttgart/Wien.

Aufgaben

1. Kopieren Sie die folgende Karte des deutschsprachigen Raumes und tragen Sie die Verbreitungsgebiete der folgenden nationalen Varianten und ihrer Entsprechungen ein. Verwenden Sie dazu unterschiedliche Schraffuren, Farben, Symbole oder Grenzlinien.

   a) *Jura* D, *Jus* A CH

   b) *Bundestag* D, *Grosse Kammer* CH, *Nationalrat* A CH

   c) *Blechner* D-südwest, *Flaschner* D-südwest, *Klempner* D (ohne südost), *Spengler* A CH D-südost

   d) *Kaminfeger* CH D-mittelwest/südwest, *Kaminkehrer* A-west D-südost, *Rauchfangkehrer* A D-südost, *Schlotfeger* D-mittelost/südost, *Schornsteinfeger* D-nord/mittel

   e) *Bartwisch* A (ohne west), *Beserl* A-ost D-südost, *Handbesen* D-nord/mittelwest, *Handeule* D-nord, *Handfeger* D (ohne südost), *Handwischer* CH, *Kehrbesen* D-mittelwest, *Kehrwisch* A-west D-südwest

f) *Brötchen* D-nord/mittel, *Brötli* CH, *Bürli* CH, *Laibchen* A, *Mutschli* CH, *Rundstück* D-nordwest (bes. Hamburg), *Schrippe* D-nordost (bes. Berlin), *Semmel* A D-nordwest/südost, *Wecken* D-südwest, *Weckerl* A D-südost, *Weggen* CH

Abb. 25: Karte des deutschsprachigen Raumes (Skizze von B. Kellermeier-Rehbein)

8 Nationale Varianten der Grammatik

Der hier zugrunde gelegte Grammatikbegriff ist weit gefasst und beinhaltet nicht ausschließlich solche Themen, die aus dem schulischen Grammatikunterricht bekannt sind (Grammatik im engeren Sinne, v. a. Morphosyntax), sondern auch die Bereiche Lautung, Orthographie und Wortbildung. Auf allen Ebenen sind Unterschiede zwischen den nationalen Varianten feststellbar. Im Folgenden werden sie exemplarisch dargestellt.

8.1 Lautung

An ihrer Aussprache kann man Sprecher einer bestimmten Varietät besonders leicht erkennen. Die Lautung gilt neben der Lexik sogar als das auffälligste Erkennungsmerkmal von nationalen Standardvarietäten, denn die **Aussprachevariation** betrifft nicht nur die dialektale Ebene, sondern in erheblichem Umfang auch die Standardlautung, was auf ihre unterschiedliche Kodifizierung in den Vollzentren des Deutschen zurückzuführen ist. Da die **Orthophonie** (Standardlautung) nicht in dem Maße festgelegt ist wie die Orthographie, ergeben sich eine Reihe von Unsicherheiten. Es ist beispielsweise ungewiss, welche Aussprachewörterbücher bis zu welchem Grade eine präskriptive Funktion haben und inwieweit sich Berufs- oder Laiensprecher nach ihnen richten. Ebenso wenig kann die Frage, inwiefern der Sprachgebrauch von Modellsprechern Berücksichtigung bei der Kodifizierung findet, mit Sicherheit beantwortet werden. Das gleiche gilt für die Frage, auf welche Nachschlagewerke sich Sprachnormautoritäten bei Aussprache-Korrekturen berufen.

Im Folgenden wird zunächst der Gebrauch der Standardlautung in den drei Vollzentren des Deutschen skizziert (Kap. 8.1.1). Anschließend erfolgt eine Darstellung einschlägiger Aussprachewörterbücher (Kap. 8.1.2) und schließlich werden die auffälligsten Aussprachevarianten in Deutschland, Österreich und der Schweiz vorgestellt (Kap. 8.1.3).

8.1.1 Gebrauch der Standardlautung

Die Standardaussprache wird in **Österreich** vor allem in förmlichen und öffentlichen Situationen gebraucht, wie etwa im Parlament, auf der Bühne, in Rundfunk und Fernsehen, in der Kirchenpredigt, im Unterricht an Schulen und Universitäten sowie vor Gericht. Im Alltag kommt sie eher selten vor. Je nachdem, ob sie von geschulten Berufssprechern oder Laien angewendet wird, unterscheidet Wiesinger

(2010: 233 ff.) registerartige Abstufungen, die an eine mehr oder weniger bewusst kontrollierte Artikulation geknüpft sind. Dazu gehört die **gehobene Standardaussprache** der geschulten Sprecher bei ihrer Berufsausübung in Rundfunk und Fernsehen oder im Theater, die sich weitgehend an den Vorgaben des Wörterbuchs von Siebs orientieren, aber gleichzeitig in Maßen die österreichische Ausprachekonvention berücksichtigen, um den Abstand zu den Hörern nicht zu groß werden zu lassen. Die regionale Herkunft der Berufssprecher ist bei Realisierung der gehobenen Standardaussprache in der Regel nicht erkennbar. Die **gemäßigte Standardaussprache** der gleichen Gruppe orientiert sich ebenfalls am Siebsschen Wörterbuch, lässt aber deutlich mehr österreichische Besonderheiten zu. Von diesen beiden Registern grenzt Wiesinger (2010: 235) die **Standardaussprache der Laien** („regionales Hochdeutsch"; ebd.) deutlich ab. Ihre regionale Differenzierung beruht auf Merkmalen der unterschiedlichen Dialektlautungen und erlaubt geschulten Hörern Rückschlüsse auf die großräumige Herkunft eines Sprechers.

In der deutschsprachigen **Schweiz** gibt es vielfältige Aussprachebesonderheiten, die sowohl die Lautung der Vokale und Konsonanten als auch die Wortbetonung betreffen. Da in der mündlichen Kommunikation fast ausschließlich die alemannischen Dialekte (Schwyzerdütsch) verwendet werden, hört man die standardsprachlichen Aussprachehelvetismen eher selten und wenn, dann meist nur in bestimmten Domänen oder Kommunikationssituationen wie z. B. in überregionalen Nachrichtensendungen, in Vorlesungen an der Universität oder bei Gesprächen mit Nicht-Deutschschweizern, also mit Personen, die des Schwyzerdütschen nicht mächtig sind (vgl. Kap. 11.2). Bezeichnend für die Deutschschweiz ist das Fehlen einer Umgangslautung, so dass es keine fließenden Übergänge zwischen dialektaler und standardsprachlicher Lautung gibt (vgl. Haas/Hove 2010: 260).

Entgegen der weitläufigen Meinung gibt es auch in **Deutschland** im alltäglichen Gebrauch keine einheitliche Standardlautung. Zwar ist für Berufssprecher, insbesondere für die Aussprache auf der Bühne, schon früh ein Standard festgelegt worden (Siebs 1898), doch lässt sich unter nicht-professionellen Sprechern eine deutliche diatopische[12] (regionale) Aussprachevariation im Bereich des Gebrauchsstandards (vgl. Kap. 4) beobachten. Schon Siebs (1969: 145) nannte ausdrücklich „landschaftliche Besonderheiten", die meist Österreich und die Schweiz betrafen. Darüber hinaus verwies er auf Eigenheiten der süddeutschen Aussprache. In der neueren Literatur ist ebenfalls immer wieder von einem Nord-Süd-Gefälle die Rede: „Die süddeutsche und teilweise auch die mitteldeutsche Aussprache hat vieles gemein mit der österreichischen und schweizerischen. Davon deutlich abgesetzt ist die norddeutsche Aussprache" (VWD 2004: LIII). Diese Nord-Süd-Gegensätze führen laut VWD zu einer Stereotypenbildung, bei der die norddeutsche Lautung von Bewohnern des südlichen Raums als „zackig" empfunden wird, während die südliche Aussprache von norddeutschen Sprechern als

---

[12] *Diatopisch*: aus griech. *dia-* (‚durch') und *topos* (‚Ort').

„breiig und undeutlich" charakterisiert wird. Die Aussprachevarianten, die das Norddeutsche „zackig" klingen lassen, aber auch süddeutsche Besonderheiten der Lautung werden unten (Kap. 8.1.3) exemplarisch dargestellt.

8.1.2 Aussprachewörterbücher

Es gibt eine Reihe von Nachschlagewerken, zu denen man greifen kann, um sich über die Standardlautung in Deutschland, Österreich und der Schweiz zu informieren. Dazu bieten sich vor allem Aussprachewörterbücher an, obwohl sie häufig eine einheitliche Standardlautung im gesamten deutschen Sprachraum suggerieren und nationale Aussprachebesonderheiten nur vereinzelt markieren (z. B. *Duden. Das Aussprachewörterbuch*). Aber auch allgemeinsprachliche Wörterbücher geben hin und wieder Informationen zur Standardlautung an. Einige Titel werden im Folgenden in chronologischer Reihenfolge aufgelistet und zum Teil exemplarisch kommentiert.

Siebs, Theodor (1898): Deutsche Bühnenaussprache. Berlin/Köln/Leipzig.

Österreichisches Wörterbuch (1951, ^{41}2009), hrsg. im Auftrag des Bundesministeriums für Unterricht, Kunst und Kultur. Wien.

de Boor, H./Dieks, P. (Hg.) (1957, 1961): Österreichisches Beiblatt zu Theodor Siebs „Deutsche Hochsprache – Bühnenaussprache". Berlin.

Duden (1962, ^{2}1974, ^{6}2005): Das Aussprachewörterbuch. Das Wörterbuch der deutschen Standardaussprache, bearbeitet von Max Mangold in Zusammenarbeit mit der Dudenredaktion. Mannheim/Wien/Zürich.

Krech, Eva-Maria et al. (Hg.) (1964, ^{4}1974): Wörterbuch der deutschen Aussprache. Leipzig.

Ebner, Jakob (1969, ^{4}2009): Wie sagt man in Österreich? Wörterbuch des österreichischen Deutsch. Mannheim/Leipzig/Wien/Zürich.

Siebs. Deutsche Aussprache. Reine und gemäßigte Hochlautung mit Aussprachewörterbuch (1969), hrsg. von Helmut de Boor, Hugo Moser und Christian Winkler. Berlin.

Krech, Eva-Maria et al. (Hg.) (1982): Großes Wörterbuch der deutschen Aussprache. Leipzig.

Hofmüller-Schenk, Agnes (1995): Die Standardaussprache des Deutschen in der Schweiz. Erster Teil: Beschreibung, zweiter Teil: Übungen. Aarau/Frankfurt am Main/Salzburg.

VWD 2004 = Ammon, Ulrich/Bickel, Hans/Ebner, Jakob et al. (2004): Variantenwörterbuch des Deutschen. Die Standardsprache in Österreich, der Schweiz und Deutschland sowie in Liechtenstein, Luxemburg, Ostbelgien und Südtirol. Berlin/New York.

Meyer, Kurt (2006): Schweizer Wörterbuch. So sagen wir in der Schweiz. Frauenfeld/Stuttgart/Wien.

Muhr, Rudolf (2007): Österreichisches Aussprachewörterbuch. Österreichische Aussprachedatenbank. Frankfurt am Main.

Krech, Eva-Maria/Stock, Eberhard/Hirschfeld, Ursula/Anders, Lutz Christian (2009, 2010): Deutsches Aussprachewörterbuch. Berlin/New York.

1898 erschien erstmals das Wörterbuch *Deutsche Bühnenaussprache* von Theodor Siebs, das bald nur noch nach seinem Autor als „der Siebs" bezeichnet wurde. In der ersten Auflage ging es ausschließlich um die Lautung für die Bühne und den künstlerischen Vortrag. Die bereits bestehende Lautung der Berliner Bühnen wurde dargestellt und als Standard festgelegt. Ammon (1995: 321) bezeichnet sie als „preußisch dominierte Festlegung" der Hochlautung. Sie sollte eine besonders deutliche und damit unter den akustischen Bedingungen von großen Räumen gut verständliche Aussprache garantieren. Das Werk wurde aber bald über den Bereich der Bühne hinaus rezipiert und als „d a s maßgebliche Werk für alle Fragen der Aussprache anerkannt, es wirkte über den engen Kreis seines Ursprungs hinaus in die Schule und in alle bewußte Sprachpflege und Sprecherziehung hinein" (Siebs 1969: 12, Hervorhebung im Original). Aus diesem Grund wurde es 1922 in *Deutsche Hochsprache* umbenannt, womit ausgedrückt werden sollte, dass es nicht mehr nur für Schauspieler und andere Berufssprecher gedacht war. Seit der 19. Auflage von 1969 umfasst Siebs neben der *reinen Hochlautung* als Ideallautung für die Bühne auch die sogenannte *gemäßigte Hochlautung* („verwirklichte Hochlautung"), die für das Sprechen in kleinen Räumen und am Mikrophon geeignet ist und sich mehr an der Sprachwirklichkeit orientiert. Letztere enthält im Gegensatz zur reinen Hochlautung auch Aussprachevarianten sowie österreichische und schweizerische Merkmale (weitere Informationen zur Geschichte der Ausspracheregelung in Deutschland in: Krech et al. 2010: 8 ff.).

Dem „Siebs" folgten weitere Aussprachebücher, z. B. das *Aussprachewörterbuch* (1962, [2]1974, [6]2005) aus dem Dudenverlag, das vermutlich inzwischen gegenüber dem Siebs an Prestige gewonnen hat, weil Siebs seit 1969 nicht mehr neu aufgelegt wurde. In der ehemaligen DDR konnte man seit 1964 die Standardlautung im *Wörterbuch der deutschen Aussprache* von Krech et al. (seit 1982 in erweiterter Auflage unter dem Titel *Großes Wörterbuch der deutschen Aussprache*) nachschlagen.

Doch wer nun annahm, dass diese Nachschlagewerke stets in all ihren Angaben übereinstimmten, wurde bisweilen enttäuscht. Ein und dasselbe Wort konnte schon allein in Siebs in zwei Varianten erscheinen: in der reinen und der gemäßigten Hochlautung. Im Extremfall divergierten auch noch die Angaben im Dudenband und im DDR-Wörterbuch. So wird das Wort *Wächter* beispielsweise in Siebs als [ˈvɛçtər] (reine Hochlautung) und als [ˈvɛçtɐ] (gemäßigte Hochlautung) transkribiert, in verschiedenen Auflagen des *Duden-Aussprachewörterbuch* ([2]1974,

[3]1990) dagegen als [ˈvɛçtə]. Zuweilen unterschieden sich auch die Angaben des o. g. ostdeutschen Wörterbuchs von Krech et al. von denen des westdeutschen Dudenverlags. Während im Osten stärker der Sprachgebrauch der Bevölkerungsmehrheit berücksichtigt und beschrieben wurde („Sprechwirklichkeit"; vgl. Krech et al. [4]1974: 10), gab man im Westen zum Teil auch seltener realisierte bildungssprachliche Aussprachemöglichkeiten an, z. B. die französierende Lautung [balˈkõː]. Diese unterschiedlichen Darstellungspraktiken sind vermutlich den sozio-politischen Rahmenbedingungen des Sozialismus bzw. der elitären Ausrichtung des Westens geschuldet.

Neu erschienen ist das *Deutsche Aussprachewörterbuch* (2009) von Krech et al., das an den Band *Großes Wörterbuch der deutschen Aussprache* angelehnt ist, da es eine vergleichbare Zielstellung und gleiche konzeptionelle und methodologische Grundpositionen aufweist (vgl. Krech et al. 2009: 15). In diesem Band werden die nationalen Aussprachevarianten explizit in umfangreichen Kapiteln über die Standardaussprache in Deutschland, Österreich und der Schweiz berücksichtigt. Allerdings erfolgt die Darstellung letztendlich doch asymmetrisch, da im alphabetischen Wörterbuchteil fast ausschließlich die deutschländische Aussprache angegeben wird, so dass der Leser diese für allgemeingültig halten muss. Das Stichwort *Hotel* ist beispielsweise nur mit deutscher Endsilbenbetonung, aber nicht mit Schweizer Erstsilbenbetonung eingetragen, das Wort *Garage* soll nach Krech mit auslautendem Schwa [...ə] gesprochen werden, obwohl dieser Laut in Österreich nicht realisiert wird (vgl. 8.1.3).

Bezüglich der **österreichischen Orthophonie** finden sich vereinzelte Angaben in verschiedenen Wörterbüchern (Siebs 1969, VWD 2004, Ebner [4]2009, ÖWB [41]2009) oder wissenschaftlichen Publikationen (Ammon 1995, Bürkle 1995, Takahashi 1996, Ebner 2008). Ausführlich wird die Standardaussprache in Österreich in einem von Wiesinger (2010: 229 ff.) verfassten Kapitel im Aussprachewörterbuch von Krech et al. (2009) dargestellt. Er präsentiert auch einen Überblick über die Geschichte der österreichischen Standardlautung. Eine ausführliche Dokumentation und Beschreibung der verschiedenen Ausspracheformen von Modellsprechern des ORF, der sogenannten *Medienrepräsentation*, erschien 2007 in Form eines Aussprachewörterbuchs mit Aussprachedatenbank (Muhr 2007). Die österreichische Standardlautung wird hier der deutschen und schweizerischen gegenübergestellt, um die „identitätsstiftende Rolle des ‚eigenen' Deutsch" bewusst zu machen und zu fördern (ebd.: 11; Hervorhebung im Original).

Wer sich über die **Schweizer Standardlautung** informieren möchte, kann im Wesentlichen zu folgenden Schriften greifen: *Variantenwörterbuch des Deutschen* (VWD, 2004), *Schweizer Wörterbuch* (Meyer 2006) und *Deutsches Aussprachewörterbuch* (Krech et al. [1]2009] 2010, mit einem Beitrag von Haas und Hove). Sie enthalten jeweils Abschnitte zu diesem Thema. Darüber hinaus liegen eine Monographie und ein Aufsatz von Hove (2002, 2007) zum Thema *Aussprache der Standardsprache in der deutschen Schweiz* vor. Die in diesen Werken vertretenen

Positionen stimmen allerdings nicht immer überein, sondern widersprechen sich zum Teil, was für die Leser recht verwirrend sein kann. Dies liegt unter anderem daran, dass die Schweizer Standardlautung nicht einheitlich und verbindlich festgelegt ist, was zu Aussprachevariationen im Bereich des Gebrauchsstandards (vgl. Kap. 4) führt. Er bewegt sich in der Deutschschweiz zwischen dialektnaher Lautung und einer Aussprache, die sich am deutschländischen Deutsch orientiert. In diesem Zusammenhang werden kontroverse Diskussionen geführt, die sich in den hier erwähnten Schriften widerspiegeln und im Wesentlichen um die Frage kreisen, ob die Aussprache-Empfehlungen für Deutschland auch in der Schweiz zulässig sind. Zu dieser Frage ist in den Schriften von Hove, dem Wörterbuch von Meyer und dem VWD (in dieser Reihenfolge) eine abnehmende Toleranz bezüglich der Schweizer Standardlautung festzustellen. Hove (2007: 177) fordert für das gesamte Sprachgebiet eine „tolerante Norm", die die Standardaussprache zwar weitgehend einheitlich festlegt, um Verständigungsschwierigkeiten auszuschließen, die aber gleichzeitig nationale und regionale Aussprachevarianten in einem gewissen Maß zulässt. Eine vollständige Übereinstimmung sei weder erreichbar, noch fände sie Akzeptanz in der Sprechergemeinschaft, weil sie die Sprachsituation und die Bedürfnisse der Sprecher nicht berücksichtigen könne (Haas/Hove 2010: 259). Für die Deutschschweiz lässt Hove (2007: 178; Haas/Hove 2010: 261 f.) eine recht weit gesteckte Norm gelten, die grundsätzlich alle in Deutschland zugelassenen Lautungen auch in der Schweiz ermöglicht, allerdings mit der Einschränkung, dass „die Verwendung bestimmter Deutschland-spezifischer Varianten durch Deutschschweizer als unangemessen bewertet" wird (Haas/Hove 2010: 261). Darüber hinaus enthält sie spezifische schweizerische Besonderheiten:

> Für die Standardaussprache in der Schweiz gelten somit zusätzlich zu den Empfehlungen für Deutschland diejenigen Varianten, die in der Standardsprache gebildeter Deutschschweizer eine gewisse Häufigkeit haben und welche die Verständlichkeit nicht beeinträchtigen. (Haas/Hove 2010: 262)

Sollte sich die Akzeptanz der bundesdeutschen Lautung in der Deutschschweiz durchsetzen, würde dies bedeuten, dass es aus Schweizer Sicht keine Ausspracheteutonismen mehr gäbe. Doch entgegen der sehr toleranten Position von Haas/Hove (2010) wird eine zu stark „deutschländisch" geprägte Lautung nicht von allen Deutschschweizern akzeptiert. Insbesondere stößt eine von Moderatoren in Schweizer Fernseh- oder Rundfunkprogrammen realisierte „zu deutsche" Aussprache häufig auf Kritik. Aus diesem Grunde und für die Sicherstellung der für die deutschschweizerische Identität symbolkräftigen Standardlautung wurde für das Schweizer Radio DRS (Radio der deutschen und rätoromanischen Schweiz) von Burri et al. (1993) eine Ausspracheanleitung konzipiert, nach der sich die Sprecher in ihrer Berufsausübung zu richten haben (vgl. Ammon 1995: 303 f.).

Kurt Meyer und die Autoren des VWD neigen zu einer deutlicheren Abgrenzung von der deutschen Lautung. Nach Meyer (2006: 25) ist „die ‚deutsche Standardaussprache (Standardlautung)' [...] zu stark nach der norddeutschen Aussprache

ausgerichtet, als dass Schweizer (und Österreicher) sich ohne weiteres damit identifizieren könnten." Dem VWD zufolge gilt eine norddeutsch orientierte Standardlautung nach Siebs als ausgesprochen unschweizerisch und wird nicht einmal von
ausgebildeten Berufssprechern angestrebt. Einen Vergleich der unterschiedlichen
Angaben zur Schweizer Standardlautung bietet die folgende Tabelle:

Schriftwort	Haas/Hove (2010)	Meyer (2006)	VWD (2004)
Balkon	[b̥ˈalkoːn]	[ˈbalkoːn]	[ˈbalkõː]
Büro	[b̥ˈyʁo], [b̥yʁˈoː]	[ˈbyro, byroː]	k. A.
Budget	[b̥ˈyd̥ʒ̊ɛ], [b̥yd̥ʒ̊ˈẽː]	k. A.	[ˈbudʃɛ]
China	[çˈiːna]	[x…], [k…]	[ˈxiːna]
Departement	[d̥epaʁtəmˈɛnt]	[meist: …ˈmɛnt]	[departɛˈmɛnt], [departəˈmɛnt]
düster	[d̥ˈʏstəʁ], [d̥ˈyːstəʁ]	k. A.	k. A.

Tab. 3: Schweizer Standardlautung in verschiedenen Wörterbüchern

Letztendlich stellt sich die Frage, welches dieser Nachschlagewerke in der
Schweiz tatsächlich zum Kodex gezählt wird und welches überhaupt wirksam ist.
Für Berufssprecher in den Medien existiert die o. g. obligatorische Anleitung
(Burri et al. 1993), aber für die Schule ist kein Aussprachewörterbuch verbindlich
festgelegt.

Neben der für öffentliches Sprechen maßgeblichen Standardlautung, wie sie oben
dargestellt wurde, existiert für die ungezwungenere nicht-öffentliche Kommunikation, sofern sie nicht sowieso im Dialekt erfolgt, eine „erhebliche Bandbreite in
der Aussprache des Gebrauchsstandards" (VWD 2004: LII). Sie verursacht gelegentlich Unsicherheiten bei der Auswahl von passenden Varianten (vgl.
Haas/Hove 2010: 259). In der Regel orientieren sich Deutschschweizer an einer
Aussprachekonvention, nach der bestimmte Varianten der Lautung angemessen
sind und andere nicht (vgl. Hove 2002: 6 ff., Hove 2007: 173 f.; Haas/Hove 2010:
260 f.). Allerdings führt auch sie letztendlich nicht zu einer völlig homogenen
Lautung:

> Die Aussprachekonvention ist keineswegs rigide, sondern sie lässt in vielen Be-
> reichen Variation zu. Ferner hängt sie mit verschiedenen Faktoren wie der Bil-
> dung der Sprechenden oder der Sprechsituation zusammen. Es ist deshalb sinn-
> voll, sich die Konvention als eine Art <Bandbreite> vorzustellen. (Haas/Hove
> 2010: 260)

Obwohl nirgends expressis verbis festgelegt, beruht die Aussprachekonvention
auf einer weitgehenden Übereinkunft der Gemeinschaft. Sie entspricht dem
Wunsch nach maximaler sprachlicher Konformität und eröffnet einen Mittelweg
zwischen der Abgrenzung von deutscher Lautung und der Zulassung von dialektalen Aussprachebesonderheiten:

Wir sprechen so, um nicht aufzufallen, denn Abweichungen in beide Richtungen werden sanktioniert. Wer zu dialektal spricht, wird als ungebildet abgetan, wer hingegen zu ähnlich spricht wie die Deutschen, wird als hochnäsig beurteilt. (Hove 2007: 174)

Diese Aussprachekonvention berücksichtigt Transferenzen aus den schweizerdeutschen Dialekten, die Lautung der Medien, aber auch das Schriftbild und die ursprüngliche Aussprache von Fremdwörtern in der Herkunftssprache sowie außersprachliche Einflüsse durch Situation, Alter etc. (vgl. Hove 2002: 133 ff.).

8.1.3 Nationale Varianten der Lautung

Besonderheiten der Lautung finden sich in den Bereichen Aussprache, Betonung (Akzentuierung) und Intonation. Im Folgenden werden nur einige Varianten der Aussprache und Betonung exemplarisch und ohne Anspruch auf Vollständigkeit vorgestellt, die Ammon (1995), Ebner (2008, 2009), Hove (2002), Haas/Hove (2010), Wiesinger (2010), Meyer (2006) und dem *Variantenwörterbuch des Deutschen* (VWD 2004) entnommen wurden. Dort sind weitere detaillierte Informationen verzeichnet. Für viele der unten genannten Aussprachebesonderheiten gilt, dass sie nicht systematisch, sondern lexemabhängig sind.

Vokale

Übergreifende Phänomene der Vokal-Aussprache

a) Der **Glottisverschluss** [ʔ] (harter Stimmeinsatz) dient „zur Kennzeichnung der Wortzwischenräume und Silbenschnitte" (VWD 2004: LIII) vor vokalisch anlautenden Wörtern oder Silben: *im Auto* [ʔɪm ˈʔaʊ̯to], *beachten* [bəˈʔaxtən]. Er wird vor allem in Nord- und Mitteldeutschland realisiert. In Österreich und der Schweiz darf er fehlen: [ɪm ˈaʊ̯to], [be̞axtn̩]. Nach Hove (2002: 94) kommt er in der Schweiz deutlich seltener vor als in Deutschland: *vollenden* [fɔlˈɛndən] statt [fɔlˈʔɛndən]. Der Ausfall des Glottisverschlusses kann eine Verschiebung der Silbengrenzen nach sich ziehen (Haas/Hove 2010: 262): *Ve-rein* statt *Ver-ein*.

b) Die **Endung -on** (wie in *Balkon, Ballon, Chiffon, Karton, Salon* u. a.) wird in Norddeutschland mit nasalem Vokal [õ:] oder [ɔŋ] gesprochen: *Balkon* [balˈkõ:] bzw. [balˈkɔŋ]. Bei der Endung [ɔŋ] wird der Plural häufig auf *-s* gebildet: *Balkons, Lampions*. In Süddeutschland und teilweise auch in Mitteldeutschland realisiert man *-on* als [o:n]: [balˈko:n], ebenso in Österreich. Der Plural endet dann meist auf *-e*: *Balkone, Ballone*. In der Schweiz werden französische Fremdwörter auf *-on* mit Nasalvokal [õ:] gesprochen: *Balkon* [ˈbalkõ:] (vgl. VWD 2004: LV, LX f.). Nach Haas/Hove (2010: 269) werden *Balkon* und *Ballon* in der Schweiz mit [o:n] gesprochen, *Fasson* und *Bouillon* dagegen mit [õ:].

c) Variation gibt es auch im Bereich der **Vokalquantität**. Bei einigen Wörtern
wird der betonte Vokal lang gesprochen. In Österreich: *bis*, *Dogma*, *Bruch*,
Geruch, *Geschoß*, *hin*, *ob*, *rächen* u. a. In der Schweiz gilt dies beispielsweise
für folgende Wörter: *Andacht*, *brachte*, *Nachbar*, *Rache* (Ammon 1995: 256,
Meyer 2006: 26). Nach Haas/Hove (2010: 264) sind dort bei einigen Wörtern
betonte Lang- *oder* Kurzvokale zulässig: *düster*, *Gedächtnis*, *Hochzeit*, *Kino*,
Nachbar, *Rache* u. a. Bei *Rost* ist die Vokallänge bedeutungsunterscheidend:
[ʀoːst] ‚gitterartiges Gerät‘, [ʀɔst] ‚Korrosionsschicht auf Eisen‘. Im Süden des
deutschsprachigen Raumes wird das Relativpronomen *das* immer mit Langvo-
kal gesprochen, wodurch es bei der Rechtschreibung seltener zu Verwechslungen mit der Konjunktion *dass* kommt als im Norden (vgl. VWD 2004: LV).

Bei manchen Wörtern wird der betonte Vokal kurz gesprochen. In Österreich:
Afrika, *Behörde*, *Dusche*, *Erde*, *Geburt*, *Husten*, *Krebs*, *rösten*, *Tratsch* u. a. In
der Schweiz gilt kurze Aussprache der betonten Vokale in Wörtern wie *düster*,
Krebs, *Obst* (Ammon 1995: 256). Nach Meyer (2006: 26) gilt dies auch vor
<tsch>: *grätschen*, *hätscheln*. Nach Haas/Hove (2010: 264) können die beton-
ten Vokale der folgenden Wörter kurz oder lang gesprochen werden: *düster*,
gehabt, *Kino* u. a. In Norddeutschland werden Vokale in einsilbigen Wörtern,
die auf einen Plosiv oder Frikativ auslauten, häufig kurz gesprochen: *Bad*,
Gras (vgl. VWD 2004: LIII).

d) Das <a> in den Derivationssuffixen **-atik** und **-atisch** wird in Norddeutschland
lang gesprochen (*Thematik*, *thematisch*), im südlichen Bereich dagegen
manchmal, in Österreich immer kurz (VWD 2004: LV). In Österreich und der
Schweiz ist auch das <i> in den Suffixen **-ik, -it und -iz** kurz, z. B. in *Fabrik*,
Kritik, *Appetit*, *Kredit*, *Hospiz*, *Notiz* (vgl. Wiesinger 2010: 247, Haas/Hove
2010: 263).

e) Das geschriebene **<e> in einigen unbetonten Silben** (z. B. *be-*, *ge-*, *-el*, *-en*)
und im Auslaut wird in den Sprachzentren des Deutschen unterschiedlich realisiert, und zwar als Vollvokal [e] bzw. [ɛ] oder als Murmelvokal (Schwa) [ə].
In Österreich erfolgt die Aussprache als schwach betonter Vokal [e] oder [ɛ]
oder der Laut wird getilgt: *Tische* ['tɪʃe], *Boden* ['boːden] oder ['boːdn̩] (Beispiele aus Wiesinger 2010: 246). Auch in der Schweiz wird an diesen Stellen ein
voller Vokal gesprochen. In Deutschland wird <e> in unbetonten Nebensilben
dagegen als Schwa [ə] realisiert oder entfällt: *malen* ['maːlən] oder ['maːln̩],
Sessel ['zɛsəl] oder ['zɛsl̩]. Die Endung *-er* wird in Österreich und Deutschland
zu [ɐ] vokalisiert: *Kellner* ['kɛlnɐ], *schöner* ['ʃøːnɐ] (vgl. Wiesinger 2010: 247,
VWD: LIV).

f) In Deutschland wird das auslautende **-e in französischen Fremdwörtern** als
Schwa [ə] realisiert: z. B. ['loːʒə] *Loge*. In Österreich entfällt es: [meˈlãːʒ̊]
Melange, ebenso in: *Branche*, *Bronze* u. a. Das gilt auch für Wörter auf *-age*,

beispielsweise [g̊aˈraːʒ] *Garage, Blamage*. In der Schweiz entfällt das auslautende *-e* häufig (Haas/Hove 2010: 270).

Besonderheiten der Vokalaussprache in Österreich

g) Die **Kurzvokale i, u und ü** werden in geschlossener Silbe gespannt gesprochen: *Wille* [ˈvi̥le], *müssen* [ˈmysen], *uns* [uns].

h) Die **Endung -ier** lautet [...iːe̥]: *Brigadier, Portier.*

i) Beim Wort **Neutrum** schwankt die Aussprache bezüglich der Anzahl der Silben. Nach Ebner (2010: 221) wird es dreisilbig, also ohne Diphthong gesprochen: *Ne|u|trum*. Nach Wiesinger (2010: 248) ist es zweisilbig: *Neu|trum*. Das entsprechende Adjektiv *neutral* ist in der dreisilbigen Variante nach Ebner veraltet.

j) Der lange **a-Umlaut** (geschriebenes <ä>) wird in Österreich gespannt als [eː] realisiert: [ˈkeːz̥e] *Käse* u. a. In Deutschland und der Schweiz dagegen ungespannt als [ɛː]: [ˈkɛːzə] D bzw. [ˈkɛːz̥e] CH.

Besonderheiten der Vokalaussprache in der Schweiz

k) **Geschriebenes <y>** wird in einigen Lehnwörtern als [iː] oder [ɪ] realisiert: *Asyl, Ägypten, Forsythie, Gymnasium, System.* Diese Aussprache gilt zum Teil auch in Österreich, ist dort aber weitgehend veraltet (VWD 2004: LVI).

l) Es werden verschiedene **Öffnungsgrade des kurzen e** unterschieden: das geschlossene [e] und das offene [ɛ]. Während im übrigen deutschen Sprachraum geschriebenes kurzes <e> und <ä> nur als [ɛ] realisiert wird, kann nach Haas/Hove (2010: 262) das geschriebene kurze <e> in der Schweiz ebenfalls [e] gesprochen werden: *Bett* [b̥et] oder [b̥ɛt].

m) Besonders auffallend in der Schweizer Standardaussprache sind die **fallenden Diphthonge** (*ie, ue/uo, üe/üo*), bei deren Realisation die Zunge gesenkt wird: [i̯e, u̯e, y̯e]. Sie kommen vor allem in Ortsnamen (*Brienz, Buochs, Flüelen*) und Familiennamen (*Büeler, Huober, Bieri*) vor, aber auch in *Grüezi, Müesli* (vgl. VWD 2004: LVI).

n) Geschriebenes **<a> in englischen Fremdwörtern** wird [æ] gesprochen (in den übrigen Sprachzentren [ɛ]): *Action, Banker, Sandwich.*

o) In französischen Fremdwörtern wird das *e* im **Suffix -ment** eingedeutscht gesprochen: [...mɛnt]. Ein dieser Silbe vorausgehendes <e> wird voll ausgesprochen: [ab̥ɔnɛˈmɛnt] *Abonnement*. In Deutschland und Österreich wird das Suffix dagegen als [...mãː] ausgesprochen, ein vorangehendes <e> wird in Österreich nicht realisiert: [ɛtab̥lisˈmãː] *Etablissement* (Wiesinger 2010: 248).

Besonderheiten der Vokalaussprache in Deutschland

p) Der englische Diphthong [eɪ] wird in Deutschland häufig zu [eː] monophthongiert: *Baby, Make-up, Steak*. In der Schweiz bleibt [eɪ] erhalten. Nach Wiesinger (2010: 248) wird der Diphthong in Österreich v. a. von der älteren Generation realisiert.

Konsonanten

Übergreifende Phänomene der Konsonanten-Aussprache

a) **Aussprache von Plosiven und Frikativen**
Um Konsonanten artikulatorisch zu beschreiben, werden in der Regel drei Eigenschaften genannt: Artikulationsort, Artikulationsart und Stimmton. Demnach ist der Konsonant [b] ein stimmhafter bilabialer Plosiv. Darüber hinaus können Konsonanten auch danach klassifiziert werden, ob sie mit einer mehr oder weniger großen Anspannung der Artikulationsorgane produziert werden. Dabei unterscheidet man gespannte Fortis (z. B. [p, t, k]) und ungespannte Lenis (z. B. [b, d, g]). Die **Fortiskonsonanten** werden immer stimmlos ausgesprochen, aber bei der Aussprache der **Lenisplosive und -frikative** weisen die drei Vollzentren des Deutschen erhebliche Unterschiede auf.

In Nord- und Mitteldeutschland werden Lenisplosive und -frikative immer stimmhaft realisiert [b, d, g, v, z, ʒ]. In Süddeutschland, Österreich und der Schweiz werden *alle* Plosiv- und Frikativlaute stimmlos gesprochen, also auch die ungespannten Lenis. Die stimmlose Lenis-Aussprache wird in der IPA-Transkription mit einem diakritischen Zeichen markiert: [b̥, d̥, g̊, v̥, z̥, ʒ̊]: [b̥lat] *Blatt*, [ˈg̊iːʀɪg̊] *gierig*, [ˈloːʒ̊(ə)] *Loge*, [ˈz̥ɔnə] *Sonne*, [v̥an] *wann*, [ˈv̥iːz̥ə] *Wiese*. Im Norden des deutschen Sprachraums differenziert man also deutlich zwischen stimmloser und stimmhafter Aussprache der Plosive und Frikative (z. B. [gʊs] *Guss* vs. [kʊs] *Kuss*, [ˈʀaɪzən] *reisen* vs. [ˈʀaɪsən] *reißen*), wobei die Fortis stimmlos und die Lenis stimmhaft artikuliert werden. Im Süden unterscheidet man dagegen nur zwischen Fortis- und Lenisaussprache, was „für ungeübte Ohren kaum hörbar" ist (vgl. VWD 2004: LVII). Es ist also folgende Verteilung zu beobachten:

Plosive Frikative	stimmhaft	stimmlos
Lenis	[b], [z] D-nord/mittel	[b̥], [z̥] (A, CH D-süd)
Fortis	/	[p], [s] gemeindeutsch

Tab. 4: Verteilung von Lenisplosiven und -frikativen und Fortisplosiven und -frikativen im deutschsprachigen Raum

Die *s*- und *sch*-Laute in *böse* – *Blöße*, *Hose* – *große*, *Loge* – *koscher* werden in Nord- und Mitteldeutschland also deutlich unterschieden, während sie im südlichen Bereich praktisch gleich klingen (vgl. VWD 2004: LVII). Das stimmhafte [z] wird nach Ebner (2008: 42) in Österreich nur von geschulten Sprechern realisiert. In der Schweiz wird nur die Fortisaussprache von *s* und *sch* deutlich geschärft.

b) Die **Auslautverhärtung** der Obstruenten [b, d, g, z] zu [p, t, k, s] ist ein Phänomen, das vor allem im nördlichen Deutschland festzustellen ist. Hier spricht man [liːp] *lieb*, [kʀuːk] *Krug*, [ʀaːt] *Rat*, während solche Wörter in Teilen Mitteldeutschlands, in Süddeutschland sowie in Österreich und der Schweiz mit einer stimmlosen Lenis realisiert werden: [liːb̥], [kruːg̊], [ʀaːd̥] (vgl. VWD 2004: LVII). In der Schweiz unterscheidet man zudem zwischen [ʀaːd̥] *Rad* und [ʀaːt] *Rat* (vgl. Meyer 2006: 27).

c) In Fremdwörtern wird die **Anlautschreibung <Ch->** vor den Vordervokalen [e] und [i] in der österreichischen Standardlautung als [k] realisiert: [ˈkiːna] *China*, [keˈmiː] *Chemie*, *Chirurg* u. a. Dies gilt nicht für *Chef* [ʃeːf]. In der Schweiz wird meist der velare Frikativ [x] gesprochen: [xeˈmiː], [ˈxiːnaː]. In Deutschland wird an diesen Positionen [ç] gesprochen: [çeˈmiː], [ˈçiːna]. Es gibt allerdings Abweichungen. So hört man im norddeutschen Gebrauchsstandard auch die Variante mit postalveolarem Frikativ [ʃeˈmiː], [ˈʃiːna], in Süddeutschland (wie in Österreich) den Plosiv: [keˈmiː], [ˈkiːna] (vgl. VWD 2004: LVIII).

d) Spirantisierung des geschriebenen <g> im **Suffix -ig** (auch in *-igt*). In Nord- und Mitteldeutschland wird in dieser Position der palatale Frikativ [ç] realisiert: [ˈkøːnɪç] *König*, [ɛɐ̯ˈleːdɪçt] *erledigt*, [ˈzɔnɪç] *sonnig*. Dies gilt nicht, wenn <g> im Silbenanlaut steht: [ˈkøːnɪɡə] *Köni-ge*. In Süddeutschland, Österreich und der Schweiz wird dieses Suffix als stimmloser Lenisplosiv [g̊] gesprochen: [...ɪg̊] bzw. [...ɪg̊t], z. B [ˈhoːnɪg̊] *Honig*, [ˈlʊstɪg̊] *lustig* (vgl. VWD 2004: LVIII).

Besonderheiten der Konsonanten-Aussprache in Österreich

e) **<St-> im Anlaut** von (griechisch-lateinischen) Fremdwörtern wird meist [st...] gesprochen: *Standard*, *Stil*, *Struktur* (vgl. Ebner 2009: 468).

f) Manche Ausdrücke mit **<-st-> oder <-sp-> im Wortinneren** werden mit [ʃt] bzw. [ʃp] gesprochen: *Inspektor*, *Installateur*, *Kasperl*.

g) Bei Wörtern auf **-ett** entfällt häufig das auslautende [t]: *Kabarett*, *Bukett*.

Besonderheiten der Konsonanten-Aussprache in der Schweiz

h) **Doppelkonsonanten** werden lang gesprochen: *Egge* [ˈeɡ̊ːe], *Latte* [ˈlatːe], *Masse* [ˈmasːe] (vgl. VWD 2004: LVIII).

i) **Geschriebenes <r>** wird immer konsonantisch gesprochen und nicht wie in anderen deutschsprachigen Gebieten in bestimmten Positionen vokalisiert oder ganz eliminiert: [ˈoːd̥eʀ] *oder* (statt [ˈoːdɐ]), [faːʀt] *Fahrt*, norddeutscher Gebrauchsstandard: [faːt]). Darüber hinaus wird es meist als gerolltes Zäpfchen-*r* [ʀ] realisiert (in Norddeutschland und in Teilen Bayerns im Wort- und Silbenanlaut eher als Zungenspitzen-*r* [r], sonst Zäpfchen- oder Reibe-r [ʁ]) (vgl. VWD 2004: LVIII).

j) **Geschriebenes <v>** im Wort- oder Silbenanlaut von romanischen Fremdwörtern wird häufig als [f] gesprochen, z. B. *Advent, Advokat, Klavier, Provinz, zivil*. Dies gilt nicht für *Velo* [ˈʋeːlo] (vgl. VWD 2004: LVIII).

Besonderheiten der Konsonanten-Aussprache in Deutschland

k) Die Aussprache des **geschriebenen <r>** variiert in Deutschland. Im nördlichen Norddeutschland und in Teilen Bayerns wird im Wort- und Silbenanlaut [r] gesprochen, sonst eher [ʀ] oder [ʁ]. In unbetonten Silben wird das *r* häufig zum unsilbischen Schwa [ɐ] vokalisiert: [ɛɐ̯ˈʔœfnən] *eröffnen*. Das Suffix -*er* wird zu [ɐ] vokalisiert: [ˈaɪ̯mɐ] *Eimer* (vgl. VWD 2004: LIX).

l) **Geschriebenes auslautendes <ng>** wird in Norddeutschland häufig [ŋk] ausgesprochen: *lang, Ring, Rechnung* u. a. Im übrigen deutschen Sprachgebiet wird [ŋ] gesprochen (vgl. VWD 2004: LIX).

Betonung

Bei der Wortbetonung ist zwischen einfachen Wörtern (Simplizia) und komplexen Wörtern (Zusammensetzungen, Ableitungen) sowie Lehn- und Fremdwörtern zu unterscheiden. Simplizia werden im gesamten deutschen Sprachraum auf der ersten Stammsilbe betont (*Wiese*).

a) Bei **komplexen Wörtern** ist die Betonung national und regional unterschiedlich. In Süddeutschland, Österreich und der Schweiz tendiert man mehr zur Betonung der Vorsilbe, während man in Nord- und Mitteldeutschland meist den Wortkern akzentuiert: *ab*sichtlich vs. *absichtlich*, *un*glaublich vs. *unglaublich*. Nach Meyer (2006: 28) erfolgt in der Schweiz immer Erstsilbenbetonung bei Substantiven mit Partikeln (*Abteil, Durcheinander*) und bei den Adverbien *alsbald, bisher, nachher*.

b) Entsprechendes gilt auch für die Betonung von **Lehn- und Fremdwörtern**, die im Süden meist auf der ersten, im Norden dagegen meist auf der zweiten oder dritten Silbe betont werden (vgl. VWD 2004: LIV): _Anis_ vs. _Anis_, _Papagei_ vs. _Papagei_, _Radar_ vs. _Radar_. Ebenso in Österreich: _Demeter_, _Hornisse_, _Kolik_, _Kolleg_, _Labor_, _Muskat_, _Oboe_ (Ebner 2009: 470). Ebenso in der Schweiz: _Apostroph_, _Büro_, _Marzipan_, _Muskat_ (vgl. Meyer 2006: passim).

c) **Buchstabierte Abkürzungen** werden in der Schweiz auf der ersten Silbe (z. B. _ETH_, _NZZ_, _SBB_[13]), sonst auf der letzten (_ÖBB_[14], _DB_) betont (vgl. VWD 2004: LIV).

Besonderheiten der Betonung in Österreich

d) Einige **(französische) Fremdwörter** werden auf der letzten (Stamm-)Silbe betont: _Fakir_, _Highlife_, _Kaffee_, _Kakadu_, _Kanu_, _Nugat_, _Pingpong_, _Platin_, _Pompadour_, _Rokoko_, _Sakko_, _Sellerie_, _Tabak_, _Tapir_, _Telefon_ u. a. (Ebner 2009: 469 ff.).

c) **Erstsilbenbetonung** bei einzelnen Wörtern mit den Präfixoiden _anti-_ und _makro-_ und dem Präfix _un-_: _Antialkoholiker_, _Makrokosmos_, _unbegreiflich_ (ebd.).

d) Das **Suffix -ie** wird in Österreich häufig zweisilbig realisiert, wobei die Wortbetonung auf der dadurch entstandenen drittletzten Silbe liegt: _Zeremoni-e_, _Kopi-e_ (ebd.).

Besonderheiten der Betonung in der Schweiz

e) **Nicht eingedeutschte Fremdwörter aus dem Französischen** werden schwebend betont, d. h. mit gleichstarkem Akzent auf allen Silben: _Buffet_, _Billet_, _Parfum_, _Perron_. Auch Erstsilbenbetonung ist in der Schweiz häufig festzustellen (vgl. VWD 2004: LIX).

f) **Betonung der zweiten Silbe**: _Algebra_, _Araber_, _Motor_, _Orient_, _Tibet_ u. a. (vgl. Meyer 2006: passim).

Einzelbeispiele

Ausgewählte Einzellexeme mit österreichischer Lautung

Billard [bɪˈjaːr] oder [bɪlˈjaːr], _Bonbon_ [bõˈbõː] oder [bõmˈboːn], _Chef_ [ʃeːf], _Ceylon_ [ˈtseilɔn], _Forsythie_ [fɔʀˈżiːtsiɛ], _Giraffe_ [żiˈrafɛ], _Guido_ [ˈguido], _Judo_ [ˈdżuːdɔ], _Orchester_ [ɔrˈçɛstɐ], _Shampoo_ [ʃamˈpoː] oder [ʃamˈpoːn] (vgl. Ebner 2009: 469, passim).

---

[13] ETH = Eidgenössische Technische Hochschule; NZZ = Neue Zürcher Zeitung; SBB = Schweizerische Bundesbahnen

[14] ÖBB = Österreichische Bundesbahnen; DB = Deutsche Bahn

Ausgewählte Einzellexeme mit Schweizer Standardlautung

Algier ['alɡiːʁ] oder ['alʒiːʁ], *jovial* [ʒovˈi̯aːl], *Komfort* [kɔmˈfoːʁ] oder [kɔmˈfoʁt], *Müesli* ['myə̯ʒli], *Orchester* [ɔʁˈçɛstəʁ] oder [oʁˈkɛstəʁ], *Pyjama* ['piʒama] oder [pyˈd̮ʒaːma], *Vanille* ['vanil] u. a. (vgl. Haas/Hove 2010: 272 ff.), *Maggi* ['mad̮ʒiː] (Ammon 1995: 257)

8.2   Orthographie

Die Beschlüsse der Rechtschreibreform von 1996/2006 wurden von Deutschland, Österreich und der Schweiz gemeinsam unterzeichnet, womit die Absicht bekundet wurde, in Angelegenheiten der Orthographie einen gemeinsamen Weg zu beschreiten. Daher stimmt die Rechtschreibung in den drei Vollzentren des Deutschen im Wesentlichen überein. Dennoch gibt es einige Unterschiede, die im Folgenden exemplarisch dargestellt werden.

Österreich

Die österreichische Rechtschreibung ist im *Österreichischen Wörterbuch* (ÖWB) kodifiziert. Es dient als Grundlage des Rechtschreibunterrichts in Schulen und regelt den schriftlichen Sprachgebrauch in Ämtern (vgl. dazu ausführlich Kap. 13). Die wenigen orthographischen Varianten des österreichischen Deutsch treten bei bestimmten Einzelwortschreibungen oder unterschiedlichen Präferenzen bei der Auswahl von möglichen Varianten der Fremdwortschreibung zu Tage.

Einzelwörter

Die meisten der folgenden Schreibungen sind im Wörterverzeichnis des amtlichen Regelwerks für Österreich zugelassen. In anderen Schriften vermerkte Schreibungen sind mit einer Quellenangabe versehen.

abendessen (auch: *zu Abend essen*, vgl. Duden [24]2006)
Buffet (statt *Büfett*)
Campanile (auch: *Kampanile*)
Casino (auch: *Kasino*)
Geschoß (Schreibung mit <ß> als Folge des Langvokals [oː]) (auch: *Geschoss*)
Koreferat (statt *Korreferat*)
koreferieren (statt *korreferieren*)
Kücken (statt *Küken*)
Maroni (auch *Marone*)
maschinschreiben (statt *Maschine schreiben*)
Maturant (in CH: *Maturand*)
mittagessen (auch: *zu Mittag essen*, vgl. Duden [24]2006)

nachhause (auch: *nach Hause*, vgl. Duden [24]2006)
ohneweiters (statt *ohne Weiteres/weiteres*)
Spass, Spässe (auch: *Spaß, Späße*)
Szepter (statt *Zepter*)
Tunell (auch: *Tunnel*)
Vademecum (auch: *Vademekum*)
zuhause (auch: *zu Hause*, vgl. Duden [24]2006)

Fremdwortschreibung

Italienische Schreibungen: *Kaprize* (statt *Kaprice, Caprice*), *Mocca* (auch: *Mokka*), *Polizze* (statt *Police*)

Ungarische Schreibung: *Gulyás* (auch: *Gulasch*)

Schweiz

Die Rechtschreibung ist in der Schweiz vor allem für die Schule sowie für Ämter und Behörden verbindlich geregelt. Für beide Bereiche gilt grundsätzlich das amtliche Regelwerk (Rechtschreibrat 2006), allerdings mit nationalen Ausnahmen.

Die wichtigste Besonderheit der Schweizer Rechtschreibung ist das Fehlen des Buchstabens <ß>, der durch <ss> ersetzt wird. Daher weichen Schreibungen des *s*-Lautes nach Langvokalen von der österreichischen und deutschen Orthographie ab. Bei der Schreibung *Busse* kann man unter diesen Umständen nur aus dem Kontext erschließen, ob der Plural von *Bus* gemeint ist oder ‚Bemühen um Wiedergutmachung; Geldstrafe'. In den amtlichen Regeln der deutschen Rechtschreibung wird darauf in § 25, E_2 mit einer *kann*-Regel hingewiesen:

> Steht der Buchstabe *ß* nicht zur Verfügung, so schreibt man *ss*. In der Schweiz kann man immer *ss* schreiben. Beispiel: *Straße – Strasse*. (vgl. Schweizer Wahrig 2006: 38; Duden [24]2006: 1170)

Diese *kann*-Regel führt dazu, dass manche Schweizer Verlage (z. B. Diogenes) doch das *ß* verwenden. Vermutlich erhofft man sich durch diese orthographische Anpassung höhere Verkaufszahlen im benachbarten Deutschland.

Darüber hinaus gibt es in der Schweiz unterschiedliche Präferenzen bei den zulässigen Schreibungen von Einzelwörtern und Fremdwörtern (v. a. aus dem Italienischen und Französischen):

Einzelwörter

Die folgenden Schreibungen sind in der Wortliste des offiziellen Regelwerks als
für die Schweiz zulässig markiert (vgl. VWD 2004: LXI):

> *Bretzel* (auch: *Brezel*)
> *Marroni* (in A: *Maroni*)
> *Maturand* (in A: *Maturant*)
> *Müesli* (in A und D: *Müsli*)
> *nachhause* (auch: *nach Hause*)
> *Trassee* (auch: *Trasse*)
> *Usanz* (auch: *Usance*)
> *Ziger* (in A: *Zieger*)
> *zuhause* (auch: *zu Hause*)

Fremdwortschreibung

Die Schweiz tendiert stärker als andere Zentren zur Originalschreibung von französischen Fremdwörtern, wobei eingedeutschte Schreibungen auch korrekt, aber
weniger gebräuchlich sind (vgl. VWD 2004: LXII; Meyer 2006: 32):

> *Biscuit* (auch: *Biskuit*)
> *Caramel* (auch: *Karamell*)
> *Carrosserie* (auch: *Karosserie*)
> *Cognac* (seltener: *Kognak*)
> *Communiqué* (auch: *Kommuniqué, Kommunikee*)
> *Couvert* (auch: *Kuvert*)
> *Décolleté* (auch: *Dekolletee, Dekolleté*)
> *Manicure* (auch: *Maniküre*)
> *Négligé* (auch: *Negligee*)
> *Purée* (auch: *Püree*)
> *Résumé* (auch: *Resümee*)
> u. a.

Für den Bereich der Schule ist die *Schweizerische Konferenz der Kantonalen
Erziehungsdirektoren* (EDK) weisungsberechtigt. Sie setzte die Regelungen der
Rechtschreibreform unter Berücksichtigung der Schweizer Besonderheiten zum
1. August 2006 für die Schule in Kraft. Anders als in den anderen deutschsprachigen Staaten galt eine Übergangsfrist für die 2006 überarbeiteten Änderungen bis
zum 31.7.2009 (vgl. Schweizer Wahrig 2006: 27). 2006 veröffentlichte die EDK
eine *Handreichung für Lehrpersonen*, in der die Regelungen der neuen Rechtschreibung schulgerecht aufgearbeitet sind. Sie richtet sich an Lehrer der Primar-
und Sekundarstufe I. In Anlehnung an diese Publikation wurde der von der Inter-
kantonalen Lehrmittelzentrale herausgegebene *Schweizer Schülerduden* (2009)
überarbeitet. Die Handreichung empfiehlt ausdrücklich die Verwendung dieses

Wörterbuchs als Nachschlagewerk in Schweizer Schulen (vgl. EDK-Handreichung 2006: 6).

In öffentlichen Ämtern und Behörden unterliegt die Rechtschreibung der *Schweizerischen Bundeskanzlei* (Zentrale Sprachdienste, Sektion Deutsch). Auch sie formulierte einen *Leitfaden zur deutschen Rechtschreibung* (³2008), der den Schreibenden die Neuerungen der Rechtschreibung näherbringen soll. Sie ist jedoch nicht für alle Behörden gleichermaßen verbindlich:

> Für Schreiberinnen und Schreiber innerhalb der Bundesverwaltung ist der Leitfaden allerdings mehr als Orientierung: Für sie stellt er die verbindliche «Hausorthografie» der Bundesverwaltung dar. Darüber hinaus empfehlen wir den öffentlichen Verwaltungen der Kantone und Gemeinden, sich an diesen Leitfaden zu halten. (Leitfaden Bundeskanzlei 2008: 7)

Vereinzelt weicht der Leitfaden vom amtlichen Regelwerk ab, so z. B. bei der *ss*-Schreibung: Der Buchstabe *ß* „wurde in der Schweiz seit den 1930er-Jahren langsam verdrängt und wird seit den 1970er-Jahren nicht mehr geschrieben (man schreibt stattdessen Doppel-s: *ss*)" (ebd.: 11). Hier wird die *kann*-Regel also zur *muss*-Regel. Außerdem wird die Auswahl von Schreibvarianten eingeschränkt:

> Wo das Regelwerk Variantenschreibungen zulässt […], entscheidet sich der vorliegende Leitfaden manchmal für die eine und gegen die andere Variante; er «priorisiert» also gewisse Varianten. (Leitfaden Bundeskanzlei 2008: 10)

Diese Festlegung auf eine Schreibweise wird im Regelteil des Leitfadens sehr deutlich durch hellgrüne Hinterlegung und die Formulierung „wir schreiben" hervorgehoben. Hinsichtlich der Reduzierung von orthographischen Varianten bei Fremdwörtern aus dem Französischen und Italienischen wird erklärend hinzugefügt, dass aus Rücksicht auf die anderssprachigen Landesteile diejenigen Schreibungen bevorzugt werden, die der Originalsprache näher stehen, und nur diese sollen in der Schule unterrichtet werden (vgl. ebd.: 10 f., 16).

Schließlich seien noch die sogenannten **Hausorthographien** von verschiedenen Schweizer Zeitungen erwähnt. Da das amtliche Regelwerk nur für Schulen und Behörden verbindlich ist, können Zeitungsverlage ihre eigene Rechtschreibung festlegen. Dies gilt übrigens nicht nur für die Schweiz, sondern auch für Deutschland und Österreich. Der überwiegende Teil der Deutschschweizer Medien (z. B. *Aargauer Zeitung, Neue Zürcher Zeitung, Tages-Anzeiger*) arbeitet nach einer eigenen Hausrechtschreibung (Zacheo 2006: 195 f.). Diese Hausorthographien konzentrieren sich vor allem auf die verbindliche Auswahl von Schreibvarianten, etwa beim Zusammentreffen von drei gleichen Buchstaben, bei der Fremdwortschreibung, der Umlaut-Schreibung (*e* vs. *ä*), der Groß- und Kleinschreibung und bei diversen Einzelfällen. Die NZZ konzipierte bereits 1971 einen Leitfaden für sprachliche Zweifelsfälle (*Vademecum*), der zunächst für den internen Gebrauch entwickelt, laufend aktualisiert und inzwischen auch publiziert wurde. In der neuesten Auflage berücksichtigt er die Beschlüsse der Rechtschreibreform von

2006, setzt aber eindeutige Regeln, wo das Regelwerk unpräzise oder mehrdeutig ist.

Zacheo (2006: 208) kommt zu dem Schluss, dass bei den von ihr untersuchten Hausorthographien der oben genannten Zeitungen und der Schweizerischen Depeschenagentur „in vielen Bereichen keine Einheitlichkeit besteht".

Deutschland

Die Regelung der deutschen Rechtschreibung ging ursprünglich von Deutschland aus. Die Orthographie war bis zum Ende des 19. Jahrhunderts nicht einheitlich festgelegt, und für den Zeitraum bis 1871 gab es keine Geschichte der *Rechtschreibung*, sondern allenfalls eine Geschichte der Schreibung oder der „Normfindung" (Scheuringer 1996: 55). Erst nach der Gründung des Deutschen Reiches fanden erste Bemühungen zur Vereinheitlichung der Schreibung statt. Dabei gab es durchaus schon Rechtschreibnormen, die sogar in Wörterbüchern kodifiziert waren. Hier ist vor allem die *Vollständige Anweisung zur deutschen Orthographie* von Johann Christoph Adelung zu nennen, die 1788 in vier Bänden erschien. Viele namhafte Schriftsteller orientierten sich an diesem renommierten Wörterbuch, aber es war unverbindlich und führte daher nicht zu einer einheitlichen Handhabung der deutschen Rechtschreibung. Verlage stellten individuelle Hausorthographien auf, Schulen lehrten selbst zusammengestellte Rechtschreibregeln und Privatpersonen konnten nach eigenem Ermessen schreiben. Diese Situation wurde von vielen kritisch gesehen und Konrad Duden klagte: „Nicht zwei Lehrer derselben Schule (und nicht zwei Korrektoren derselben Offizin) waren in allen Stücken über die Rechtschreibung einig, und eine Autorität, die man hätte anrufen können, gab es nicht" (Konrad Duden, zitiert nach Scheuringer 1996: 73). Die Ursache für dieses Rechtschreibchaos ist sicherlich im fehlenden Nationalstaat zu sehen. Um diesem Dilemma entgegenzuwirken, fanden 1876 und 1901 zwei orthographische Konferenzen statt, die Vorschläge zur Vereinheitlichung der Rechtschreibung unterbreiten sollten. Die so entstandene Deutsche Einheitsorthographie wurde relativ schnell im Deutschen Reich, in Österreich und der Schweiz verbreitet und durch Konrad Duden in seinem Rechtschreibwörterbuch festgehalten. Zur Geschichte des Rechtschreib-Dudens und seiner Monopolstellung bis zur Rechtschreibreform siehe Kap. 10.1.3.

Heute sind in Deutschland die einzelnen Bundesländer für „Kultus"-Angelegenheiten (Bildung, Kultur etc.) zuständig, nur Belange von überregionalem Interesse werden auf Bundesebene von der Ständigen Konferenz der Kultusminister der Länder in der Bundesrepublik Deutschland (kurz: KMK) behandelt. Damit fällt die Rechtschreibung in ihre Zuständigkeit. 1996 unterzeichneten Vertreter der KMK gemeinsam mit politischen Vertretern anderer deutschsprachiger Staaten (darunter Österreich und die Schweiz) die *Gemeinsame Erklärung zur Neuregelung der deutschen Rechtschreibung*. Diese **Rechtschreibreform** löste kontroverse Diskussionen und viel Kritik aus. Daher wurde im Jahr 2004 der Rat für deutsche

Rechtschreibung gegründet, der insbesondere die strittigen Fälle durch „Empfehlungen zur Modifikation des amtlichen Regelwerks" abbauen und damit die Reform zum Abschluss bringen sollte. Er hat seinen Sitz am Institut für deutsche Sprache in Mannheim und umfasst 40 Mitglieder aus sechs deutschsprachigen Ländern: Deutschland, Österreich, Schweiz, Liechtenstein, Italien (Bozen-Südtirol) und Belgien. Weitere Aufgabenbereiche des Rates sind die „Bewahrung der Einheitlichkeit der Rechtschreibung im deutschen Sprachraum", die „Beobachtung der Entwicklung der Schreibpraxis" sowie die „Weiterentwicklung des orthographischen Regelwerks im notwendigen Umfang" (vgl. Rat für deutsche Rechtschreibung, Homepage, eingesehen am 19.5.2014).

Die Suche nach **Rechtschreib-Teutonismen** ist sehr mühsam, um nicht zu sagen erfolglos, denn das Wörterverzeichnis des offiziellen Regelwerkes enthält keine Hinweise auf besondere, für Deutschland spezifische Schreibungen. Orthographische Varianten Österreichs und der Schweiz werden mit den Zusätzen *österr.* bzw. *schweiz.* markiert (vgl. die oben angeführten Listen), aber es gibt keine Markierung wie etwa *deutsch* für orthographische Teutonismen. Auch Hinweise auf nord-, süd- oder ostdeutsche Schreibungen sucht man vergeblich. Daher ist anzunehmen, dass es entweder keine Rechtschreib-Teutonismen gibt oder ihre Existenz den Autoren des amtlichen Verzeichnisses nicht bewusst ist (vgl. dazu das Problem der Darstellung von Teutonismen in Wörterbüchern in Kap. 13). Selbst im *Variantenwörterbuch des Deutschen* sind nur spärliche Hinweise auf Rechtschreib-Teutonismen zu finden. Sie betreffen nur wenige Schreibungen von Fremdwörtern, die in Deutschland stärker eingedeutscht werden als in den anderen Zentren: *Brokkoli* (in A CH Broccoli), *Spagetti* (auch *Spaghetti*), *Getto* (auch *Ghetto*) (VWD: LXII).

8.3 Morphosyntax

Nationale Varianten der Grammatik bzw. Morphosyntax wurden bisher deutlich weniger erforscht als lexikalische Varianten. Während zur Beschreibung der Wortschatzunterschiede bereits 2004 das *Variantenwörterbuch des Deutschen* (VWD) erschien, ist eine *Variantengrammatik des Standarddeutschen* noch in Bearbeitung. In einem grenzüberschreitenden Projekt nehmen Sprachwissenschaftler aus Deutschland, Österreich und der Schweiz nationale und regionale Unterschiede der Grammatik unter die Lupe (vgl. VGS online). Bis zum Erscheinen des Handbuchs ist die Dokumentation und Analyse der grammatischen Standardvariation mühsam. Dennoch versucht der folgende Abschnitt, wenigstens einen groben Überblick über einige Besonderheiten zu geben.

Österreich

Grammatische Besonderheiten des österreichischen Deutsch gibt es bei Verben, Substantiven und Präpositionen.

In erster Linie fallen die **Verben der Körperhaltung** auf, deren Perfekt und Plusquamperfekt mit dem Hilfsverb *sein* gebildet werden: *ich bin gesessen, er ist gestanden, wir waren gelegen* usw. Ebenso bei *kauern, hocken, schweben, knien, baumeln, lungern* und bei Zusammensetzungen mit diesen Verben, beispielsweise *daliegen, beistehen, vorliegen* (vgl. Ebner 2008: 45). Dieser Gebrauch des Hilfsverbs ist auch in Süddeutschland und der Schweiz standardsprachlich.

Rektionsunterschiede im österreichischen Deutsch sind selten. Das Verb *vergessen* im Sinnzusammenhang ‚vergessen etw. zu tun' wird mit der Präposition *auf* kombiniert und durch ein Substantiv ergänzt: *Ich habe auf den Anruf vergessen* (= ‚Ich habe vergessen anzurufen'). In anderen Bedeutungszusammenhängen gilt dies nicht: *Ich habe ihren Geburtstag vergessen* (vgl. Ebner [4]2009: 471). Das Verb *präsidieren* wird gewöhnlich mit einer Akkusativ-Ergänzung versehen: *Er präsidiert die Sitzung.* Letzteres gilt auch für die Schweiz (vgl. VWD 2004: LXXIII).

Einige Substantive haben im österreichischen Deutsch ein anderes **Genus** als in den benachbarten nationalen Varietäten: *das (Coca-)Cola, die Dress, das* (formell auch *die) E-Mail, das Puder, der Radler* (Getränk), *der Samba, das SMS, die Schneid, die Spachtel, das Vokabel, das Zinnober* u. a. Manche Substantive bilden spezifisch österreichische Pluralformen: *Krägen, Zäpfen, Pölster* (‚Kissen'), *Wägen, Risken* (auch *Risiken*).

Präpositionen werden zum Teil anders verwendet als in Deutschland und der Schweiz (vgl.: Ebner 2008: 45 f.):

am (‚auf dem'): *am falschen Fuß erwischen, am Friedhof, am Kalender, am Prüfstand, am rechten Auge.* Nicht zulässig ist die Verwendung als Richtungsangabe: **Ich lege das Buch am Tisch.*

über (‚auf'): *über Antrag, über Bitten, über Einladung, über Wunsch*

um (‚für' bei Preisangaben): *etw. um 1 Euro kaufen/verkaufen, um diesen Lohn arbeiten*

um (gibt den Grund/Zweck, die Absicht einer Handlung an): *jmdn. um Milch schicken*

Schweiz

Helvetismen im Bereich der Grammatik im engeren Sinne gibt es bei der Flexion, der Wortsyntax und beim Satzbauplan (vgl. Dürscheid/Hefti 2006: 131).

Das Perfekt und Plusquamperfekt bei **Verben der Körperhaltung** (z. B. *sitzen, stehen, liegen*) wird in der Schweiz (ebenso in Österreich und Süddeutschland) mit dem Hilfsverb *sein* gebildet: *ich bin gestanden, er ist gelegen, wir waren gesessen* usw. Dies gilt auch für die Verben *baumeln, hängen* (intransitiv), *hocken, knien, schweben* u. a. (vgl. VWD 2004: LXXII).

Einige Verben weisen eine abweichende **Rektion** auf. Wie in Österreich fordert das Verb *präsidieren* eine Akkusativ-Ergänzung (*Er präsidiert die Sitzung*). Das Verb *rufen* wird häufig mit einer Dativ-Ergänzung versehen (*Sie ruft ihm*) (vgl. VWD 2004: LXXIII). Ebenso *abpassen, anläuten, anrufen* (vgl. Dürscheid/Hefti 2006: 137 f.). Reflexive Verben werden gelegentlich nicht-reflexiv verwendet (*Die Regierung hat eine Revision vorbehalten*). Auch der umgekehrte Fall ist möglich (*... wie wir es uns gewohnt sind*).

Manche Substantive haben in der Schweiz ein anderes **Genus** als in den übrigen nationalen Varietäten: *das Bikini, die/das (Coca) Cola, der/die Couch, der/das Dessert, die/das Foto, das Gaudi, der/das Gerümpel, das/der Kader, der/das Kamin, der Karacho, das/der Kies, das/die Mami, der Match, das Puff* (‚Bordell‘), *der Pulver* (‚Geld‘), *der/das Pyjama, das Ralley, der Rumba, der Samba, der/die Salami, das SMS, das Tea-Room, das Tram* (vgl. VWD 2004: LXIII ff.).

Als **Plural** von *Park* ist im Schweizerhochdeutschen neben *Parks* (gemeindt.) auch *Pärke* möglich, bei *Kragen* und *Zapfen* sind ebenfalls zwei Pluralformen standardsprachlich: *Krägen/Kragen, Zäpfen/Zapfen* (vgl. VWD 2004: LXXII). Der Plural von *Spargel* lautet *Spargeln*. Fremdwörter auf *-ment* bilden die Pluralform mit *-e: Departemente, Reglemente* (vgl. Dürscheid/Hefti 2006: 133). Weitere Angaben zu Schweizer Flexionsformen und Wortsyntax sind Meyer (2006: 33 ff.) zu entnehmen.

Rein **syntaktische Varianten** sind deutlich schwieriger festzustellen, da sie nicht so offensichtlich sind wie beispielsweise abweichende Pluralformen. Dürscheid/Hefti (2006: 131, 140 ff.) nennen in diesem Zusammenhang drei Phänomene: Die Besetzung des Vorfeldes mit dem Adverb *bereits* (*Bereits liegt in den Alpen Schnee*), die Reduktion des *dass*-Satzes auf einen V1-Satz (*Gut, gibt's Karton*) und die Ellipse des Platzhalters *es* im Vorfeld (*Kommt dazu, dass ...*). Die Autorinnen weisen abschließend darauf hin, dass es sich bei diesen syntaktischen Besonderheiten um Frequenzhelvetismen handelt, also um Phänomene, die in der Schweiz deutlich häufiger vorkommen als in den anderen Sprachzentren des Deutschen.

Deutschland

Grammatische Besonderheiten der deutschen Standardsprache betreffen das Genus von Substantiven und die Perfektbildung bestimmter Verben.

Einige **Substantive** weisen ein abweichendes Genus auf: *der Ausschank* (,Schankraum'; in A: fem.), *der Bräu* D-südost (,Gasthaus, in dem Bier ausgeschenkt wird'; in A neutr.), *der Brösel* D-nordwest/mittel (in A, D-südost: neutr.), *das Bund* (,Bündel'; in A, CH: mask.); *die Frankfurter* D (ohne südost) (/eine dünne Wurst/; in A: neutr.); *das Gummi* D-nord/mittel (A, CH, D-süd: mask.); *der Halbe* D-nordwest/mittelwest (,halber Liter Bier oder Most'; in A (ohne west), D-süd: fem.); *der/das Joghurt* (neutr. in D selten; in A-ost: fem.; in A, CH: neutr.), *das/der Kosovo* (gemeindt.: mask.), *die Paprika* D (ohne südost) (/ein Gemüse/; in A, D-südost: mask.); *das Radler* D (ohne nordwest) (in A: mask.); *die Samba* (in A, CH: mask.), *die SMS* (in A, CH: neutr.), *das/der Spray* (gemeindt.: mask.) (vgl. VWD 2004: LXIII ff.).

Verben der Körperhaltung bilden die zusammengesetzten Perfekt- und Plusquamperfektformen in Nord- und Mitteldeutschland mit dem Hilfsverb *haben: ich habe gesessen, du hast gestanden, er hat gelegen.* Im restlichen deutschen Sprachgebiet verwendet man dazu das Hilfsverb *sein.*

Auch bei der **Verbrektion** gibt es einzelne Abweichungen von den anderen Standardvarietäten. *Präsidieren* verlangt in Deutschland eine Dativ-Ergänzung: *Sie präsidiert einer Versammlung* (vgl. VWD 2004: LXXIII). Das Verb *rufen* und Ableitungen davon treten in Deutschland (und Österreich) mit einer Akkusativ-Ergänzung auf: *Sie ruft ihn an.* In Süddeutschland (und der Schweiz) kann an dieser Stelle auch eine Dativ-Ergänzung stehen (vgl. VWD 2004: LXXIII).

8.4 Wortbildung

Die beiden wichtigsten Verfahren zur Erweiterung des deutschen Wortschatzes sind die **Komposition** (Zusammensetzung) und die **Derivation** (Ableitung). Unter Komposition versteht man die Verknüpfung zweier lexikalischer Morpheme zu einem neuen Wort (*Blaulicht*). Da auch komplexe Konstituenten miteinander verbunden werden können, entstehen nicht selten sehr lange Wörter (*Bundesausbildungsförderungsgesetz*). Häufig werden die beiden Konstituenten ohne weitere Elemente aneinander gereiht: *Hochhaus.* Gelegentlich wird die Grenze zwischen Bestimmungs- und Grundwort durch ein sogenanntes **Fugenelement** markiert: *Zeitung-s-leser.* Dabei handelt es sich um den Bestandteil, der über den Stamm der ersten Konstituente hinausgeht. Bei *Zeitungsleser* ist es das -s-. Das gleiche gilt für -e-, -er- und -en- in *Wartesaal, Kinderwagen* und *Mondenschein.* Da Fugenelemente keine Bedeutungsträger sind, können sie in den nationalen Varietäten variieren, ohne dabei die Bedeutung eines Kompositums zu verändern oder das Verständnis zu erschweren (*Börsegang* A vs. *Börsengang* CH D).

Bei der **Derivation** wird aus einem Grundmorphem (z. B. *Freund*) durch Anhängen eines Wortbildungsaffixes ein neues Wort abgeleitet (z. B. *freundlich*). Auch komplexe Morphemkombinationen können Ausgangspunkte für neue Ableitungen sein (z. B. *freundlich* → *unfreundlich* → *Unfreundlichkeit*). In den nationalen Varietäten gibt es zum Teil nationsspezifische Affixe (z. B. *-same* CH), zum Teil werden aus einem Repertoire funktionsgleicher Affixe (Allomorphe) unterschiedliche Varianten ausgewählt.

Österreich

Im österreichischen Deutsch wird das **Fugen-s** vor allem nach den velaren Konsonanten [g, k, x, ŋ] häufiger verwendet als in den anderen Zentren. Man findet es regelmäßig nach den Bestimmungswörtern *Abbruch* (*Abbruchsarbeit*), *Fabrik* (*Fabriksarbeit*), *Gelenk* (*Gelenksentzündung*), *Gepäck* (*Gepäcksnetz*), *Gesang* (*Gesangsbuch*) und *Zug* (*Zugsverkehr*)[15]. Weitere Komposita mit Fugen-*s* sind: *Hundshütte* und *Spitalsaufenthalt*. Bei folgenden Bestimmungswörtern wird das auslautende *-e* durch ein Fugen-*s* ersetzt: *Aufnahme* (*Aufnahmsprüfung*), *Übergabe* (*Übergabsprotokoll*), *Übernahme* (*Übernahmsangebot*).

Ohne Fugenelement erscheinen: *Abschreibposten, Tagblatt, Tragtasche*. Bildungen mit *Advent* als Bestimmungswort weisen grundsätzlich kein Fugen-s auf, z. B. *Adventkalender*. Folgende Bildungen enthalten gekürzte Bestimmungswörter: *Maschinschreiben, strapazfähig, Schattseite, Sonnseite*.

Im österreichischen Deutsch gibt es eine ganze Reihe von spezifischen **Affixoiden** (Halbpräfixe und Halbsuffixe). Darunter versteht man sprachliche Einheiten, die weder selbstständige Wörter noch Affixe sind. Sie sind zwar formidentisch mit einem frei vorkommenden Wort, aber nicht bedeutungsgleich. Infolge semantischer Differenzierung ist die Bedeutung im Vergleich zum formgleichen Lexem häufig verblasst. Nach Ebner (2008: 39 f.) sind insbesondere folgende Affixoide in Österreich produktiv und reihenbildend:

> *-diener* (‚Dienstleistender‘): *Grundwehrdiener, Zivildiener*
> *-kaiser* (‚mächtiger Politiker‘): *Bezirkskaiser, Dorfkaiser*
> *-werber* (‚Bewerber‘): *Asylwerber, Beitrittswerber*
> *-zuckerl* (‚Vergünstigung, Anreiz‘): *Lohnzuckerl, Wahlzuckerl*
> *Austro-* (‚österreichisch‘): *Austro-Krimi, Austrokatholizismus*
> *Wahl-* (‚Adoptiv-‘): *Wahlkind, Wahltante*

Ebenfalls reihenbildend ist das Grundwort **-fex** (*Bergfex, Sportfex*). Es zählt aber nicht zu den Affixoiden, da es im Vergleich zum frei vorkommenden Simplex *Fex* (‚Person, die von etw. begeistert ist‘) keine semantische Differenzierung aufweist.

---

[15]   Die Österreichische Bundesbahn (ÖBB) verwendet bei Komposita mit *Zug* als Bestimmungswort die Formen ohne Fugen-s (vgl. Ebner 2008: 38).

Das **Suffix -ier(en)** wird häufig zur Verbableitung herangezogen: *psychiatrieren* (‚psychiatrisch untersuchen'), *regressieren* (‚Regress einlegen') (Ebner 2008: 38).

Die Wortbildungsbestandteile **-färbig** und **-hältig** stehen unumgelauteten Varianten der anderen Zentren gegenüber: *vielfärbig, zweifärbig, koffeinhältig, stichhältig* (in CH, D: *vielfarbig, zweifarbig, koffeinhaltig, stichhaltig*).

In der österreichischen Umgangsvarietät dient das **Suffix -erl** zur Bildung von Diminutiven. Damit bezeichnet man Verkleinerungen (*Tascherl*) oder drückt emotionale Nähe aus (*Enkerl*). In der Standardvarietät kommen auch Lexeme auf *-erl* vor, die aber keine Diminutiva sind, da es keine Grundformen ohne dieses Suffix gibt: *Pickerl* (‚Aufkleber'), *Zuckerl* (‚Bonbon'), *Stockerl* (‚Hocker') (Ebner 2008: 38 f.).

Schweiz

Im Schweizerhochdeutschen wird bei verbalen Bestimmungswörtern häufig auf Fugenelemente verzichtet: *Badmeister, Badwanne, Badzimmer* (statt *Bademeister* usw.), *Klebband, Traggriff, Wartsaal, Zeigfinger* (vgl. VWD 2004: LXXII f.; Kellermeier-Rehbein 2005: 94).

Im Bereich der Derivation findet man vereinzelt vorkommende, spezifisch schweizerhochdeutsche Suffixe. Dazu gehören **-same**, das zum Teil durch *-schaft* ersetzt werden kann und zur Bildung von Kollektiva herangezogen wird: *Bauernsame* (‚Bauernschaft'), *Genossame* (‚Genossenschaft'), *Tranksame* (‚Getränk') (vgl. Kellermeier-Rehbein 2005: 82). Das **Suffix -et(e)** bildet Verbalabstrakta: *Antrinket* (‚Geschäftseröffnung durch einen neuen Wirt'), *Ausschiesset* (‚Schützenfest'), *Wimmet* (‚Weinlese'), *Züglete* (‚Umzug') (Kellermeier-Rehbein 2005: 206). Nach Meyer (2006: 43) bezeichnen diese Wortbildungen Aktionen, Naturereignisse, kollektive Arbeiten oder Bräuche bzw. das Resultat von Aktionen (*Blühet, Heuet, Leset, Metzgete* (‚Schlachtplatte'), *Putzete* (‚Hausputz').

Das **Suffix -el(n)** kann deadjektivische und desubstantivische Verben in der Bedeutung ‚nach etw. riechen' ableiten: *feuchteln, fischeln, menscheln*. Zur Verbbildung wird gelegentlich das **Suffix -ier(en)** herangezogen, während es bei den entsprechenden Verben der anderen nationalen Varietäten fehlt: *grillieren, handicapieren, parkieren* (vgl. Meyer 2006: 41).

Ein Grenzfall des Standards ist das **Suffix -li**, mit dem Diminutiva gebildet werden: *Säckli* (‚kleiner Sack') (vgl. VWD 2004: LXXIII). Es gibt auch Bildungen, die nur der Form nach Diminutive sind und nicht durch das Syntagma ‚kleines/niedliches + Basissubstantiv' paraphrasiert werden können. Nach einer Bedeutungsverschiebung und Lexikalisierung besetzen sie eine eigene semantische Nische und sind nicht oder zumindest nicht ohne weiteres durch das Basiswort ersetzbar: *Rippli* (‚geräucherte Schweinerippe'), *Springerli* (/ein Weihnachtsgebäck/), *Stübli* (‚rustikal eingerichtetes Zimmer'), *Wienerli* (/eine Wurstsorte/) u. a. (Kellermeier-

Rehbein 2005: 86 f.). Ebenso: *Güggeli* (‚als Gericht zubereiteter, gebratener [junger] Hahn'), Knöpfli (‚Spätzle'), *Mistkratzerli* (‚als Gericht zubereitetes, gebratenes junges Huhn'), *Müesli* (‚Müsli'), *Töffli* (‚Moped, Mofa') (Meyer 2006: 42).

Die Bildung von **Verbalabstrakta ohne Suffix** ist zwar keine schweizerische Besonderheit, kommt dort aber häufiger vor als in anderen Zentren: *Untersuch, Verlad, Vorkehr*. Die entsprechenden gemeindeutschen Ausdrücke enden jeweils auf *-ung*: *Untersuchung, Verladung, Vorkehrung* (vgl. Kellermeier-Rehbein 2005: 83). Weitere Beispiele: *Ablad, Auflad, Beschrieb, Unterbruch, Rücksand, Verschrieb* (vgl. Meyer 2006: 44).

Deutschland

Besonderheiten der Wortbildung in Deutschland betreffen v. a. die Fugenelemente in Komposita und die Bildung von Diminutiva. Zur Gebrauch **Fugengestaltung** lassen sich keine Regeln aufstellen, die spezifisch für das deutsche Standarddeutsch wären. Stattdessen ist sie meist lexemabhängig. Aus diesem Grund werden im Folgenden Einzelfälle als Beispiele angeführt: In Nord- und Mitteldeutschland werden die Wörter *Rind* bzw. *Schwein* und *Braten* mit dem Fugenelement *-er-* verknüpft, im restlichen Sprachgebiet dagegen mit *-s-*: *Rinderbraten, Schweinebraten* (vgl. VWD 2004: LXXIII).

Das unumgelautete Wortbildungselement **-gradig** steht einer umgelauteten Variante in den anderen Zentren gegenüber: *hochgradig, vollgradig* (in A, CH: *hochgrädig, vollgrädig*).

Zur Bildung von **Diminutiva** verwendet man in Nord- und Mitteldeutschland die Suffixe *-chen* oder seltener *-lein*: *Vögelchen, Vöglein*. In der Regel bewirken sie die Umlautung des Stammvokals. In Südostdeutschland kommt auch das Suffix *-erl* oder *-(e)l* (*Vogerl*) vor. In Südwestdeutschland werden Diminutiva auch mit *-le* gebildet (*Vögle*) (vgl. VWD 2004: LXXIII).

Zusammenfassung

Entgegen der weit verbreiteten Vorstellung, dass die Grammatik der deutschen Sprache streng geregelt und einheitlich sei, gibt es im Bereich der Lautung, Orthographie, Morphosyntax und Wortbildung standardsprachliche Variation. Neben den lexikalischen Varianten sind die Varianten der Lautung besonders auffällig. Anhand der Aussprache können Sprecher einer deutschsprachigen Nation zugeordnet werden, ohne dass ein expliziter Hinweis auf ihre Herkunft nötig ist. Die Variation betrifft sowohl Vokale und Konsonanten als auch die Wortbetonung. Nationale Rechtschreibvarianten kommen eher selten vor. Bemerkenswert ist das Fehlen des Buchstabens <ß> in der Schweizer Orthographie. Am wenigsten ausgeprägt ist die Variation in den Bereichen Morphosyntax und Wortbildung. Hier sind vor allem unterschiedliche Genera bei Substantiven und unterschiedliche Fugengestaltungen bei Komposita zu nennen.

Weiterführende Literatur: Bürkle, Michael (1995): Zur Aussprache des österreichischen Standarddeutsch. Die unbetonten Silben. Frankfurt am Main. **Kellermeier-Rehbein, Birte (2005):** Areale Wortbildungsvarianten des Standarddeutschen. Frankfurt am Main. **Krech, Eva-Maria/Stock, Eberhard/Hirschfeld, Ursula/Anders, Lutz Christian ([1]2009, 2010):** Deutsches Aussprachewörterbuch. Berlin/New York. **Takahashi, Hideaki (1996):** Die richtige Aussprache des Deutschen in Deutschland, Österreich und der Schweiz nach Maßgabe der kodifizierten Normen. Frankfurt am Main.

🖉 Aufgaben

1. Transkribieren Sie mit Hilfe der IPA-Zeichen folgende Wörter nach der deutschen, österreichischen und schweizerischen Standardlautung:

   a) *Chemo*

   b) *sonnig*

   c) *Blatt*

   d) *Papagei*

   e) *erobern*

   f) *Kaffee*

Standardvariation

gestern und heute

9 Standardvariation innerhalb der deutschsprachigen Staaten

Wer die Darstellung der lexikalischen und grammatischen Varianten (Kap. 7, 8) sowie das Kapitel zur Variantentypologie (Kap. 4) aufmerksam gelesen hat, wird festgestellt haben, dass nationale Varianten ganz unterschiedliche nationale und regionale Geltungsbereiche aufweisen können. Bei manchen Nationalvarianten kongruiert das Verbreitungsgebiet genau mit dem entsprechenden Staatsgebiet (z. B. *Abitur* D, *Autocar* CH, *Marille* A). In Kap. 4 wurden solche Fälle als spezifische Varianten der Gesamtregion bezeichnet. Sie stellen quasi eine Art „Idealtyp" der nationalen Varianten dar, nicht nur weil sie geographisch und national eindeutig zugeordnet werden können und bedeutende (Identitäts-)Merkmale der betreffenden nationalen Varietät bzw. ihrer Sprecher sind, sondern auch weil sie in besonderem Maße zur Spezifik und Eigenständigkeit der nationalen Varietäten beitragen (vgl. Ammon 1995: 113).

Zentrum 1	Zentrum 2	Zentrum 3
Variante a	Variante b	Variante c

Tab. 5: Idealtypische Verteilung von nationalen Varianten

Entsprächen alle nationalen Varianten diesem Modell, wäre die standardsprachliche Variation im deutschsprachigen Raum sehr übersichtlich. Allerdings ist die sprachliche Realität komplizierter, denn viele Varianten weichen von diesem idealtypischen Modell ab, da ihr Geltungsgebiet größer oder kleiner als das jeweilige Staatsgebiet ist. Von den spezifischen Varianten der Gesamtregion (vgl. Tab. 5) sind einerseits Varianten einer Teilregion zu unterscheiden, die nur in einem Teil eines Sprachzentrums standardsprachlich sind, während im übrigen Gebiet des Zentrums eine andere Variante b oder eine gemeindeutsche sprachliche Einheit gilt (z. B. *Feudel* D-nord, *Paradeiser* A (ohne west), *Trinkhalle* D-nord/mittelwest) (vgl. Tab. 6):

Zentrum 1	
Variante a	Variante b
Variante a / gmd.	gmd.

Tab. 6: Spezifische Variante einer Teilregion in der sprachlichen Wirklichkeit

Andererseits sind unspezifische Varianten abzugrenzen, deren Geltungsbereich mehr als ein Sprachzentrum umfasst. Davon können mehrere Gesamtgebiete betroffen sein (z. B. *Januar* CH D, *Matura* A CH, *Tretboot* A D) oder ein Gesamt-

und ein oder mehrere Teilgebiete von weiteren Zentren (z. B. *Metzger* A-west CH D-mittelwest/süd, *Topfen* A D-südost, *Trottoir* CH D-süd) (vgl. Tab. 7).

Zentrum 1	Zentrum 2	Zentrum 3
Variante a		Variante b
Variante a		Variante b

Tab. 7: Unspezifische Varianten in der sprachlichen Wirklichkeit

Erschwerend kommt noch hinzu, dass eine Variante in einem Gesamtgebiet eines Zentrums standardsprachlich, aber in einem benachbarten Teilgebiet eines anderen Zentrums nonstandardsprachlich sein kann. Als Beispiel wird hier zuweilen das Wort *Feber* („Februar') angeführt (Clyne 2000: 2011), welches in Österreich standardsprachlich ist und in namhaften Zeitungen ohne jede Einschränkung verwendet werden kann, während es im benachbarten Deutschland als dialektal bairisch bzw. schwäbisch gilt und aufgrund des Dialektstatus in vergleichbaren Publikationen unangemessen wäre. Dieser Umstand führt häufig dazu, dass die Nationalvarietäten Österreichs und der Schweiz mit Dialekten verwechselt werden (vgl. Kap. 2.3). Die auch als **Binnenvariation** bezeichnete Variation der Standardvarietäten innerhalb der Vollzentren des Deutschen ist Gegenstand der folgenden Abschnitte.

9.1   Österreich

Die oben dargestellten Verbreitungsmöglichkeiten von nationalen Varianten gelten selbstredend auch für Austriazismen. Manche sind in ganz Österreich standardsprachlich und ihr Geltungsbereich ist durch die Staatsgrenze abgesteckt (z. B. *Karfiol* A ‚Blumenkohl'). Andere gehören nur in einem Teilgebiet Österreichs zum Standard (z. B. *Fisole* A (ohne west) ‚grüne Bohne') und wieder andere gelten über das österreichische Staatsgebiet hinaus auch in Nachbarstaaten (z. B. *Matura* A CH, *Eisbecher* A D) oder in Teilen von angrenzenden Staaten wie Südtirol, Bayern oder ganz Süddeutschland (z. B. *Erdapfel* A D-so). Ferner gibt es Austriazismen, die in Österreich, der Schweiz und Süddeutschland gültig sind (z. B. *Bärendreck* A CH D-süd ‚Lakritz'). Der österreichische Wortschatz variiert also regional großräumig und ist zudem nicht auf Österreich beschränkt.

Wiesinger (1988: 25 f.) gliedert den österreichischen Wortschatz anhand der räumlichen Verbreitung der Lexeme in fünf Gruppen. Ihm zufolge ist der **süddeutsche Wortschatz** in Österreich und im süddeutschen Raum gebräuchlich (die Schweiz bleibt hier unerwähnt) und bildet einen Kontrast zu nord- und mitteldeutschen Wörtern (z. B. *Bub* vs. *Junge*; *heuer* vs. *dieses Jahr*). **Bairisch-österreichische Lexeme** (*Brösel* ‚Paniermehl', *Kren* ‚Meerrettich') basieren auf gemeinsamen stammessprachlichen Grundlagen, da der germanische Stamm der Baiern (auch: *Bajuwaren*) in Altbayern sowie in großen Teilen des heutigen Österreichs und Südtirols siedelte. Die **gesamtösterreichischen Varianten** umfassen v. a. politische und administrative Termini (z. B. *Landeshauptmann* ,Ministerpräsident', *Matura*). **Ostösterreichische Wörter** stammen häufig aus dem Wienerischen (z. B. *Fleischhacker* ,Fleischer', *Bartwisch* ,Handfeger') und der sogenannte **regionale Wortschatz** umfasst Ausdrücke der verschiedenen österreichischen Landstriche (z. B. *Heurige* A-ost ,Schankstätte des neuen Weins', *Bestattnis* A-west (Vorarlberg) ,Begräbnis').

Betrachtet man die österreichische Standardvariation *innerhalb* der Staatsgrenzen, kristallisieren sich nach Wiesinger (1988) die in Abb. 26 dargestellten vier Regionen heraus:

Abb. 26: Österreichische Sprachgebiete (Quelle: VWD 2004: XXXIV)

1. Der **Osten** mit dem Zentrum Wien zeichnet sich insbesondere durch die sprachlichen Einflüsse der Hauptstadt aus. Typische ostösterreichische Lexeme sind *Ribisel* (,Johannisbeere'), *Bartwisch* (,Handfeger') oder *Greißler* (,Kaufmann'). Speziell wienerische Ausdrücke sind *Bassena* (,Waschbecken'), *Powidl* (,Pflaumenmus') oder *Koloniakübel* (,Mülltonne').

2. Die **Mitte** mit dem Zentrum Linz basiert auf ostösterreichischen Sprachmerkmalen, umfasst aber auch Gemeinsamkeiten mit Bayern. Mittelösterreichische Ausdrücke sind beispielsweise *Dult* („Jahrmarkt') oder *Zehrung* („Totenmahl').

3. Der **Südosten** mit Graz als Zentrum hat ebenfalls eine ostösterreichische Basis und überdies eigene regionale Besonderheiten wie beispielsweise *Docker* („einfältiger Mensch') oder *Plutzer* („Kürbis').

4. Der **Westen** mit dem Zentrum Innsbruck weist deutliche Unterschiede zum ostösterreichischen Standard auf: *aufhausen* („Pleite gehen'), *Fasnacht* („Fasching, Karneval'), *Hauser* („Hauswart') oder *Zugeherin* („Haushaltshilfe') (vgl. Ebner 2008: 8 f.; Ebner 2009: 448). Das zum Westen gehörende Bundesland Vorarlberg ist ein sprachlicher Sonderfall in Österreich. Da es zum alemannischen Dialektraum gehört, verfügt es über eine Vielzahl an sprachlichen Besonderheiten, die im restlichen Österreich nicht standardsprachlich sind: *Ähne* („Großvater'), *Alp* („alpine Bergweide'), *Beiz* (in D: *Kneipe*), *Fasnatumzug, Kilbi* („Jahrmarkt') u. a. (vgl. Ebner 2009: 442 f.). Umgekehrt gelten etliche Austriazismen nicht in Vorarlberg (z. B. *Ribisel* A (ohne Vbg)). Aus diesem Grund könnte es als weiteres Sprachgebiet aufgefasst werden, obwohl es nicht als solches auf der Karte markiert ist.

9.2   Schweiz

Die Schweiz ist ein viersprachiger Staat mit geographisch abgegrenzten Sprachräumen (vgl. Kap. 2.3). Deutsch wird in den nördlichen, östlichen und zentralen Kantonen gesprochen, die in Abb. 27 weiß eingezeichnet sind.

Die Schweizer Standardvarietät (Schweizerhochdeutsch) ist weitgehend einheitlich. Es finden sich nur sehr wenige lexikalische Binnenvarianten im Bereich des politischen Wortschatzes. Der Helvetismus *Landamman* (in D: *Ministerpräsident*) gilt beispielsweise nur in einigen Kantonen der Ost- und Zentralschweiz, z. B. in Aargau und Glarus. Der Verwaltungsausdruck *Tagliste* (in A D: *Tagesordnung*) wird nur in der Ostschweiz verwendet, wo er gegen *Traktandenliste* oder *Geschäftsliste* austauschbar ist. Die Gesamtheit aller Angehörigen einer Gemeinde, die das Bürgerrecht besitzen, wird im Kanton Glarus (Ostschweiz) *Tagwen*, in der West- und Südschweiz *Burgergemeinde* [sic!], in der West- und Zentralschweiz *Ortsbürgergemeinde* und im Kanton St. Gallen *Ortsgemeinde* genannt.

Ferner haben einige wenige, zum Teil aus dem Dialekt entlehnte Wörter regionale Geltung: *Zältli* CH-ost und *Täfeli* CH-west/nord sind in ihren Regionen gegen *Bonbon* austauschbar. *Trambahn* ist in der Zentralschweiz, v. a. in Luzern, standardsprachliche Variante neben *Tram* (in A D: *Straßenbahn*) (vgl. VWD 2004: XLI).

Schweiz: Sprachgebiete

Deutsch
Französisch
Italienisch
Rätoromanisch

AG Aargau	GR Graubünden
AI Appenzell I.R.	JU Jura
AR Appenzell A.R.	LU Luzern
BE Bern	NE Neuenburg
BL Basel-Landschaft	NW Nidwalden
BS Basel-Stadt	OW Obwalden
FR Freiburg	SG St. Gallen
GE Genf	SH Schaffhausen
GL Glarus	SO Solothurn

SZ Schwyz
TG Thurgau
TI Tessin
UR Uri
VD Waadt
VS Wallis
ZG Zug
ZH Zürich

0   100 km

Kartographie: Harald Krähe

Abb. 27: Schweizer Sprachgebiete (Quelle: VWD 2004: XXXIX)

9.3   Deutschland

Ähnlich wie in Österreich ist auch die Standardvarietät innerhalb Deutschlands weit davon entfernt, im gesamten Staatsgebiet einheitlich zu sein. Dennoch gibt es einen wesentlichen Unterschied hinsichtlich der Binnenvariation in den beiden Nationen. Die deutsche Binnenvariation berührt zwei grundsätzlich verschiedene Dimensionen, was Clyne (1992: 140) als „dual nature of pluricentricity" bezeichnet: eine historisch gewachsene, auf dialektaler Grundlage beruhende Nord-Süd-Variation und eine jüngere, politisch bedingte Ost-West-Variation.

Die **Nord-Süd-Variation** ist Bestandteil der in diesem Buch beschriebenen Variation innerhalb Deutschlands, Österreichs und der Schweiz. Sie geht sowohl auf die dialektale Gliederung des deutschsprachigen Raums (vgl. Kap. 6.1) zurück als auch auf historische politische Entwicklungen wie die späte Zusammenfassung von deutschsprachigen (Klein-)Staaten im Deutschen Kaiserreich (1871) oder die Existenz der multikulturellen und vielsprachigen Donaumonarchie. So entwickelten sich – grob gesagt – ein norddeutscher und ein süddeutscher Standard, die in Lexik, Lautung und Grammatik differieren.

Problematisch ist in dieser Hinsicht die **sprachgeographische Abgrenzung** der norddeutschen Standardvarietät, da nicht eindeutig festgelegt werden kann, ob sich ihr Verbreitungsgebiet ausschließlich auf den nördlichen Teil Deutschlands beschränkt oder ebenso Mitteldeutschland umfasst. Die gleiche Unsicherheit besteht auch bei den norddeutschen Varianten: Einige gelten nur in Norddeutschland und bilden einen Gegensatz zu mittel- und süddeutschen, österreichischen und schweizerischen Varianten (z. B. *Feudel* D-nord ‚Bodenputztuch, Aufnehmer‘). Andere gelten darüber hinaus auch in Mitteldeutschland (z. B. *Sonnabend* ‚Tag vor Sonntag‘).

Rein norddeutsche Varianten (im engeren Sinne) sind beispielsweise: *Fehn/Fenn* (‚Moor‘), *Handeule* (in D (ohne so): *Handfeger*), *kieken* (‚blicken, sehen‘), *klönen/schnacken* (‚plaudern‘), *Kröger* (‚Gastwirt‘), *Krug* (‚einfaches Lokal‘), *Leuwagen* (‚Schubber‘), *Reet* (‚Schilfgras‘), *Wurzel* (‚Karotte‘). Süddeutsche Lexeme sind dagegen *abfieseln* (‚mühsam ablösen‘), *Bub* (‚männliches Kind‘), *das Eck* (die ‚Ecke‘), *Fuß* (‚Bein‘), *gelbe Rübe* (‚Karotte‘), *Gugelhupf* (in D-n/m: *Napfkuchen*), *Mesner* (‚Sakristan‘), *Ochsenauge* (‚Spiegelei‘), *Plausch* (‚Unterhaltung‘), *resch/rösch* (‚knusprig‘), *Zugeherin* (‚Raumpflegerin‘) u. a. Sie gelten nicht in Nord- und Mitteldeutschland, können über Süddeutschland hinaus aber auch in Österreich und/oder der Schweiz gebräuchlich sein.

Einige sprachliche Einheiten werden in einem der beiden Gebiete häufiger verwendet. Das Wort *Orange* ist zwar gemeindeutsch, wird aber im südlichen Teil Deutschlands viel öfter verwendet als das gleichbedeutende *Apfelsine*, das wiederum in Nord- und Mitteldeutschland frequenter ist.

Besonders auffällig ist die Nord-Süd-Variation bei den Begrüßungsformeln: *Grüß Gott* D-süd, *Guten Tag* D-nord/mittel, *Moin* (D-nord).

Unterschiede in Lautung und Grammatik wurden bereits in Kap. 8 dargestellt. Daher sei hier nur kurz an einige Phänomene erinnert: Das Perfekt der Verben *stehen, sitzen, liegen* (u. a. Verben der Körperhaltung) wird in Nord- und Mitteldeutschland mit dem Hilfsverb *haben* gebildet (*ich habe gesessen*), in Süddeutschland dagegen mit *sein* (*ich bin gesessen*). Der Glottisverschluss vor Vokal im Wort- und Silbenanlaut wird vor allem in Nord- und Mitteldeutschland realisiert, in Süddeutschland entfällt er in der Regel. Im Norden werden Lenisplosive und Lenisfrikative stimmhaft ausgesprochen, im Süden sind sie dagegen in der Regel stimmlos: [b̥, d̥, g̊, ɣ, ̥z̥, ̥ʒ̊]. Die geschriebene Wortendung <-ig> wird süddeutsch [ɪk] ausgesprochen, nord- und mitteldeutsch dagegen [ɪç]. Insgesamt weist der süddeutsche Standard viele Ähnlichkeiten mit dem österreichischen und schweizerischen Standarddeutsch auf.

In diesem Zusammenhang sei auf den **norddeutschen Gebrauchsstandard** hinge-wiesen (vgl. Kap. 4), zu dem beispielsweise die frikative Aussprache des ge-schriebenen <g> am Wortende als [ç] oder [x] statt [k] wie in *Weg, Tag* (vgl. Ammon 1995: 88) und die [f]-Aussprache des anlautenden *Pf-* in *Pferd, Pfanne* etc. gehören. Schmidlin (2011: 52) führt solche Fälle von „subsistenten Normen" (nicht-kodifizierten Sprachgepflogenheiten) auf Unzulänglichkeiten in den Kodi-zes zurück: „Nur gerade die Orthographie ist lückenlos durch kodifizierte Norm erfasst. Ansonsten haben Kodizes Lücken. Die Lücken werden durch subsistente, also nicht-kodifizierte Normen ersetzt." (Schmidlin 2011: 52) Die Verwendung solcher Sprachformen in Modelltexten führt dazu, dass auch andere Instanzen des sozialen Kräftefeldes einer Standardvarietät (vgl. Kap. 2.2) sowie die Bevölke-rungsmehrheit diese Sprachformen (als korrekt) akzeptieren. Damit gehen sie in den allgemeinen Sprachgebrauch über und rufen in der Regel weder Verbesserun-gen der Ausdrucksweise durch Sprachnormautoritäten noch eine Stigmatisierung der Sprecher hervor.

Der norddeutsche Gebrauchsstandard zeichnet sich dadurch aus, dass er auch außerhalb Norddeutschlands akzeptiert wird und sogar über ein gewisses Prestige verfügt, weil die Normen der deutschen Standardvarietät in vielen Fällen nord-deutsch orientiert sind (vgl. Clyne 2000: 2010). Dies hängt u. a. mit der Einfüh-rung der hochdeutschbasierten Schriftsprache im niederdeutschsprachigen Norden und der Verdrängung des Niederdeutschen, zunächst aus der Schriftlichkeit, später auch weitgehend aus dem mündlichen Bereich, zusammen (zum norddeutschen Sprachentausch vgl. Kap. 6.2). Die Schriftsprache wurde dabei weitgehend schriftnah ausgesprochen (z. B. [st...] statt [ʃt...] für die Anlaute in <Stein>), wodurch sich eine enge Beziehung zwischen Phonem und Graphem entwickelte (vgl. Schmidlin 2011: 48). Dieser „norddeutsche Aussprache-Usus wurde Grund-lage der Aussprachekodifizierung" (ebd.) und Grammatiker sowie Lexikographen, die vornehmlich aus dem niederdeutschen Raum stammten, beeinflussten die Orthophonie nachhaltig (z. B. Schottelius, Gottsched, Adelung, Siebs). Dies wirkt sich bis heute so aus, dass Sprecher aus den südlichen deutschen Sprachgebieten zum Teil eine Art sprachlichen „Minderwertigkeitskomplex" (Clyne 2000: 2010) gegenüber der deutschen Nationalvarietät empfinden und die Formen des nord-deutschen Gebrauchsstandards gelegentlich für „besser" oder „richtiger" als ihre eigenen Standardvarianten halten.

Problematisch ist die **Abgrenzung von Gebrauchsstandard und Nonstandard** („falsches Deutsch"). Welche Sprachformen sind noch akzeptabel und welche müssen als Normabweichung gelten (vgl. Kellermeier-Rehbein 2013)? Da es für die Zuweisung zum Normstatus außerhalb des kodifizierten Standards keine zu-verlässigen und einheitlichen Kriterien gibt, erfolgt sie in der Regel auf sehr sub-jektive Art nach dem „Sprachgefühl": Was ein toleranter Sprecher noch als Ge-brauchsstandard billigt, wird möglicherweise von einem konservativeren Sprecher als falsch bewertet. Doch vor diesem Bewertungsproblem stehen im Grunde nur deutsche Sprecher. Für Österreicher und Schweizer gehört beispielsweise die

[f]-Aussprache von <Pf...> nicht nur eindeutig und ohne jeden Zweifel zum Non-standard, sondern wirkt auf sie häufig sogar belustigend.

Die **Ost-West-Variation** ist Folge der rund 40-jährigen Teilung Deutschlands in zwei deutsche Staaten und umfasst bzw. umfasste sprachliche Unterschiede zwischen der Bundesrepublik Deutschland (BRD) und der (ehemaligen) Deutschen Demokratischen Republik (DDR). Da die Standardisierung der deutschen Sprache zum Zeitpunkt der Teilung bereits abgeschlossen war, erfolgte die weitere sprachliche Entwicklung von einem gemeinsamen linguistischen Startpunkt aus (vgl. Clyne 1995: 66, 73). In diesem Zusammenhang wurde kontrovers diskutiert, ob es vor 1989 überhaupt verschiedene Varietäten in Ost und West gegeben habe (vgl. Hellmann 2009; Kellermeier-Rehbein 2005: 16 ff.). Einerseits wurde die Meinung vertreten, dass sich die unterschiedlichen politischen, sozialen, wirtschaftlichen und kulturellen Ausrichtungen der beiden deutschen Staaten in der Sprache widerspiegelten und schlimmstenfalls sogar zu einer „Sprachspaltung" führen könnten. Andererseits wurde dagegen gehalten, dass die linguistischen Unterschiede eher gering seien und, wenn überhaupt, dann nur in der Lexik und Semantik, nicht aber in Syntax, Morphologie und Phonologie auszumachen seien (vgl. Clyne 1992: 120, 122; Clyne 1995: 67). Nach Hellmann (2009: 222 f.) lag der Schwerpunkt der Variation im Sprachgebrauch (*parole*) und nicht im Sprachsystem (*langue*). In den 1980er-Jahren entschärfte sich die Diskussion aufgrund zunehmender Kontakte zwischen Ost- und Westdeutschen, und es entstanden gemäßigtere Sichtweisen zwischen den Extrempositionen, die entweder eine Sprachspaltung oder nur minimale Variationen sahen. Schlosser (2004: 159) weist darauf hin, dass die lexikalische Variation zwischen Ost und West bereits damals als Folge der Entstehung von „zwei unterschiedlichen Kommunikationsgemeinschaften" erklärt wurde. Im Zuge der aufkommenden Plurizentrik-Debatte wurde die Existenz von zwei Varietäten in Ost und West dann weitgehend anerkannt (vgl. Clyne 1992: 120; Schmidt 2000: 2034). Für die Annahme, dass es sich bei den beiden deutschen Staaten um eigenständige Sprachzentren handelte, sprach übrigens auch die Tatsache, dass die DDR, genau wie die BRD, über einen vollständigen Binnenkodex verfügte, der aus Grammatiken und Wörterbüchern zu den Bereichen Rechtschreibung, Aussprache und Lexik bestand. Exemplarisch sei hier die Teilung des Dudenverlags in einen Ost- und einen West-Zweig (Sitz in Leipzig bzw. Mannheim) und die Existenz je eines eigenen Rechtschreib-Dudens genannt (vgl. Kap. 10.1.3). Der DDR-Kodex war übrigens sogar umfangreicher als der österreichische und der schweizerische.

Ammon (1995: 385 ff.) schlug den Terminus **staatliche Varietät** oder **Staatsvarietät** in Abgrenzung von *nationale Varietät* vor. Es sei inkonsequent und unangemessen, die sprachlichen Unterschiede als *nationale* Varietäten zu bezeichnen, da es sich bei BRD und DDR nicht um verschiedene Nationen handelte, sondern um zwei Teile einer Nation, die auf zwei verschiedene Staaten verteilt gewesen sei. Trotz der 40-jährigen Teilung ließ sich der Fortbestand der gemeinsamen Nation daran erkennen, dass die Bevölkerung der BRD dies immer wieder betonte und sich die DDR-Bürger 1990 bei der Wahl mehrheitlich für die nationale Einheit aussprachen.

Durch die Wiedervereinigung der beiden deutschen Staaten wurden viele **DDR-spezifische Varianten** überflüssig und gerieten außer Gebrauch. Dies gilt natürlich vor allem für diejenigen, die besonders eng mit der sozialistisch geprägten staatlichen Ideologie verknüpft waren und folglich mit der Auflösung der DDR obsolet wurden. Mit der sprachlichen Annäherung erübrigt sich aus heutiger Sicht die Diskussion über die Existenz von zwei verschiedenen Varietäten in Ost- und Westdeutschland. Aber welcher Art waren die Varianten, über die so lange diskutiert worden war? Wie bereits oben kurz erwähnt wurde, stammten sie vor allem aus den Bereichen der Lexik und Semantik. Außerdem waren sie insbesondere in bestimmten Domänen anzutreffen, v. a. im offiziellen Sprachgebrauch der staatlichen Bekanntmachungen, mit dem die jeweils eigene politisch-wirtschaftliche Weltanschauung thematisiert wurde, im politisch-administrativen Bereich sowie im Bildungs- und Medienwesen, z. B. *Kollektiv, Kosmonaut, Erweiterte Oberschule* (‚Gymnasium‘), *antifaschistischer Schutzwall* (alle D-ost); *Aktionär, Arbeitgeber, Astronaut, Gastarbeiter, Gesamtschule* (alle D-west). Bei der Bezeichnung von Dingen des alltäglichen Lebens waren Varianten eher selten anzutreffen (z. B. die ostdeutschen Ausdrücke *Broiler, Bulette, Datsche, Mostrich, Plaste, Elaste*). Allerdings haben gerade diese sich aufgrund ihrer ideologischen Neutralität bis heute erhalten, während die vor 1989 viel häufiger vorkommende Ost-Politterminologie weitgehend verschwunden ist: z. B. *Genosse, Namensweihe, Subbotnik, volkseigen, Wohnungskommission.*

Schlosser (2004: 166 f.) versucht, die lexikalisch-semantischen Varianten der deutschen Sprache in Ost- und Westdeutschland fünf Kategorien zuzuordnen: Als „Lexemspezifika" bezeichnet er partiell synonyme Varianten, die vergleichbare Dinge oder Sachverhalte bezeichnen, z. B. *Bundestag* D-west vs. *Volkskammer* D-ost. Als „Bezeichnungsspezifika" fasst er synonyme Varianten für identische Dinge oder Sachverhalte zusammen, z. B. *Fachraum* (in einer Schule) D-west vs. *Kabinett* D-ost. Semasiologische Varianten nennt Schlosser „Bedeutungsspezifika" und fügt das Beispiel *Akademiker* an. Dieses Wort bedeutete in Westdeutschland ‚akademisch gebildete Person‘, in Ostdeutschland dagegen ‚Mitglied einer Akademie‘. „Wertungsspezifika" sind synonyme Varianten mit unterschiedlichen Konnotationen, z. B. das im Westen abwertende Wort *Ostblock*, dem im Osten *sozialistische Staatengemeinschaft* als neutrale bis aufwertende Bezeichnung gegenüberstand. „Häufigkeitsspezifika" sind bei Schlosser gemeindeutsche Wörter, die in einem der beiden Staaten häufiger verwendet werden, z. B. *sozialistisch* in D-ost.

Es wäre jedoch zu grob und ungenau, das Sprachzentrum Deutschland nur in Nord/Süd bzw. Ost/West zu gliedern, zumal sich diese Regionen überscheiden. Im *Variantenwörterbuch des Deutschen* (VWD 2004) wurde Deutschland in insgesamt sechs sprachliche Großräume eingeteilt:

Abb. 28: Sprachgebiete Deutschlands (Quelle: VWD 2004: XLIII)

Zwischen diesen Regionen bestehen mehr oder weniger ausgeprägte Unterschiede in der Standardlexik, -lautung und -grammatik, was auf die zugrunde liegenden Dialekte zurückzuführen ist. Die Gebiete enthalten städtische Zentren, die für die umliegenden Regionen sprachlich von Bedeutung sind. Von Norden nach Süden ist das Gebiet folgendermaßen eingeteilt: Nordwestdeutschland (D-nordwest) mit den Städten Bremen, Hamburg und Hannover sowie Nordostdeutschland (D-nordost) mit Berlin und Rostock. Beide Regionen können zu D-nord zusammengefasst werden. Ferner Mittelwestdeutschland (D-mittelwest) mit Frankfurt, Köln und dem Ruhrgebiet sowie Mittelostdeutschland (D-mittelost) mit Dresden und Leipzig, die zusammen D-mittel ergeben, und schließlich Südwestdeutschland (D-südwest) mit Stuttgart und Südostdeutschland (D-südost) mit München, die gemeinsam D-süd ergeben. D-nordost und D-mittelost lassen sich zu D-ost zusammenfassen. Eine exakte Grenzziehung zwischen den Regionen ist nicht möglich, weil zwischen ihnen mehr oder weniger breite Übergangsgebiete bestehen. Um diesem Umstand Rechnung zu tragen, weist die Karte keine scharfen Grenzlinien, sondern relativ breite Grenzstreifen auf.

Zusammenfassung

Dass nationale Varianten in genau einem Gesamtgebiet eines Sprachzentrums gelten, ist eine idealisierte Vorstellung, die nicht immer der Realität entspricht. Oftmals umfasst das Geltungsgebiet einer Variante nur eine Teilregion oder aber mehr als eine Gesamtregion. Daher sind nationale Varietäten innerhalb eines Zentrums nicht vollständig homogen, sondern weisen Binnenvariation auf. Am geringsten ist die interne Differenzierung in der Deutschschweiz. Österreich gliedert sich in fünf Sprachgebiete, Deutschland in sechs. Die Binnenvariation der Bundesrepublik Deutschland stellt einen Sonderfall dar, weil sie auf zwei Dimensionen beruht: Zum einen geht sie auf dialektbedingte Einflüsse zurück, zum anderen spielten bis 1990 politische Faktoren eine Rolle, die auf die 40-jährige Teilung Deutschlands zurückzuführen sind.

Weiterführende Literatur: Clyne, Michael (1992b): German as a pluricentric language. In: Clyne, Michael (Ed.): Pluricentric Languages. Differing Norms in Different Nations. Berlin/New York, S. 117–147. **Clyne, Michael (1995):** The German Language in a changing Europe. Cambridge. **Ebner, Jakob (2008):** Österreichisches Deutsch. Eine Einführung. Mannheim/Leipzig/Wien/Zürich. **Hellmann, Manfred W. (2009):** Kontroversen um das „sprachliche Ost-West-Problem". Zum Spannungsfeld zwischen Politik, Wissenschaftsförderung und Sprachwissenschaft. Ein forschungshistorischer Rückblick. In: Deutsche Sprache 37, S. 206–234. **Oschlies, Wolf (1990):** „Vierzig zu Null im Klassenkampf?" Sprachliche Bilanz von 4 Jahrzehnten DDR. Mell. **Schlosser, Horst Dieter (2004):** Die deutsche Sprache in Ost- und Westdeutschland. In: Moraldo, Sandro M./Soffritti, Marcello (Hg.): Deutsch aktuell. Einführung in die Tendenzen der deutschen Gegenwartssprache. Rom, S. 159–168. **Schmidt, Hartmut (²2000):** Entwicklung und Formen des offiziellen Sprachgebrauchs der ehemaligen DDR. In: Besch, Werner/Betten, Anne/Reichmann, Oskar/Sonderegger, Stefan (Hg.): Sprachgeschichte. Ein Handbuch zur Geschichte der deutschen Sprache und ihrer Erforschung. Berlin/New York, S. 2016–2037. **Wiesinger, Peter (1988):** Die deutsche Sprache in Österreich. Eine Einführung. In: Wiesinger, Peter (Hg.): Das österreichische Deutsch. Wien, S. 9–30.

Aufgaben

1. Stellen Sie mit Hilfe der Kapitel 7 bis 9 nationale Varianten Norddeutschlands aus den Bereichen Lautung, Morphosyntax und Wortschatz zusammen. Versuchen Sie, Varianten zu finden, die besonders charakteristisch sind.

2. Stellen Sie mit Hilfe der Kapitel 7 bis 9 sprachliche Besonderheiten Süddeutschlands aus den Bereichen Lautung, Morphosyntax und Wortschatz zusammen. Versuchen Sie, Varianten zu finden, die besonders charakteristisch sind.

3. Vergleichen Sie den Nord- und Südstandard anhand der Ergebnisse der Aufgaben 1 und 2.

4. Stellen Sie mit Hilfe der Kapitel 7 bis 9 die Standardvariation in Ost- und Westösterreich anhand besonders prägnanter Varianten dar.

10 Zur Entstehung von nationalen Varietäten

Die nationalen Standardvarietäten haben sich im Laufe der Sprachgeschichte aus einer Vielzahl deutscher Dialekte herauskristallisiert. Die jeweilige politische Geschichte Deutschlands, Österreichs und der Schweiz spielte dabei eine nicht zu unterschätzende Rolle. Aber auch sprachpflegerische Bemühungen, Aspekte der nationalen Identität und die Kodifizierung der sprachlichen Normen führten zur Herausbildung unterschiedlicher Sprachnormen (vgl. Kap. 10.1). Die Existenz der einzelnen nationalen Varianten geht ebenfalls auf verschiedene Faktoren zurück. Dazu zählen beispielsweise dialektale Einflüsse, Entlehnungsprozesse aus Kontaktsprachen u. a. (vgl. Kap. 10.2).

10.1 Historische Entwicklung der nationalen Varietäten

Die historische Entstehung der Plurizentrik (insbesondere auf dem Gebiet der Lexik) wird von Schulz (2006) ausführlich erläutert. Er vergleicht die Entwicklung des areal variierenden Wortschatzes sehr anschaulich mit der **Metapher der Sanduhr**. Der obere breite Trichter steht für den Beginn der Neuzeit (15./16. Jahrhundert), als in gedruckten Texten eine relativ breite regionale Variation anzutreffen war und noch die Möglichkeit zur Entwicklung mehrerer Schreibsprachen bestand. Der Trichter verengt sich mit dem Beginn des Buchdrucks, als die regionalsprachliche Vielfalt immer mehr abnahm und der Wortschatz zunehmend vereinheitlicht wurde, was nicht zuletzt auf verkaufsorientierte Überlegungen zurückzuführen ist. Diese Tendenz nahm im Laufe der Zeit immer weiter zu, bis im 18./19. Jahrhundert mit einer weitgehend „idealisierte[n] überregionale[n] Einheitlichkeit durch äußerste Normierung und Normenstrenge (in Orthographie, Hochlautung und auch im Wortschatz)" (Schulz 2006: 185) die Engstelle der Sanduhr erreicht war. Im Laufe des 20. Jahrhunderts erweiterte sie sich wieder, als man Umgangssprachlichem und auch Regionalem in der geschriebenen Sprache eine größere Toleranz entgegenbrachte. Von dieser Entwicklung ist die Schweiz nach Schulz (2006: 186) auszunehmen, da dort bereits im 18. Jahrhundert eine größere Toleranz auf dem Gebiet der Lexik auszumachen war.

10.1.1 Österreichisches Deutsch

Die politische Geschichte Österreichs beginnt 976 mit der Errichtung der Markgrafschaft Ostarrichi (im heutigen Niederösterreich) durch das Adelsgeschlecht der Babenberger und der sukzessiven Erweiterung des Gebietes. 1278 wurde es durch die Habsburger übernommen, deren Herrschaft bis 1918 fortdauerte. Durch die geschickte Heiratspolitik Maximilians I. (1459–1519) kamen nicht-deutschsprachige Gebiete dazu. Die seit 1867 bestehende Habsburger Doppelmonarchie (auch: *Donaumonarchie*) umfasste Österreich (mit Böhmen, Galizien und der Bukowina) und Ungarn (mit Kroatien-Slawonien und Teilen Rumäniens) sowie seit 1878 auch Bosnien und Herzegowina. Auf dem Territorium des **Vielvölkerstaates** wurden elf verschiedene Sprachen gesprochen. Nach dem Ersten Weltkrieg entstand unter großen Gebietsverlusten die Erste Republik, 1938 erfolgte der Anschluss an das nationalsozialistische Deutschland und nach dem Zweiten Weltkrieg wurde die heutige Zweite Republik gegründet.

Abb. 29: Bevölkerungsgruppen in Österreich-Ungarn im Jahr 1910 (Quelle: Wikimedia Commons)

Die österreichische *Sprach*geschichte beginnt bereits früher als die politische, und zwar mit der „Deutschwerdung" des Gebietes am Ende der Völkerwanderungszeit. Der germanische Volksverband der Bajuwaren (Baiern) siedelte sich im Alpen- und Donauraum an, wo sie im Westen auf Romanischsprachige, im Osten auf Slawischsprachige trafen, die bis zum 13. Jahrhundert ihre jeweiligen Sprachen zugunsten des Deutschen aufgaben (vgl. Wiesinger 1988: 11 f.).

Nach Wiesinger (1988: 13 ff.) entwickelten sich im deutschsprachigen Raum bereits im 14. und 15. Jahrhundert diverse **regionale Schreibsprachen** aus dialektalen Grundlagen. Eine davon war die bairisch-österreichische (auch: bairisch-oberdeutsche) Schreibsprache, die in zwei Ausprägungen vorlag: Die bairisch-dialektale Form enthielt eine Reihe mundartlicher Merkmale, während die bairisch-neutrale solche Merkmale vermied. Letztere wurde v. a. von der Wiener Stadtkanzlei verwendet, während der Schreibgebrauch in Klöstern und der Kaiserlichen Kanzlei der Habsburger zunächst variierte. Ab etwa 1500 orientierte sich die Kanzlei Kaiser Maximilians I. an der dialektneutralen Form (vgl. Wiesinger 2003b: 2977).

Auch der seit Beginn des 16. Jahrhunderts in Österreich aufkommende **Buchdruck** war an einer Schriftsprache interessiert, mit der möglichst viele Leser in einem möglichst großen Gebiet erreicht werden konnten. Drucker konnten, anders als heute, sehr viel stärker in die Textgestaltung eingreifen und sie nach wirtschaftlichen Gesichtspunkten verändern. Da viele in Österreich tätige Verleger und Setzer aus anderen deutschsprachigen Gebieten zugewandert waren, ließen sie auf diese Weise Elemente ihrer regionalen Schreibsprachen in die Druckerzeugnisse einfließen, so dass es allmählich zu Ausgleichsprozessen kam (vgl. Wiesinger 2003b: 2977).

Die Reformation und die Schriften Martin Luthers brachten zunehmenden Kontakt mit der **ostmitteldeutschen Schreibsprache**. Luther verwendete sie in meißnisch-obersächsischer Ausprägung unter Einbeziehung bairisch-österreichischer Besonderheiten, so dass es nie zu einer sprachlichen Spaltung zwischen den südlichen und den nord- und mitteldeutschen Varietäten kam. Die Reformation griff in Österreich schnell um sich, wurde aber durch die Gegenreformation und „großangelegte Zwangskatholisierungen" (Wiesinger 2003b: 2979) bekämpft. Im Zuge dieser Auseinandersetzung wurde die ostmitteldeutsche Schreibsprache mit dem Protestantismus assoziiert, die bairisch-oberdeutsche dagegen mit dem Katholizismus. Letztere blieb zunächst dominant, aber mit der Wiederaufnahme geistig-kultureller Beziehungen zu Mittel- und Norddeutschland setzte sich in der zweiten Hälfte des 17. Jahrhunderts die sukzessive Anpassung an die ostmitteldeutsche Schriftsprache fort (ebd.: 2982). Das Bairisch-Oberdeutsche blieb als Kanzleisprache noch bis in die Mitte des 18. Jahrhunderts verbindlich (ebd.: 2984).

Eine wichtige Etappe in der Entwicklung der österreichischen Sprachgeschichte war auch die Epoche der **Aufklärung** um 1750 unter der Regierung Maria Theresias (1717-1780). Die Ideen der Aufklärung sowie poetologische und sprachliche Richtlinien (v. a. von Gottsched, später auch von Adelung) waren an die ostmitteldeutsche Sprache geknüpft. Das habsburgische Österreich sah sich nun sprachlich an den Rand gedrängt und von einem bildungspolitischen Rückstand bedroht (vgl. Ebner 2009: 439). Man war davon überzeugt, dass nur eine „vervollkommnete, logische und in normative Regeln gefaßte [sic!] Sprache […] geeignet [war (B. K.-R.)], durch geschärftes Denken in den Wissenschaften den erstrebten Fortschritt zu erzielen […]" (Wiesinger 2003b: 2987). Daher führte Maria Theresia eine **Sprachreform** nach mitteldeutschem Muster für Literatur,

Predigt und Schule durch und holte zu diesem Zweck Gelehrte (v. a. aus Schlesien) nach Österreich, die entsprechende Lehrbücher verfassten (vgl. Ebner 2009: 439). An der Wiener Theresianischen Akademie für junge Adelige richtete die Kaiserin 1750 eine Professur für „deutsche Beredsamkeit" ein (Wiesinger 2003b: 2987). Das Werk „Deutsche Sprachkunst" des aus Preußen stammenden Johann Christoph Gottsched (1700-1766) wurde dort als Lehrbuch verwendet und österreichische Grammatiker orientierten sich ebenfalls daran. Im Zuge der 1774 von Maria Theresia initiierten **Schulreform** wurde die allgemeine Schulpflicht mit verstärktem Deutschunterricht eingeführt, wodurch auch Nicht-Adelige die ostmitteldeutsche Schriftsprache erlernten. Grundlage des Unterrichts waren eng an die Schriften des deutschen Sprachnormierers Johann Christoph Adelung (1732-1806) angelehnte Schulbücher, die den Gebrauch der allgemeinen deutschen Schriftsprache weiter festigten (ebd.: 2990). Gleichzeitig entstand jedoch eine Diskrepanz zwischen bairisch-oberdeutscher Mündlichkeit und ostmitteldeutscher Schriftlichkeit, der mit folgender Empfehlung begegnet wurde: „[…] im Schreiben den Sachsen folgen, aber im Sprechen Österreicher bleiben" (Wiesinger 2003b: 2988).

Joseph II. (1741-1790) führte die deutsche Schriftsprache im gesamten Habsburgerreich ein und machte sie 1784 anstelle des Lateinischen zur **Amtssprache** Ungarns. Deutsch wurde auch Unterrichtssprache an der Wiener Universität (vgl. Wiesinger 2003a: 2367). Bereits 1790 musste er den Amtssprachenstatus des Deutschen v. a. unter dem Druck Ungarns wieder zurücknehmen (vgl. Ammon i. V.: Kap. L.2). Latein blieb bis ins frühe 19. Jahrhundert Amtssprache der Donaumonarchie (vgl. Ebner 2009: 445).

Im 19. Jahrhundert hatten die langjährigen Auseinandersetzungen mit Preußen kulturelle und sprachliche Gegensätze bewusst gemacht (Wiesinger 2003b: 2994). Im mündlichen Bereich entwickelte sich seit Mitte des 19. Jahrhunderts eine an der Schriftsprache orientierte Umgangssprache, deren Vorbild nun allerdings nicht mehr das Ostmitteldeutsche war, sondern die dialektfreien deutschsprachigen Enklaven Prag (im tschechischen Sprachraum) und Laibach (im slowenischen Sprachraum), was auch aus der Auflösung des Deutschen Bundes und der Bildung der österreichisch-ungarischen Doppelmonarchie resultierte (vgl. Wiesinger 1988: 16). Nun entstand erstmalig ein Bewusstsein für die eigene sprachliche Varietät mit bairisch-oberdeutschen Grundlagen und Lehnwörtern aus dem Kontakt mit dem Ungarischen sowie mit romanischen und slawischen Sprachen. Dieses Bewusstsein brachte sogar eine neue Bezeichnung hervor: das **österreichische (Hoch-)Deutsch**. Gleichzeitig wurde vor einer „kulturellen und sprachlichen Abschottung" von Deutschland gewarnt, da man in den Reichsdeutschen auch kulturelle Partner sah, insbesondere angesichts der Verselbstständigungsbestrebungen der elf nicht-deutschsprachigen Nationalitäten der Monarchie (vgl. Wiesinger 2003b: 2994).

Als 1876 die erste Berliner orthographische Konferenz zur Vereinheitlichung der Rechtschreibung scheiterte, kodifizierte Österreich 1879 im Alleingang die österreichischen Schreibgewohnheiten als *Regeln und Wörterverzeichnis für die deutsche Rechtschreibung*. Dieses Werk enthielt lexikalische Austriazismen (vgl. Wiesinger 1988: 16 f.).

Nach dem Ersten Weltkrieg zerfiel die Donaumonarchie und die Erste Republik Österreich wurde gegründet. Da sie für schwach gehalten wurde, gab es von Anfang an Stimmen, die den Anschluss an das Deutsche Reich forderten (was von den Alliierten aber nicht zugelassen wurde) (vgl. Wiesinger 2003b: 2994). Daher gab es keine Bestrebungen zur Verselbstständigung der Sprache, erst recht nicht mehr nach dem Anschluss an Nazi-Deutschland im Jahre 1938 (vgl. Wiesinger 2003b: 2994).

Nach 1945 war das Österreich-Bewusstsein wieder verstärkt mit Sprachbewusstsein verknüpft. Um sich von Deutschland zu distanzieren und ein Zeichen der sprachlichen Selbstständigkeit zu setzen, erschien 1951 erstmals das ausdrücklich so genannte **Österreichische Wörterbuch** als Schulwörterbuch (vgl. Ebner 2009: 440). 1952 wurde das Schulfach „Deutsch" in **„Unterrichtssprache"** umbenannt (vgl. Clyne 1992: 118). Manche strebten sogar die Umbenennung der Sprache in „Österreichisch" an. Letztlich entschied jedoch der damalige Bundeskanzler Leopold Figl, dass die Nation „österreichisch", aber die Muttersprache „Deutsch" sei (vgl. Wiesinger 1988: 17).

Dennoch wurden die sprachlichen Besonderheiten des österreichischen Deutsch gepflegt, da der Wunsch nach sprachlicher Eigenständigkeit auch mit einem neuen Nationenbegriff zusammenhing, der nach Ebner (2009: 440) im Österreich der 1950er Jahre Fuß fasste. Der auf der deutschen Romantik beruhende Begriff von ‚Nation' als Gemeinschaft von Personen gleicher Ethnie, Kultur und Sprache wurde abgelöst durch die Vorstellung einer Nation als „Gemeinschaft aller, die sich zu einem Staatswesen bekennen ohne Unterschied ihrer ethnischen Herkunft" (Ebner 2009: 440). Damit bildete Österreich nun auch gefühlt eine eigenständige Nation – trotz der mit Deutschland gemeinsamen Geschichte und Sprache – und musste sich nicht länger als Teil der deutschen Nation verstehen (vgl. ebd.). Diese Eigenständigkeit sollte durch Austriazismen und das österreichische Standarddeutsch zum Ausdruck gebracht werden (vgl. Kap. 12.1).

Ebner (2009: 440) weist darauf hin, dass Sprachwissenschaftler bezüglich des österreichischen Deutsch unterschiedliche Positionen vertreten. Auf der einen Seite wird es als nahezu eigenständige Sprache aufgefasst (**österreichisch-national**), auf der anderen Seite wird ihm jegliche Selbstständigkeit abgesprochen, weil nur der Verwaltungswortschatz mit den österreichischen Grenzen übereinstimme (**deutsch-integrativ**). Zwischen diesen beiden Extrempositionen ist die plurizentrische Sichtweise einer spezifisch österreichischen Standardvarietät angesiedelt, wie sie von Clyne (1992b), Ammon (1995) u. a. vertreten wird.

Zusammenfassend kann festgehalten werden, dass sich in der österreichischen Sprachgeschichte zunächst eine überregionale bairisch-österreichische Schreibsprache durchsetzte, die später zugunsten der ostmitteldeutschen Schriftsprache aufgegeben wurde. Die Entwicklung und Akzeptanz einer eigenen Standardvarietät „österreichisches Deutsch" begann um die Mitte des 19. Jahrhunderts und wurde erst nach dem Zweiten Weltkrieg besonders gefördert (Wiesinger 2003b: 2975).

10.1.2 Schweizerhochdeutsch

Die Geschichte der **Schweizerischen Eidgenossenschaft** beginnt 1291 mit dem Rütlischwur der Vertreter der drei „Waldstätte" Uri, Unterwalden und Schwyz. Der Bund richtete sich gegen die Abhängigkeit von den österreichischen Habsburgern. Im Laufe der Zeit schlossen sich weitere, auch nicht-deutschsprachige Kantone an. Am Ende des Dreißigjährigen Krieges wurde im Westfälischen Friedensvertrag von 1648 die Unabhängigkeit der Schweiz international anerkannt. 1848 wurde die Schweiz in einen modernen Bundesstaat umgewandelt und umfasst heute 26 Kantone (davon 17 deutschsprachige). Der Anteil der Deutschschweizer liegt bei 65,6 % der Gesamtbevölkerung (vgl. Fischer 2013: 396).

In Bezug auf die sprachliche Entwicklung der Deutschschweiz ist zunächst einmal der Benediktinermönch **Notker III. von St. Gallen** (ca. 950-1022) zu nennen. Wie kaum ein anderer übersetzte er zahlreiche lateinische Texte in die Volkssprache Deutsch, die im Althochdeutschen *diutisk* genannt wurde (vgl. Ernst 2005: 86). Notker selbst schrieb *in diutiskun* (vgl. Reiffenstein 2003: 2197). Er hinterließ auf diese Weise die umfangreichste althochdeutsche Textüberlieferung, was ihm den Beinamen *der Deutsche* einbrachte. Seine Schriften sind für die allgemeine deutsche Sprachgeschichte so bedeutsam, dass manche Sprachhistoriker seinen Tod als Ende der althochdeutschen Epoche ansetzen. Für die Schweizer Sprachgeschichte im Besonderen ist er wichtig, weil er seiner Herkunft entsprechend Formen des Altalemannischen (Süd- und Hochalemannisch) als Schreibsprache verwendete (vgl. Sonderegger 2003: 2842).

Auch zur mittelhochdeutschen Zeit wurden Urkunden und andere Schriftstücke in verschiedenen **alemannischen Schreibsprachen** verfasst (vgl. Sonderegger 2003: 2846). Nach Ammon (1995: 230) entwickelte sich im 14./15. Jahrhundert eine einheitliche Schreibsprache, die eine Reihe besonderer Merkmale enthielt, wie etwa die alemannischen Monophthonge (anstelle der neuhochdeutschen Diphthonge). So schrieb der Schweizer Reformator Ulrich Zwingli (1484-1531) beispielsweise *ynleitung* statt *Einleitung* (vgl. ebd.).

Durch den Einfluss der Luther-Bibel setzte im 16. Jahrhundert eine schrittweise Entwicklung von der altalemannisch-schweizerischen Schreibsprache zur neuhochdeutschen Schriftsprache ein, z. B. durch Übernahme der neuhochdeutschen

Diphthonge (vgl. Sonderegger 2003: 2846 ff.). Darin ist die erste Phase des **Schweizerhochdeutschen** zu sehen (vgl. ebd.: 2850), die sich besonders in der Sprache der von Ulrich Zwingli und Leo Jud bearbeiteten und ab 1524 erschienenen *Zürcher Bibel* manifestierte. Sie folgte zunächst dem Luther-Text, allerdings in alemannisierter schweizerischer Sprachform (vgl. ebd. 2848). In späteren Ausgaben wurde sie sprachlich immer mehr an die Sprache Luthers angepasst (vgl. Ammon 1995: 230).

Im 18. Jahrhundert war die Übernahme der neuhochdeutschen Schriftsprache sächsisch-meißnerischer Prägung in Literatur und Kanzleiwesen der deutschen Schweiz vollzogen (vgl. Sonderegger 2003: 2852). Dennoch gab es auch Kritik am Gebrauch des sächsischen Sprachvorbildes, da die eigene Varietät der ostmitteldeutschen ebenbürtig und sogar enger am historischen Ursprung des Deutschen sei. Dies führte nicht nur zu einer größeren Akzeptanz von schweizerischen Besonderheiten in der Schriftsprache sowie zu einem „allmählichen Übergang der Schweizer Autoren vom sprachlichen Sich-nicht-anpassen-Können zum Sich-nicht-anpassen-Wollen" (Ammon 1995: 231), sondern gar zu einer „Sprachrenaissance und Rückbesinnung auf den Wert der eigenen Regionalsprache" (Sonderegger 2003: 2853).

Diese Haltung setzte ein sprachliches Eigenbewusstsein voraus, das sich nach Sonderegger (2003: 2850 ff.) im Schweizer Humanismus der Frühen Neuzeit entwickelte. Grundlage für dieses schweizerische Sprachbewusstsein waren beispielsweise der Wert der altschweizerischen Sprachquellen für die Überlieferungsgeschichte des Deutschen oder die linguistische Distanz zum nördlichen Deutsch (ebd.: 2852 f.). Das Bewusstsein von der sprachlichen Sonderstellung der Schweiz beruhte auch auf der Stellung der Dialekte. Vermutlich entstand um 1750 in diesem Zusammenhang der Ausdruck **Schweizerdeutsch** (vgl. ebd.: 2853) als Bezeichnung für die Gesamtheit aller Schweizer Dialekte (vgl. Kap. 11.2).

Gegen Ende des 19. Jahrhunderts war die Schweiz aufgrund der mangelnden Binnenkodifizierung allerdings nur in eingeschränktem Rahmen ein eigenständiges Sprachzentrum im plurizentrischen Sinn (vgl. Ammon 1995: 231). Nach der ersten orthographischen Konferenz von 1876 verzichtete die Schweiz (im Gegensatz zu Österreich) auf ein eigenständiges Rechtschreibwörterbuch. Später orientierte man sich an den in der zweiten Konferenz von 1901 festgelegten und von Konrad Duden kodifizierten Regeln zur deutschen Rechtschreibung. Anders als bei der Orthographie lehnte man eine nationenübergreifende Vereinheitlichung der Lautung von Seiten der Schweiz jedoch ab, so dass schon zu Beginn des 20. Jahrhunderts eine erste Kodifizierung der schweizerischen Aussprache entstand.

Ammon (1995: 235 f.) nennt für die Schweiz zwei gegenläufige Sprachentwicklungstendenzen: einerseits die Entwicklung einer einheitlichen Standardvarietät und andererseits eine „massive Stärkung der Dialekte", die vor allem seit den 1930er Jahren einsetzte. Während ab der zweiten Hälfte des 19. Jahrhunderts besonders in den Bildungsschichten der Gebrauch der Standardvarietät deutlich zunahm und die Dialekte zu verdrängen drohte, setzte mit dem Ersten Weltkrieg und besonders in den 1930er Jahren eine stärkere Hinwendung zum Dialekt ein, um sich im Sinne der „**geistigen Landesverteidigung**" (Koller 2000: 586) von Nazi-Deutschland zu distanzieren. Damit wurde Schweizerdeutsch zum Symbol der nationalen Identität (vgl. Kap. 12.2). Es gab sogar Überlegungen, die heimischen Dialekte zu einer selbstständigen Sprache unter dem Namen **Alemannisch** zu erheben, was aber letztlich nicht durchgeführt wurde (vgl. Kap. 12.2). Nach dem Zweiten Weltkrieg stabilisierte sich jedoch die auch heute noch vorzufindende **mediale Diglossie**, wodurch der Gebrauch der beiden Normebenen vom Medium der Sprachproduktion abhängig ist: Das Schweizerhochdeutsche wird schriftlich, Dialekt mündlich verwendet (vgl. Kap. 11.2).

Bezüglich der sprachlichen Entwicklung in der Deutschschweiz spielen nach Ammon (1995: 237 ff.) **Sprachvereine** eine besondere Rolle, da sie sprachpolitische und -pflegerische Maßnahmen zur Förderung des Schweizerhochdeutschen ergreifen. In diesem Zusammenhang ist insbesondere der 1904 gegründete *Deutschschweizerische Sprachverein* (1993 umbenannt in *Schweizerischer Verein für die deutsche Sprache*) zu nennen, der sich zwar auch um die Pflege der Dialekte, aber insbesondere um die Förderung des Standarddeutschen bemüht. So stellten Mitglieder beispielsweise eine Liste mit Schweizer Wortschatzbesonderheiten für den Rechtschreibduden zusammen, wodurch die Anzahl der Helvetismen in diesem Wörterbuch deutlich anstieg.

10.1.3 Deutsches Deutsch

Die Geschichte des Sprachzentrums Deutschland beginnt nach Ammon (1995: 317 ff.) erst 1871 mit der Gründung des Deutschen Reichs, da Vorgängerstaaten oder frühere Staatenbünde sich nicht mit dem heutigen „Deutschland" gleichsetzen lassen. So umfasste beispielsweise das Heilige Römische Reich während seiner gesamten Bestandszeit (1254–1806) Österreich und bis 1648 auch die Schweiz, die erst durch den in jenem Jahr unterzeichneten Westfälischen Frieden unabhängig wurde. Österreich partizipierte im Deutschen Bund (1815–1866) bis zur Errichtung des Norddeutschen Bundes (1866–1871) unter der Führung Preußens, in dem Österreich dann als Folge der „kleindeutschen Lösung" kein Mitglied mehr war. Eine staatliche Kontinuität und geographische Einheit „Deutschlands" gab es auch im weiteren Verlauf der Geschichte nicht. Als Grund sind hier zum einen der Anschluss Österreichs an Nazi-Deutschland im Jahre 1938 zu nennen und zum anderen die Ereignisse nach dem Zweiten Weltkrieg, als die Teilung in BRD und DDR erfolgte, sowie die Wiedervereinigung der beiden deutschen Staaten im Jahre 1990.

Abb. 30: Deutsches Reich von 1871–1918 (frei nach: Wikimedia Commons)

Die Entwicklung zu einem Sprachzentrum ist insbesondere durch die Impulse zur **Standardisierung** gekennzeichnet, die seit der Reformationszeit vor allem von den Gebieten ausgingen, die 1871 zum Deutschen Reich zusammengefasst wurden (vgl. ebd. 320). Eine besondere Rolle spielte dabei das ostmitteldeutsche Gebiet und seine neuhochdeutsche Schriftsprache, die auch als *Obersächsisch* oder *Meißnisch* bezeichnet wird. Sie wurde seit dem 16. Jahrhundert mit den Schriften Martin Luthers verbreitet, die aufgrund ihrer sprachlich-stilistischen Qualität als modellhaft galten und überregionale Breitenwirkung erzielten. Später wurde diese Varietät durch die Werke der Weimarer Klassik weiter gefestigt und erlangte noch größeres Prestige. Überdies wirkten sprachpflegerische Vereine, wie z. B. die *Fruchtbringende Gesellschaft* (1617–1680) mit Sitz in Weimar, und namhafte Kodifizierer wie Gottsched oder Adelung in dieser Region (vgl. ebd. 320; vgl. Kap. 2.3) und festigten die ostmitteldeutschen sprachlichen Strukturen. Die Suche nach einer standardisierten und allgemeingültigen Sprachvarietät dauerte bis in die zweite Hälfte des 19. Jahrhunderts.

Ab 1871 begannen Vorbereitungen zur **Kodifizierung der Standardvarietät**. Damit war das Deutsche Reich der erste Staat, in dem die deutsche Schriftsprache in Wörterbüchern und Grammatiken dargestellt wurde. Zunächst veröffentlichte

Theodor Siebs 1898 ein Aussprachewörterbuch (*Deutsche Bühnenaussprache*), das vor allem die Lautung der Berliner Bühnen wiedergab und daher niederdeutsch geprägte Aussprachevorschriften enthielt (vgl. Kap. 8.1.2).

Die Vereinheitlichung der Rechtschreibung begann 1876, als eine Gruppe von Sprachexperten, darunter Konrad Duden, in einer **ersten orthographischen Konferenz** Vorschläge für eine einheitliche Schreibung vorlegen sollten. Es ging dabei allerdings nur um die Schreibung an Schulen, die Behördenschreibweise sollte zunächst nicht berührt werden. Die Vorschläge der Kommission waren weitgehend phonetisch orientiert, was wohl die Ursache für die darauf folgende massive Kritik durch Presse und Bevölkerung war. Man befürchtete „schwerwiegende kulturpolitische Konsequenzen" (Scheuringer 1996: 75) und sah den Wert der deutschen Sprache gefährdet. Damit waren die Entwürfe der Kommission gescheitert. Dennoch orientierten sich einige Länder (z. B. Preußen, Bayern) an diesen Vorschlägen. Die sogenannte **Preußische Schulorthographie** enthielt die Regeln der ersten orthographischen Konferenz in modifizierter Form. In anderen Ländern arbeitete man weiterhin ohne solche Regelbücher. Konrad Duden griff die Praxis der beiden großen Bundesstaaten auf und veröffentlichte 1880 den im Nachhinein sogenannten *Urduden* mit dem Titel *Vollständiges orthographisches Wörterbuch der deutschen Sprache. Nach den neuen preußischen und bayrischen Regeln.* Trotzdem gab es verschiedene Orthographien im Deutschen Reich: Einerseits die *Reichsorthographie* für die amtliche Schreibung der Behörden, andererseits diverse Schulorthographien, wie etwa das preußische Regelbuch, und das Duden-Wörterbuch. Somit wurde im Deutschen Reich weiterhin uneinheitlich geschrieben, was dazu führte, dass 1901 ein erneuter Versuch der Vereinheitlichung unternommen wurde. In der **zweiten orthographischen Konferenz** ging man sogar noch einen Schritt weiter und setzte sich das Ziel, eine einheitliche deutsche Rechtschreibung für alle, nicht nur für die Schulen, zu konzipieren. Neben Konrad Duden nahmen praktisch nur noch Behördenvertreter teil: Abgesandte der deutschen Staaten, des Reichsinnen- und Außenministeriums, aber auch des Buchhandels sowie Abgesandte Österreichs (vgl. Scheuringer 1996: 84). Schweizer fehlten. Damit handelte es sich nicht um eine Expertenkonferenz (wie 1876), sondern vornehmlich um eine „Konferenz von Behördenvertretern", die einen Verwaltungsakt abstimmten. Eine Fachdiskussion fand dabei nicht statt (vgl. ebd.: 87). Die festgesetzten Regeln waren im Vergleich zu denen von 1876 eher ein Rückschritt. Nach der amtlichen Bekanntmachung der Regeln wurden sie als **Deutsche Einheitsorthographie** relativ schnell im ganzen Deutschen Reich, in Österreich und in der Schweiz eingeführt. In Behörden galt sie seit 1903 und in Schulen seit dem Schuljahr 1903/1904. Damit war das Ziel der Vereinheitlichung erreicht und die Regeln blieben bis zur Reform von 1996/2006 in Kraft.

Im Laufe der Zeit erlebte der Dudenverlag eine bewegte Geschichte, die insbesondere an den Bänden zur Rechtschreibung deutlich wird. Nach der ersten Auflage von 1880 („Urduden") erschienen viele weitere Ausgaben. In den 1950er Jahren vollzog sich die Teilung in einen „**Ost-Duden**" (1951, Leipzig) und einen

„**West-Duden**" (1954, Mannheim). 1991 erschien erstmals wieder ein gesamtdeutscher Rechtschreib-Duden („Einheitsduden"). Inzwischen hat die im Beschluss der *Ständigen Kultusministerkonferenz* von 1955 bereits angedeutete Neuregelung der Rechtschreibung zur Jahrtausendwende stattgefunden. Dies erforderte weitere Neuauflagen des Wörterbuchs: 1996 erschien der „Reformduden" und 2006 die 24. Auflage mit allen seit August 2006 gültigen Regeln. Seit 2013 liegt die 26. Auflage mit etwa 135.000 Stichwörtern vor.

Wichtige Impulse zur Entwicklung eines eigenständigen Sprachzentrums gaben auch die oben genannten, an diversen sprachpflegerischen Zielsetzungen orientierten **Sprachgesellschaften bzw. -vereine**. Von besonderer Bedeutung ist der *Allgemeine Deutsche Sprachverein* (ADS), der 1885 gegründet und später in *Deutscher Sprachverein* umbenannt wurde. Er bestand bis 1945. Der ADS war keineswegs der erste Sprachverein, denn schon in der Barockzeit fanden sich Sprachpfleger zu Vereinen zusammen (z. B. die *Fruchtbringende Gesellschaft*; vgl. dazu Kap. 10.2.3). Im Grunde verfolgte der ADS das gleiche Ziel wie die barocken Sprachgesellschaften, nämlich „die Reinigung der deutschen Sprache von unnötigen fremden Bestandteilen" (Zeitschrift des allgemeinen deutschen Sprachvereins 1 (1) 1886, zitiert nach Ammon 1995: 322). Zu diesem Zweck wurden Vorträge gehalten und Publikationen verfasst, insbesondere die sog. „Verdeutschungsbücher", in denen Vorschläge zur Ersetzung von Fremdwörtern durch heimisches Sprachmaterial unterbreitet wurden. Diese „Verdeutschungsvorschläge" setzten sich zum Teil durch (*Saumon* → *Lachs*), zum Teil wurden sie nicht übernommen (*Roulade* → **Rollfleisch*), und ein weiterer Teil führte zu einer bis heute bestehenden Koexistenz von Fremdwort und synonymer deutscher Bildung (*Examen - Prüfung*). Darüber hinaus wurden sie auch in unterschiedlichem Maße in Deutschland, Österreich und der Schweiz übernommen, was (neben anderen Faktoren) zur Entstehung von nationalen Varianten führte (vgl. Kap. 10.2.3)

1947 wurde die *Gesellschaft für deutsche Sprache* (GfdS) ins Leben gerufen, die allerdings damals wie heute andere Ziele verfolgt als der ADS. Auf ihrer Homepage wird „Sprachreinigung" nicht erwähnt, stattdessen liegt die Priorität auf der Pflege und Erforschung der deutschen Sprache. Darüber hinaus heißt es: „Die GfdS hat sich zum Ziel gesetzt, die Sprachentwicklung kritisch zu beobachten und auf der Grundlage wissenschaftlicher Forschung Empfehlungen für den allgemeinen Sprachgebrauch zu geben" (GfdS-Homepage, eingesehen am 7.3.2014). Das Bewusstsein der Öffentlichkeit für die deutsche Sprache soll vertieft und ihre Funktion im globalen Rahmen sichtbar gemacht werden. Für dieses Vorhaben wird sie durch die Bundesregierung und die Regierungen der Bundesländer gefördert (vgl. ebd.).

Auch **sprachwissenschaftliche Institutionen** spielten eine Rolle für die Entwicklung des Sprachzentrums Deutschland. Aus der *Deutschen Akademie* (1925-1945), die vor allem die deutsche Sprache im Ausland zu verbreiten versuchte, ging 1932 das Goethe-Institut hervor. 1964 wurde das *Institut für deutsche Sprache* in

Mannheim gegründet, das eine rein sprachwissenschaftliche Institution ist. Zwar fördert keine dieser Einrichtungen die Plurizentrik der deutschen Sprache explizit, doch engagieren sie sich auch nicht für eine Vereinheitlichung des Deutschen im gesamten Sprachgebiet. Stattdessen sind sie um eine faire Berücksichtigung der nationalen Varietäten bemüht (vgl. Ammon 1995: 324).

10.2   Herkunft der nationalen Varianten

Die Entstehung von Austriazismen, Helvetismen und Teutonismen ist auf verschiedene Ursachen zurückzuführen. Von großer Bedeutung sind dabei historische Entwicklungen, der Einfluss der heimischen Dialekte, Sprachkontakte und die dadurch erfolgten Entlehnungen, sprachpflegerische und -puristische Bemühungen, Besonderheiten der staatlichen Verwaltung, kulturelle Unterschiede und nicht zuletzt politische Umstände. Die folgenden Kapitel zeigen, dass sie in den Sprachzentren des Deutschen eine unterschiedlich große Rolle spielen.

10.2.1 Dialekt-Entlehnungen

Sprachliche Systeme sind nicht statisch und für alle Zeiten unveränderlich, sondern unterliegen ständigem Wandel. So kann sich beispielsweise die Zugehörigkeit einer sprachlichen Einheit zu einer bestimmten **Normebene** (Standard- oder Nonstandard) im Laufe der Zeit verändern. Manche Sprachformen sind zunächst Bestandteile regionaler oder sozialer Nonstandardvarietäten oder auch bestimmter Stilschichten. Ausgleichsprozesse können bewirken, dass etwa Dialektwörter durch häufigen Gebrauch und zunehmende Akzeptanz in eine regionale Umgangs- oder gar in die überregionale Standardvarietät „aufsteigen". Daher enthalten die nationalen Varietäten des Deutschen eine ganze Reihe ehemaliger Dialektwörter, die inzwischen standardsprachlich akzeptiert werden. Zur besseren Orientierung über die in diesem Sinne relevanten Dialekte sei auf die Darstellung der dialektalen Gliederung des deutschsprachigen Raumes in Kap. 6.1 verwiesen.

Dies gilt ebenfalls für das österreichische Standarddeutsch (vgl. Ebner 2008: 14). **Österreich** gehört zum oberdeutschen Dialektraum, in dem die Neuerungen der Zweiten Lautverschiebung am konsequentesten realisiert wurden. Das Oberdeutsche gliedert sich in Alemannisch, Ostfränkisch und Bairisch. Letzteres wird nicht nur in Bayern, sondern darüber hinaus im Großteil Österreichs gesprochen, weswegen man häufig auch von **bairisch-österreichischen Dialekten** spricht. Die Mundarten des Donauraums (Oberösterreich, Niederösterreich, Wien, Salzburg, der östliche Teil Tirols, Teile der Steiermark und des Burgenlands) werden als *Mittelbairisch* zusammengefasst, als *Südbairisch* gelten die Dialekte des Alpenraums (Tirol sowie Südtirol, Kärnten und Teile der Steiermark). Das einzige nicht zum bairischen Dialektraum gehörende Gebiet Österreichs ist das im äußersten Westen gelegene, an Liechtenstein und die Schweiz grenzende Bundesland Vorarlberg. Wie seine westlichen Nachbarn gehört es zum alemannischen Dialektraum.

Da die österreichischen Dialektgebiete weder mit dem Gesamtstaat noch mit seinen Bundesländern kongruieren, stimmen die Verbreitungsgebiete von standardsprachlichen Einheiten dialektalen Ursprungs nicht immer mit den politischen Grenzen überein (vgl. Kap. 9.1 und VWD 2004: XXXVII f., Ebner 2008: 8 f.). Einige sind nur in einem Teilgebiet Österreichs standardsprachlich, andere gelten auch außerhalb Österreichs. Etliche lexikalische Austriazismen beruhen auf dem Wortschatz des gesamten oberdeutsch-dialektalen Sprachraums und sind daher ebenso in Süddeutschland und der Schweiz gebräuchlich. Dazu gehören nach Ebner (2008: 14) folgende Lexeme: *Bub, nützen, Randstein* (in D: *Bordstein*), *Schlegel* (in D: *Keule* (eine Speise)), *Zuber* (in CH D: *Bottich*) u. a. Auch das sehr frequente *heuer* bzw. *Heurige* gehört zu dieser Gruppe (vgl. Heusinger 2004: 105). Speziell aus dem Bairischen stammen Austriazismen wie *Maut* (‚Straßenbenutzungsgebühr'), *picken* (‚(an)kleben'), *selchen* (‚räuchern'), *Sterz* (eine Speise), *Wimmerl* (in CH D: *Pickel*) u. a. Ausschließlich wienerisch sind *Bim* (in A D auch: *Straßenbahn*), *hackeln* (‚schuften'), *Schmäh* (‚Schwindel, Lüge, Scherz') u. a. (vgl. Ebner 2009: 442 f.). Einige Austriazismen stammen aus dem alemannischen Dialekt: *Alp, Fasnat* (in D: *Karneval*), *Flädle* (eine Suppeneinlage), *Znüne* (‚Zwischenmahlzeit am Vormittag') u. a. (vgl. Ebner 2008: 9).

Die gesamte deutschsprachige **Schweiz** ist hinsichtlich ihrer dialektalen Grundlage recht einheitlich, da sie sich fast komplett im alemannischen Dialektraum befindet. Nur in der Graubündener Gemeinde Samnaun an der Grenze zu Österreich wird Bairisch gesprochen. Das **Alemannische** umfasst im weiteren Sinne das v. a. in Teilen Südwestdeutschlands (und Bayerns) vorkommende Schwäbisch und im engeren Sinne das v. a. im Elsass, Südbaden und der Nordostschweiz gesprochene Niederalemannisch, das Hochalemannische, das in weiten Teilen der deutschsprachigen Schweiz (z. B. Bern und Zürich) sowie in Liechtenstein beheimatet ist, und das in der südlichen Deutschschweiz verbreitete Höchstalemannisch. Diese Mundarten sind Quellen für einige Helvetismen. Prominente Beispiele sind die Lexeme *Guetsli* (in A D: *Keks*), *grüezi* (/Grußformel/), *Rüebli* (‚Karotte'; vgl. VWD 2004) sowie *Zältli* und *Täfeli* (‚Süssigkeit [sic!] zum Lutschen', vgl. Bickel/Landolt 2012: 8). Schließlich sollte nicht unerwähnt bleiben, dass in der Deutschschweiz auch der gegenläufige Prozess festzustellen ist: Viele Standardwörter werden durch morphologische und phonetische Anpassung an die entsprechende Mundart dialektalisiert. Durch diese Maßnahme wird das Schweizerdeutsche ständig aktualisiert und den Bedürfnissen der Menschen in der modernen Welt angepasst.

Deutschland weist die vielfältigste Dialektlandschaft unter den deutschsprachigen Ländern auf, da im Staatsgebiet drei Dialektgruppen vorkommen. Im Norden das Niederdeutsche, in Mittel- und Süddeutschland das Mittel- und Oberdeutsche. Letzteres spaltet sich weiter in alemannische Dialekte im Südwesten, bairische

Dialekte im Südosten sowie Ostfränkisch um Würzburg. Unter den Teutonismen findet sich eine Reihe von ursprünglichen Dialektformen. Insbesondere einige norddeutsche Varianten sind auf niederdeutsche Mundarten zurückzuführen. Für *Feudel* (,Scheuerlappen'), *kieken* (,blicken, sehen'), *klönen* (,plaudern'), *Leuwagen* (,Schrubber') verortet Kluge ([24]2002) Herkunft oder Erstbeleg im niederdeutschen Raum.

Im Süden Deutschlands gibt es ebenfalls lexikalische Varianten, die auf heimische Dialekte zurückzuführen sind. Insbesondere handelt es sich dabei um Lexeme, die im *Variantenwörterbuch des Deutschen* (VWD) als *österreichisch* und *südostdeutsch* (A D-südost) gekennzeichnet sind: *absperren* (,abschließen'), *Nudelwalker* (in D: *Nudelholz*), *Schmankerl* (,Leckerbissen, Anreiz, Vergünstigung'), *Tandler* (,Gebrauchtwarenhändler') u. a. (vgl. Ebner 2008: 14). Andere sind als *südwestdeutsch* (D-südwest) gekennzeichnet: *Kirbe* (,Kirmes, Jahrmarkt'), *Öhmd* (,durch wiederholten Grasschnitt gewonnenes Heu') sowie das entsprechende Verb *öhmden*. Ihre dialektale Herkunft wird in Kluge ([24]2002) bestätigt. Einige nationale Varianten enden auf das Suffix *-le*, welches im schwäbischen Dialekt sehr produktiv ist. Folgende Ausdrücke stehen exemplarisch für diese Gruppe: *Ausstecherle* (/ein Weihnachtsgebäck/), *Brötle* (,kleines Feingebäck'), *Christkindle, Flädle* (/eine Suppeneinlage/), *Mädle, Riebele* (,Endstück eines Brotlaibes'). Ihre dialektale Herkunft ist im *Schwäbischen Handwörterbuch* (Fischer/Taigel 1986) verbürgt. Hier darf natürlich nicht das Wort *Spätzle* (/Beilage zu einem Hauptgericht/) vergessen werden, allerdings ist es eine Variante der Gesamtregionen Deutschlands und Österreichs und nicht nur des Südwestens. Andere standardsprachliche Lexeme des deutschen Südwestens gehen auf das Alemannische im engeren Sinne zurück, z. B. solche, die auf das Suffix *-ete* enden, das vor allem in der Schweiz vorkommt (vgl. Kellermeier-Rehbein 2005: 206). Dazu gehören *Kratzete* (,in Streifen geschnittene Pfannkuchen') und *Putzete* (,Hausputz'), die als *Chratzete* und *Butzete* im *Schweizerischen Idiotikon* (SI) verzeichnet sind (Bd. III, Sp. 931 f.; Bd. IV, Sp. 2026). Weitere sind im VWD als *schweizerisch* und *südwestdeutsch* (CH D-südwest) markiert, was ebenfalls auf eine alemannische Dialektgrundlage zurückzuführen ist: *Dole* (in SI Bd. XII, Sp. 1675 f.: *Tole* ,Abwasserschacht'), *eindolen, Fasnacht* (in SI Bd. IV, Sp. 645), *Gugelhopf* (in SI Bd. II, Sp. 1492), *Kännel* (in SI Bd. III, Sp. 310: *Chännel* ,Rinne'), *Küfer* (in SI Bd. III, Sp. 178: *Chüefer* ,Fassbinder'), *Wähe* (in SI Bd. XV, Sp. 1092: *Wä(i)je* ,Flachkuchen mit Belag') u. a.

10.2.2 Entlehnungen aus Kontaktsprachen

Eine weitere Quelle für nationale Varianten sind Kontaktsprachen, aus denen sprachliche Einheiten, meist Lexeme, entlehnt wurden. Etliche **Austriazismen** gehen auf die Entlehnung von Fremdwörtern aus dem Lateinischen, Italienischen, Französischen und Englischen zurück (vgl. Ebner 2009: 444 ff.). Einen besonderen Stellenwert nimmt das Italienische ein: *Akonto* (‚Anzahlung‘), *Aranzini* (in CH D: *Orangeat*), *Biskotte* (in CH D: *Löffelbiskuit*), *Fierant* (‚Marktverkäufer‘), *Fisole* (‚grüne Bohne‘), *Karfiol* (in CH D: *Blumenkohl*), *Kassa* (in CH D: *Kasse*), *Maroni* (‚(geröstete) Kastanie‘), *Melanzani* (in CH D: *Aubergine*) u. a.

Latein spielte traditionell eine große Rolle in Österreich. Es war dort bis ins frühe 19. Jahrhundert Amtssprache (Ebner 2009: 445) und bis zum Ersten Weltkrieg offizielle Briefsprache des Wiener Hofes (Ammon 1995: 179). An Universitäten der Donaumonarchie fand es bis 1824 Verwendung als Unterrichtssprache (vgl. Stachel 2001: 26 f. und 40 (Endnote 38)). All dies führte zu etlichen Entlehnungen aus dieser Sprache, wie etwa *Inquisit* (‚Häftling‘), *Konsumation* (‚Verzehr‘), *Kontumaz* (‚Quarantäne‘), *Kooperator* (‚Kaplan‘), *Matura* (in A D: *Reifeprüfung*), *Primarius* (‚leitender Arzt‘), *Realitäten* (‚Immobilien‘), *Remuneration* (‚Vergütung‘).

Viele französische Fremdwörter sind nach Ebner (2009: 444 f.) bereits veraltet. Noch gebräuchlich sind: *assanieren* (‚sanieren‘), *delogieren* (‚zum Auszehen aus einer Wohnung zwingen‘), *faschieren* (‚durch den Fleischwolf drehen‘), *Fauteuil* (‚Polstersessel‘), *Kokosette* (‚Kokosflocken‘), *Magazineur* (‚Magazinverwalter‘), *Rayon* (‚Dienstbereich, -bezirk‘), *retour* (‚zurück‘), *Trafik* (‚Tabakladen‘).

Neben den Entlehnungen aus dem Englischen, die in jüngster Zeit Einzug in die deutsche Sprache hielten und im gesamten deutschen Sprachgebiet gebräuchlich sind, gibt es einige Anglizismen älteren Datums, die vor allem in der österreichischen Sportsprache anzutreffen sind: *Corner* (‚Ecke‘), *Goal* (‚Tor‘), *Goalmann* (‚Torhüter‘), *Keeper* (‚Torhüter‘) u. a.

Entlehnungen aus slawischen Sprachen und aus dem Ungarischen schlagen heutzutage in der österreichischen Standardvarietät nicht mehr allzu stark zu Buche. Aus dem Slowenischen stammen etwa *Keusche* (‚kleines Bauernhaus‘), *Jause* (‚Zwischenmahlzeit‘), aus dem Tschechischen und Slowakischen sind beispielsweise *Brimsen* (‚Schafskäse‘), *Kolatsche* (‚Teigtasche‘), *Kren* (‚Meerrettich‘), *Powidl* (‚Pflaumenmus‘) gebräuchlich und aus dem Ungarischen stammen *Fogosch* (‚Zander‘), *Palatschinke* (‚Pfannkuchen‘) sowie die Schreibung <Gulyás>. Die Schreibung <Gulasch> stammt zwar ebenfalls aus dem Ungarischen, ist aber gemeindeutsch.

Auch einige **Helvetismen** gehen auf Entlehnungen zurück. In der Schweizer Sportsprache gibt es vermehrt Anglizismen: *Goalie* (‚Torhüter‘), *Penalty* (‚Elfmeter‘). Das Lateinische ist ebenfalls Spendersprache für Helvetismen: *Matur* (in A D: *Reifeprüfung*), *Traktandum* (‚Tagesordnung‘). Die wichtigste Kontaktsprache ist jedoch Französisch, das in der Schweiz nach Deutsch die zweitgrößte Landessprache ist. Die häufig sehr guten Französischkenntnisse der Deutschschweizer führen dazu, dass Kommunikation zwischen ihnen und den französischsprachigen Landsleuten meist auf Französisch stattfindet (vgl. Ammon 1995: 281) und eine problemlose Entlehnung von Gallizismen in das Schweizerhochdeutsche möglich ist. Die Bezeichnungen *Bijouterie* ('Juweliergeschäft'), *Camion* ('Lastkraftwagen'), *Jupe* (in A D: *Rock*), *Panaché* ('Getränk aus hellem Bier und Limonade'), *Velo* ('Fahrrad') zeigen dies expemplarisch. Einige dieser Lexeme waren ursprünglich gemeindeutsch, wurden außerhalb der Schweiz aber „eingedeutscht". Die Ersetzung von Fremdwörtern durch Wortneubildungen mit heimischen Sprachmitteln gehört zu sprachpflegerischen Bemühungen, die in der Schweiz zum Teil anders ausgerichtet waren als in Österreich oder Deutschland (vgl. Bickel 2006: 16 f.). Manche Fremdwörter, die dort ersetzt wurden, blieben in der Deutschschweiz weiterhin in Gebrauch und gelten heute als Helvetismen, wie etwa *Trottoir* und *Perron* (vgl. Kap. 10.2.3).

Viele Austriazismen und Helvetismen sind also auf Entlehnungen aus Kontaktsprachen zurückzuführen, wobei Italienisch (für Österreich) und Französisch (für die Deutschschweiz) von besonderer Bedeutung sind. Für die Standardvarietät in Deutschland kann nicht ohne weiteres eine bestimmte Spendersprache benannt werden, aus der vorzugsweise Teutonismen entlehnt worden wären. Bei ihrer Entstehung steht stattdessen ein anderes Phänomen im Vordergrund: Der *Sprachpurismus*.

10.2.3 Sprachpurismus

Unter Sprachpurismus versteht man einen Komplex „von sprachplanerischen und sprachpolitischen Aktivitäten […], welche die eigene Sprache von fremden Einflüssen (Fremdwörtern, Entlehnungen) freihalten wollen" (Ammon 1995: 183 ff.). Sprachpuristen gehen davon aus, dass eine Sprache durch Einwirkungen fremder Sprachen (z. B. Fremdwörter) „verunreinigt" werde, dagegen als „rein" zu betrachten sei, wenn sie keine solchen Einflüsse aufweise. Verschiedene Ausprägungen von Sprachpurismus sind zu unterscheiden:

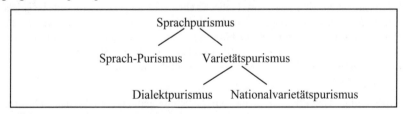

Abb. 31: Begriffsschema ,Sprachpurismus' (frei nach Ammon 1995: 184)

Der Sprachpurismus im engeren Sinne versucht ganze Sprachen (z. B. Deutsch) „rein" zu halten und richtet sich gegen Einflüsse fremder Sprachen (z. B. Entlehnung von Anglizismen). Dieser Fall ist in Abb. 31 als „Sprach-Purismus" mit Bindestrich dargestellt. Purismus im weiteren Sinne („Varietätspurismus") bezieht sich auf einzelne Varietäten einer Sprache, die vor Einflüssen anderer Varietäten der gleichen Sprache geschützt werden sollen. Dialektpuristen versuchen beispielsweise ihre Mundart vor Transferenzen aus anderen Mundarten oder aus der Standardvarietät zu bewahren. Der **Nationalvarietätspurismus** ist bestrebt, die eigene nationale Standardvarietät von Einflüssen anderer, meist dominanter Nationalvarietäten frei zu halten. Im Falle der deutschen Sprache richtet er sich daher in der Regel gegen Teutonismen.

Sprachpuristische Maßnahmen im engeren Sinne wurden in Deutschland bereits seit dem 17. Jahrhundert getroffen, v. a. um die Muttersprache von französischen Fremdwörtern rein zu halten. Zu dieser Zeit war alles Französische außerordentlich prestigeträchtig, man orientierte sich an der französischen Mode und Lebensart sowie an der Sprache. Etliche französische Fremdwörter wurden ins Deutsche übernommen, und die höheren Gesellschaftsschichten waren um 1700 zweisprachig. Auch an den Höfen sprach man zunehmend Französisch. Von Friedrich dem Großen (1712-1786) heißt es, er habe fast nur Französisch gesprochen, so dass Voltaire 1750 über den Potsdamer Hof schrieb: „Man spricht nur unsere Sprache. Das Deutsche ist nur für die Soldaten und die Pferde" (zitiert nach Stedje 2001: 143). Im Übrigen habe der Preußenkönig das Deutsche nicht ausreichend beherrscht, um sich darin schriftlich äußern zu können (vgl. Löffler 1998: 75). Das *Alamode*-Wesen wurde von einigen Teilen der Bevölkerung kritisch betrachtet und es kam zur Gründung sogenannter **Sprachgesellschaften**. Sie setzten sich v. a. zwei Ziele: „Die Schaffung einer nationalen deutschsprachigen Literatur" und „einer einheitlichen deutschen Sprache, durch die vornehmlich die „Reinigung" von Fremdwörtern erzielt werden sollte" (Ernst 2005: 183). Wie aber kann man eine Sprache von Fremdwörtern „reinigen"? Zu diesem Zweck schlugen die Sprachpuristen vor, Fremdwörter zu „verdeutschen", d. h. mit den Mitteln der eigenen Sprache nachzubilden.

Die größte und einflussreichste deutsche Sprachgesellschaft war die 1617 gegründete *Fruchtbringende Gesellschaft* (auch: *Palmenorden*). Ihr gehörte z. B. Philipp von Zesen an, der als „einer der Radikalsten bei der Eindeutschung von Fremdwörtern" (Ernst 2005: 187) gilt. Auf ihn gehen unter anderen folgende Verdeutschungen zurück: *Verfasser* (für *Autor*), *Jahrbuch* (für *Annalen*), *Zeughaus* (für *Arsenal*), *Wörterbuch* (für *Lexikon*) u. v. a. (vgl. ebd.).

Im ausgehenden 18. und im 19. Jahrhundert erreichte der Sprachpurismus einen weiteren Höhepunkt. Im Zusammenhang mit den Bestrebungen nach politischer Vereinigung des territorial zersplitterten Gebietes erhielt die Pflege und Reinerhaltung der deutschen Sprache einen neuen Stellenwert, da sie „als das Band angesehen wurde, das die Deutschen einigte" (vgl. Kirkness 1998: 410). Hier stand die Idee der Einheit von Sprache und Nation im Vordergrund, die in den Schlagwörtern *Nationalsprache* und *Sprachnation* (vgl. Kap. 12) zum Ausdruck kam.

Die Eindeutschungsversuche der Sprachpfleger (z. B. Philip von Zesen, Joachim Heinrich Campe oder auch Friedrich Ludwig Jahn („Turnvater Jahn")) waren von unterschiedlichem Erfolg gekrönt: Einige ersetzten das betreffende Fremdwort

(*Bürgersteig* statt *Trottoir, Bahnsteig* statt *Perron, Fahrkarte* statt *Billet*). Andere Neubildungen dagegen wurden zwar dauerhaft in den deutschen Wortschatz aufgenommen, konnten das betreffende Fremdwort aber nicht verdrängen, was zur Synonymenbildung führte (*Anschrift/Adresse, freimachen/frankieren, Hochschule/Universität*). Wieder andere setzten sich nicht durch (*Zeugemutter* für *Natur, Freigläubiger* für *Protestant, Menschenschlachter* für *Soldat*). Die sprachpuristischen Maßnahmen waren in Österreich und der Schweiz weniger wirkungsvoll oder schlugen andere Richtungen ein als in Deutschland, wodurch Teutonismen, aber auch Austriazismen und Helvetismen entstanden bzw. erhalten blieben. Die beiden oben genannten Fremdwörter *Trottoir* und *Perron* wurden in der Schweiz nicht eingedeutscht und sind bis heute gebräuchliche Helvetismen. Die Entsprechung *Bürgersteig* (für *Trottoir*) ist ein Teutonismus, *Bahnsteig* (für *Perron*) ein Austroteutonismus. Die Ausdrücke *Trottoir* und *Perron* kommen zwar auch in Deutschland vor, aber nur gebietsweise und dialektal.

Heute richten sich dominante Zentren einer plurizentrischen Sprache in der Regel gegen Einflüsse fremder Sprachen. Dieser Purismus im engeren Sinne ist zu beobachten, wenn in Deutschland kontroverse Diskussionen über die vermeintliche Bedrohung der deutschen Sprache durch Anglizismen geführt werden. Nichtdominante Zentren sind dagegen eher varietätspuristisch ausgerichtet, indem sie sich gegen sprachliche Einflüsse der dominanten Zentren wehren. Dies ist insbesondere in Österreich der Fall, wo man mit Hilfe des *Österreichischen Wörterbuchs* versucht, die eigene Nationalvarietät zu schützen und zu pflegen (vgl. Kap. 13.2).

10.2.4 Politik, Verwaltung und Kultur

Auch politische Gegebenheiten, staatliche Verwaltung und kulturelle Besonderheiten haben die Entstehung der nationalen Varietäten begünstigt. Exemplarisch sei hier auf Bickel (2006: 16 f.) verwiesen, der eine Reihe von Faktoren nennt, welche bei der Entstehung des Schweizerhochdeutschen eine Rolle gespielt haben und immer noch spielen. Sie alle führt er letztlich auf einen Umstand zurück: „So hat die Eigenstaatlichkeit der Schweiz einen nicht zu unterschätzenden Einfluss bei der Tradierung und Herausbildung des Schweizerhochdeutschen" (ebd.). In diesem Zusammenhang führt er die Schweizer Medien an, die eine „sprachliche Vorbildfunktion" haben und normbildend wirken. Schulen, Lehrbücher und Lehrerbildung gehören zu den hoheitlichen Aufgaben des Schweizer Bundes, so dass sich eine schweizerische Schultradition entwickeln konnte, die die Sprachbildung wesentlich prägt (vgl. ebd). Ein weiterer prägender Faktor ist nach Bickel das Staatswesen. Der Sprachdienst der Eidgenossenschaft sorgt für eine stringente Terminologie für Gesetze, Verordnungen und landestypische Institutionen. All diese Faktoren verleihen der schweizerischen nationalen Varietät spezifische Besonderheiten.

Der Einfluss von **Politik und Verwaltung** in den deutschsprachigen Nationen zeigt sich vor allem durch lexikalische Varianten in Domänen wie Justiz, Militär, Schule, Verkehrswesen, Gesundheits- und Versicherungswesen. Zu den Austriazismen zählen folgende Lexeme: *Exekutor* (‚Gerichtsvollzieher‘), *Grundwehrdiener* (‚Soldat in militärischer Grundausbildung‘), *Karenzurlaub* (in D: *Erziehungsurlaub*), *Klub* (in CH D: *Fraktion*), *Klubobmann* (in D: *Fraktionsvorsitzender*), *Landeshauptmann* (in D: *Ministerpräsident*), *Mandatar* (‚Parlamentarier‘), *Nationalrat* (auch CH; in D: *Bundestag*), *pragmatisieren* (in D: *verbeamten*), *Schubhaft* (in D: *Abschiebehaft*) u. a. (vgl. Ebner 2009: 451 f.). In der Deutschschweiz sind es Ausdrücke wie *Bürgergemeinde* (‚Gesamtheit der Personen, die in einer Gemeinde das Bürgerrecht haben‘), *Handmehr* (‚Stimmenmehrheit bei Handabstimmungen‘), *Kanton* (in A D: *Bundesland*), *Kantonsrat* (in A D: *Landtag*), *Landammann* (in D: *Ministerpräsident*), *Nationalrat* (auch A; in D: *Bundestag*), *Stadtpräsident* (in A D: *Bürgermeister*), *Ständerat* (in A D: *Bundesrat*), Vortritt (in D: *Vorfahrt*) u. a. Auch in Deutschland trägt die staatliche Verwaltung zum Bestand der Teutonismen bei: *Abitur* (in A CH: *Matura*), *Landtag* (‚Parlament eines Bundeslandes‘), *Bürgerschaft* (‚Parlament der Bundesländer Hamburg und Bremen‘), *Ministerpräsident* (‚Regierungschef eines Bundeslandes‘), *Vorfahrt* (in A: *Vorrang*; in CH: *Vortritt*) und viele Komposita mit dem Bestimmungswort *Bundes-*: *Bundesanzeiger* (‚Publikationsorgan für amtliche Nachrichten‘), *Bundesgrenzschutz*, *Bundeshaushalt* (‚Staatshaushalt‘), *Bundeswehr*, *Bundeskriminalamt*, *Bundestag*, um nur einige zu nennen.

Abb. 32: Bremische Bürgerschaft (Foto: B. Kellermeier-Rehbein)

Kulturelle Besonderheiten der deutschsprachigen Nationen spiegeln sich ebenfalls in den nationalen Varietäten wider. In diesem Zusammenhang ist auf die maritime Kultur mit weiträumigen Handelsbeziehungen im Norden und die kleinräumige alpine und bäuerliche Kultur im Süden des deutschen Sprachraums zu verweisen (vgl. Bickel 2006: 17). Das österreichische Standarddeutsch enthält beispielsweise in großem Umfang spezifische Austriazismen für Lebensmittel und Speisen. Beispiele für Lebensmittelbezeichnungen sind *Erdapfel* (‚Kartoffel‘), *Fisole* (‚grüne Bohne‘), *Karfiol* (in CH D: *Blumenkohl*), *Marille* (in CH D: *Aprikose*), *Obers* (in D: *Sahne*), *Paradeiser* (‚Tomate‘), *Ribisel* (in CH D: *Johannisbeere*), *Topfen* (in CH D: *Quark*), *Vogerlsalat* (in D: *Feldsalat*) u. a. Zu den spezifisch österreichischen Speisenbezeichnungen gehören *Biskotte* (in CH D: *Löffelbiskuit*), *faschiertes Laibchen* (in D: *Frikadelle*), *Kipferl* (in D: *Hörnchen*), *Palatschinke* (in D: *Pfann(en)kuchen*), *Powidl* (‚Pflaumenmus‘), *Topfentorte* (in D: *Käsekuchen*).

Zum Teil sind diese Austriazismen produktive Wortbildungsbestandteile: *Marillenbrand, Marillenknödel, Marillenkompott, Marillenlikör, Marillenmarmelade.* Ohne die entsprechenden Kenntnisse kann man als Nicht-Österreicher unter Umständen verständnislos vor einer Speisekarte stehen. Dass das Kulinarische den Österreichern besonders am Herzen liegt, wird deutlich anhand der 23 sogenannten *EU-Austriazismen*, die sich Österreich 1995 im Zuge der Beitrittsverhandlungen zur Europäischen Union für den Gebrauch in offiziellen Schriftstücken der EU sichern ließ und bei denen es sich ausschließlich um Bezeichnungen für Lebensmittel handelt (vgl. dazu Kap. 12.1). Im Zusammenhang mit der österreichischen Kaffeehaustradition stehen folgende Austriazismen: *Einspänner* (,schwarzer Kaffee im Glas mit Sahnehäubchen'), *Melange* (,Milchkaffee') und *kleiner/großer Brauner* (,Kaffee mit etwas Milch').

Auch im Schweizerhochdeutschen geht eine Reihe von Ausdrücken auf kulturelle Besonderheiten zurück: *Hornussen* (/ein Schlagstockspiel/), *Jass* (/ein Kartenspiel/), *Schwinget* (/eine Art Ringkampf/), *Schwinger/(der) Böse* (,jemand, der die Sportart Schwingen ausübt'). Da diese Lexeme Bezeichnungen für spezifisch schweizerische Sportarten oder Spiele sind, handelt es sich strenggenommen um Sachspezifika und nicht um nationale Varianten. Weitere Helvetismen gehen auf die Währung zurück: *Fränkler* (,Münze im Wert von 1 Franken') und *Rappenspalter* (,Geizhals').

Einige Teutonismen entstammen dem Bereich *Karneval*, wobei diese Domänenbezeichnung selbst ein Teutonismus ist. Weitere Teutonismen aus diesem Bereich sind: *Jeck* D-mittelwest, *Karnevalist, Karnevalsprinz* u. a. Auch geographische Gegebenheiten Norddeutschlands und der Küsten haben Teutonismen hervorgebracht: *Fehn/Fenn* D-nord (,Moor'), *Reet* D-nord/*Ried* D (ohne mittelost/südost) (,Schilfgras') und *Tide* D-nord (,Bewegung des Meereswassers bei Ebbe und Flut').

10.2.5 Austriazismen als Reliktformen

Die Entstehung einiger Austriazismen beruht auf dem Umstand, dass das Österreichische an verschiedenen Entwicklungen in der gesamtdeutschen Sprache nicht teilgenommen hat (vgl. Ebner 2008: 14 f.). Daher findet man in Österreich einige ältere Sprachformen, die ursprünglich einmal gemeindeutsch waren, heute aber in Deutschland und/oder der Schweiz verschwunden sind. So bevorzugte man beispielsweise das Wort *Jänner* (aus spätlat. *Ienuarius*) seit frühneuhochdeutscher Zeit bis in die Klassik im gesamten deutschen Sprachraum. Ab dem 18. Jahrhundert wurde es praktisch überall, außer in Österreich, gegen *Januar* (aus lat. *(mensis) Iānuārius*) ausgetauscht (vgl. Kluge [24]2002; Ebner 2008: 14).

Der heutige Austriazismus *Topfen* ist bereits im 13. Jahrhundert als ostoberdeutsch belegt, während der Helvetoteutonismus *Quark* im 14. Jahrhundert aus dem Niedersorbischen (*twarog* ‚käsig gewordene Milch‘) entlehnt wurde (vgl. Kluge [24]2002).

Ein Beispiel für eine abweichende Bedeutungsentwicklung ist das Wort *Pennal*, das bereits im 15. Jahrhundert die Bedeutung ‚Federbüchse‘ hatte. In Deutschland wurde daraus eine Scherzbezeichnung für ‚Schule‘ (später ersetzt durch *Penne*) und für ‚Schüler, Gymnasiast‘ (unter Einfluss des Plurals ersetzt durch *Pennäler*), im österreichischen Deutsch dagegen behielt *Pennal*, jetzt meist in der Form *Federpennal*, bis heute seine ursprüngliche Bedeutung ‚Behältnis für Schreibutensilien; Etui für Bleistifte u. Ä.‘ (vgl. Kluge [24]2002; Ebner 2008: 14; ÖWB [41]2009).

Auch die Perfekt- und Plusquamperfektbildung der Verben *sitzen, stehen, liegen* usw. mit *sein* war nach Ebner (ebd.) ursprünglich gemeindeutsch, bis die Sprecher in Nord- und Mitteldeutschland gegen Ende des 18. Jahrhunderts zum Hilfsverb *haben* übergingen.

Zusammenfassung

Im deutschen Sprachraum existierten zunächst ausschließlich Dialekte, doch mit zunehmenden überregionalen Kontakten entstand Bedarf an einem einheitlichen Sprachsystem mit standardisierten Normen, das für die großräumige Kommunikation praktikabel war. Die politischen Ereignisse in den heutigen Vollzentren und ihren Vorgängerstaaten wirkten sich unmittelbar auf die Sprachgeschichte dieser Gebiete aus, so dass die sprachliche Standardisierung unterschiedlich verlief und am Ende in Deutschland, Österreich und der Schweiz jeweils eigene Standardvarietäten entstanden. Auch die Existenz der einzelnen nationalen Varianten geht auf diverse Faktoren zurück.

Weiterführende Literatur: Ammon, Ulrich (1995a): Die deutsche Sprache in Deutschland, Österreich und der Schweiz. Das Problem der nationalen Varietäten. Berlin/New York, Kap. B.1, C.1, D.1. **Kirkness, Alan (1998):** Das Phänomen des Purismus in der Geschichte des Deutschen. In: Besch, Werner/Betten, Anne/Reichmann, Oskar/Sonderegger, Stefan (Hg.): Sprachgeschichte. Ein Handbuch zur Geschichte der deutschen Sprache und ihrer Erforschung. HSK Bd. 2.1. Berlin/New York, S. 407–416. **Schulz, Matthias (2006):** Die Plurizentrizität des Deutschen als Problem und Aufgabe der Sprachgeschichtsschreibung. In: Götz, Ursula/Stricker, Stefanie (Hg.): Neue Perspektiven der Sprachgeschichte. Internationales Kolloquium des Zentrums für Mittelalterstudien der Otto-Friedrich-Universität Bamberg. Heidelberg, S. 181–195. **Sonderegger, Stefan (2003):** Aspekte einer Sprachgeschichte der deutschen Schweiz. In: Besch, Werner/Betten, Anne/Reichmann, Oskar/Sonderegger, Stefan (Hg.): Sprachgeschichte. Ein Handbuch zur Geschichte der deutschen Sprache und ihrer Erforschung. HSK Bd. 2.3. Berlin/New

York, S. 2825–2888. **Wiesinger, Peter** (²2003b): Aspekte einer österreichischen Sprachgeschichte der Neuzeit. In: Besch, Werner/Betten, Anne/Reichmann, Oskar/Sonderegger, Stefan (Hg.): Sprachgeschichte. Ein Handbuch zur Geschichte der deutschen Sprache und ihrer Erforschung. HSK Bd. 2.3. Berlin/New York, S. 2971–3001.

✎ **Aufgabe**

Skizzieren Sie wesentliche Faktoren für die Entstehung des österreichischen, schweizerischen und deutschen Standarddeutsch.

Soziolinguistische Aspekte

der Standardvariation

11 Das Verhältnis zwischen Standardvarietät und Dialekt

In diesem Kapitel geht es um den Gebrauch verschiedener Varietäten. Insbesondere ist dabei von Interesse, wer wann mit wem und in welcher Situation eher die Standardvarietät verwendet oder einen Dialekt bevorzugt. Bei der Varietätenwahl spielen außersprachliche Faktoren wie etwa Wohnort, Alter, Geschlecht, Gesprächspartner und -thema, Situation, Sozialschicht[16], Persönlichkeit des Sprechers eine Rolle (vgl. Kap 1). Diese Kriterien sind allerdings nicht absolut, d. h. sie führen nicht zwangsläufig zum gleichen Ergebnis. Bei gleicher Konstellation können sie in verschiedenen deutschsprachigen Regionen oder Nationen zu ganz unterschiedlichen Entscheidungen bei der Varietätenwahl führen. Dieses Kapitel zeigt, dass innerhalb der Sprachzentren verschiedene „ungeschriebene Gesetze" die Sprecher bei ihrer mehr oder weniger bewussten Entscheidung für die eine oder die andere Varietät beeinflussen. Die Wahl der „richtigen Ausdrucksweise" ist wichtig für alle, die auf eine Art und Weise kommunizieren möchten, die sozial konform ist und sie als sprachlich kompetente Mitglieder ihrer Sprachgemeinschaft auszeichnet.

11.1 Österreich: Dialekt-Standard-Kontinuum

Für die (mündliche) Kommunikation steht den österreichischen Sprechern eine Vielzahl von Varietäten zur Verfügung. Im Hinblick auf die regionalen Varietäten ergeben sich nach Wiesinger (1988: 18 ff.; 1990: 227 f.) vier **Sprachschichten**: lokale Basisdialekte, großräumige Verkehrsdialekte, regionale Umgangsvarietäten und die nationale Standardvarietät.

Dialekte sind in Österreich weit verbreitet. Wiesinger ermittelte 1988 in einer Umfrage, dass 78 % der Befragten sich als Dialektsprecher bezeichneten. Als übliche Alltagssprache gaben 49 % Dialekt und genauso viele Umgangssprache an und nur ein kleiner Rest entfiel auf „Hochdeutsch". Dabei bestehen „im einzelnen große Unterschiede nach Sozialschicht, Wohnort, Alter und Geschlecht" (Wiesinger 1988: 21). Auch nach Löffler (2010: 131) verfügen 71-80 % der Bürger über Dialektkenntnisse. Er bezieht sich dabei auf verschiedene Erhebungen aus den Jahren 1974 bis 1991, darunter die Studie von Wiesinger (1988).

---

[16] Der sehr problematische Begriff der ‚Sozialschicht' oder ‚sozialen Schicht' löst immer wieder kontroverse Diskussionen über seine Berechtigung und Angreifbarkeit aus, die hier aber nicht dargestellt werden können.

Basisdialekte werden hauptsächlich von der „alteingesessenen traditionellen Dorfbevölkerung" (Wiesinger 1988: 19) gesprochen. Sie enthalten eine Fülle von stark ausgeprägten Dialektmerkmalen und sind sprachlich am weitesten von der Standardvarietät entfernt, weshalb sie für Nicht-Sprecher des betreffenden Dialektes unter Umständen schwer verständlich sind. Kommunikation ist also nur in einem relativ kleinen geographischen Radius mit einer eingeschränkten Anzahl an Gesprächspartnern möglich. Zur Illustration fügt Wiesinger (1988: 18) eine Probe aus dem niederösterreichischen, nördlich von Wien gelegenen Weinviertel an. Im dortigen Basisdialekt wird der standardsprachliche Satz *Heute Abend kommt mein Bruder nach Hause* so realisiert: „Heint af d'Nocht kimmt mei^n Bruider hoam."

Etwas leichter fällt das Verstehen von großräumigen **Verkehrsdialekten**, die deutlich weniger extreme Dialektismen enthalten, so dass ein größerer Kommunikationsradius erreicht wird. Häufig dienen sie als Ausgleichssprache der jüngeren Sprecher der Landbevölkerung zur Überwindung kleinräumiger und sozialer Sprachunterschiede. Hier lautet der o. g. Satz: „Heit auf d'Nocht kummt mei^n Bruader ham."

Die **regionalen Umgangsvarietäten** sind der Standardvarietät aufgrund der nur wenigen oder ganz fehlenden Dialektismen linguistisch sehr ähnlich und daher für alle Sprachteilnehmer leicht verständlich. Trotzdem sind sie anhand von regionaltypischen Sprachmerkmalen einem bestimmten Gebiet zuzuordnen: „Heit ab'nd kommt mei^n Bruder z'Haus."

Die **Standardvarietät** ist überregional, frei von Dialektismen und enthält nur wenige räumlich gebundene Sprachmerkmale (vgl. Kap. 2.2). Speziell für Österreich wird zwischen einem formellen Standard (für Ansprachen, Predigten, Vorlesungen, Nachrichten etc.) und einem informellen Standard (für öffentliche Debatten, Fernsehmoderationen und gelegentlich auch für private Gespräche) unterschieden. Letzterer unterscheidet sich nur in wenigen Merkmalen vom formellen Standard, z. B. durch die Tilgung von (auslautenden) Vokalen: *heut, ich geh* (vgl. VWD 2004: XXXVI). Wiesinger (1988: 18) nennt dafür das Beispiel „Heut ab'nd kommt mein Bruder nach Haus."

Diese vier „Sprachschichten" lassen sich nicht trennscharf voneinander abgrenzen. Stattdessen gibt es zwischen den beiden Polen „Basisdialekt" und „Standardvarietät" zahlreiche Abstufungen, die einen fließenden Übergang (Gradualismus) bilden. Daher spricht man auch vom **Dialekt-Standard-Kontinuum**. Es ist allerdings nicht nur in Österreich zu beobachten, sondern kommt ebenso in Mittel- und Süddeutschland vor (vgl. Kap. 11.3).

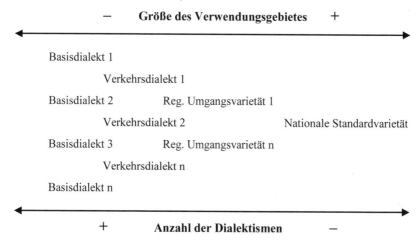

Abb. 33: Dialekt-Standard-Kontinuum

Die österreichischen Sprecher können sich in diesem Kontinuum mehr dialektal oder stärker standardsprachlich ausrichten, indem sie die entsprechenden Merkmale in unterschiedlicher Gewichtung miteinander kombinieren. Je mehr Dialektismen durch großräumige oder überregionale Sprachformen ersetzt werden, desto größer ist die Annäherung an die Standardvarietät. Schuppenhauer/Werlen (1983: 1412) nennen dieses Vorgehen einen „Prozeß allmählicher Akkumulation von Umformungsregeln". Diese Möglichkeit besteht allerdings nicht in gleicher Weise im Bundesland Vorarlberg, das wie die Schweiz zur alemannischen Dialektregion gehört. Die große linguistische Distanz zwischen Dialekt und Standardvarietät macht dort fließende Übergänge unmöglich, so dass die Sprecher zwischen den Varietäten umschalten müssen (vgl. Kap. 11.2).

Nach welchen Kriterien entscheiden sich die österreichischen Sprecher für eine bestimmte Sprachschicht? Antworten auf diese Frage findet man in allgemeinen Erklärungsversuchen, die sich auf das gesamte Gebiet des Dialekt-Standard-Kontinuums beziehen und daher auch die Verhältnisse in Mittel- und Süddeutschland einbeziehen (z. B. Ammon 2003; Löffler 2003: 5 f.), und in solchen, die speziell auf Österreich zugeschnitten sind (z. B. Ammon 1995: 197 ff., Wiesinger 1988: 21 f.; 1990: 220 f., Ebner 2009: 449 f.). Alle stimmen darin überein, dass **Dialektgebrauch** stark von den eingangs erwähnten außersprachlichen Faktoren (Sozialschicht, Formalitätsgrad der Kommunikationssituation etc.) abhängt: Dialekte kommen eher mündlich im familiär-privaten Bereich vor, während die Standardvarietät vor allem für die Schriftlichkeit sowie für öffentliche, formelle und überregionale Kommunikation verwendet wird. Auch Geschlecht, Alter und Wohnort spielen eine Rolle: Auf dem Land lebende ältere, männliche Personen tendieren häufiger zum Dialektgebrauch als junge, weibliche Stadtbewohner.

163

Natürlich wird bei der Wahl einer Varietät berücksichtigt, dass sie für den Kommunikationspartner verständlich sein muss.

Ferner heißt es, Varietäten seien Träger sozialer Markierungen, da man Dialekte meist in den unteren Sozialschichten und bei Personen mit geringerem Schulabschluss, die Standardvarietät dagegen eher in der Mittel- und Oberschicht und bei Sprechern mit höherem Bildungsgrad antrifft. Diese in der Literatur zuweilen recht pauschal formulierte „Faustregel" ist mit großer Vorsicht zu genießen und sollte differenziert hinterfragt werden. Dabei wird man leicht feststellen, dass es viele Abweichungen von diesem Muster gibt, was unter anderem mit dem Prestige zusammenhängt, das die Dialekte in den verschiedenen deutschsprachigen Regionen genießen (oder nicht genießen). Im Allgemeinen verfügen Mundarten im hochdeutschen Dialektgebiet (also auch in Österreich) über ein höheres Ansehen als im niederdeutschen Raum und werden daher im Süden von sozial höheren Schichten nicht ganz so stark abgelehnt wie etwa in Norddeutschland (vgl. Kap. 11.3). Nur im Umgang mit Kindern bevorzugen Österreicher häufig die Standardvarietät, wohl in der Annahme, eine sichere Kompetenz in der Hochsprache sei Voraussetzung für Schulerfolg und eine gehobene berufliche Laufbahn.

Ebner beschreibt regional unterschiedliche **Attitüden** (Einstellungen) bezüglich Dialekt und Standardvarietät: „Neben sehr dialektnahen Gebieten mit hoher Geltung des Dialekts auch in der Öffentlichkeit (z. B. in Oberösterreich) gibt es Gebiete mit starkem Dialektschwund, besonders im Umland von Großstädten" (Ebner 2009: 449). Glauninger (2007: 6) nennt in diesem Zusammenhang das Beispiel Wien, wo Dialekt stark stigmatisiert wird und sich besonders Jugendliche, unabhängig von Sozialschicht und Situation, bevorzugt einer standardnahen Varietät des Deutschen bedienen. Zu ähnlichen Ergebnissen kommt Hohensinner (2006), der die Dialektentwicklung im österreichischen Donauraum darstellt: Der als Folge von Stigmatisierung entstandene und nicht nur bei Jugendlichen auszumachende Dialektverfall nehme in Wien solche Ausmaße an, dass er nicht mehr als Sprachwandel, sondern als Sprachwechsel in Richtung auf norddeutsch geprägtes Standarddeutsch bezeichnet werden müsse. Das Wiener Umland (Niederösterreich, nördliches Burgenland) folgt sprachlich der Hauptstadt. Dort verwenden Sprecher in immer mehr Kommunikationssituationen die Standardvarietät. Die Bewohner Oberösterreichs halten dagegen stärker am Dialekt fest und ersetzen allenfalls einzelne dialektale Merkmale durch überregionale oder standardsprachliche Formen. Dem sprachlichen Vorbild Wiens wird dort kaum gefolgt (vgl. Hohensinner 2006: 219 ff.).

Österreicher haben also im Rahmen des Dialekt-Standard-Kontinuums die Möglichkeit, sich bewusst oder unbewusst für eine mehr standardsprachliche oder stärker dialektal ausgeprägte Sprechweise zu entscheiden. Dabei werden sie von sozialen und situativen Faktoren ebenso geleitet wie von individuell-persönlichen Einschätzungen der Angemessenheit einer Varietät. Diese Freiheit ist den deutschsprachigen Schweizern weitgehend vorenthalten, wie im folgenden Kapitel erläutert wird.

11.2   Schweiz: Diglossie

In keiner anderen deutschsprachigen Nation ist der Dialektgebrauch so weit verbreitet wie in der Schweiz. In der mündlichen Kommunikation wird praktisch nur Dialekt gesprochen. Im Zusammenhang mit der Eidgenössischen Volkszählung des Jahres 2000 stellten Lüdi/Werlen (2005: 36 f.) fest, dass 90,8 % der Deutschschweizer innerhalb der Familie ausschließlich Dialekt sprechen. Sie kommentieren:

> Dass die Sprache in der Familie in der deutschen Schweiz grossmehrheitlich Schweizerdeutsch ist und Hochdeutsch weiterhin nur eine unbedeutende Rolle spielt, kommt nicht überraschend. Bei den Deutschschweizer(inne)n ist der Dialekt ganz klar die primäre und zumeist einzige Sprache in der Familie. (Lüdi/Werlen 2005: 103)

Die Schweizer Mundarten gehören zu den alemannischen Dialekten und werden unter dem Oberbegriff **Schweizerdeutsch** (auch: *Schwyzerdütsch, Schwyzertütsch*) zusammengefasst. Diese Bezeichnung darf nicht mit *Schweizerhochdeutsch* (= Standardvarietät) verwechselt werden.

Hinsichtlich des Verhältnisses zwischen Standardvarietät und Dialekt bildet die Deutschschweiz einen Sonderfall, der sich stark vom übrigen deutschsprachigen Raum unterscheidet. Während in Österreich und in weiten Teilen Deutschlands ein Dialekt-Standard-Kontinuum besteht, in dem sich die Sprecher je nach Bedarf eher standardsprachlich oder eher dialektal ausdrücken können (vgl. Kap. 11.1), liegt in der Schweiz eine **Diglossie-Situation** vor. Mit *Diglossie* beschrieb Ferguson (1982: 254 f., 268) eine funktionale, innersprachliche Zweisprachigkeit, bei der zwei Varietäten einer Sprache in unterschiedlichen Situationen und mit genau abgegrenzten Funktionen streng getrennt und ohne Zwischenstufen (Umgangsvarietäten) verwendet werden. Meist handelt es sich um eine sozial „niedrige" L-Varietät (*low variety*) und eine „höhere" H-Varietät (*high variety*). Als Beispiel nannte er (unter anderen) ausdrücklich die sprachliche Situation in der Deutschschweiz, mit Hochdeutsch als H-Varietät und den alemannischen Dialekten als L-Varietäten. Der Gebrauch dieser Varietäten ist in der Schweiz gesellschaftlich stark reglementiert. Die Sprecher haben deutlich weniger Wahlfreiheit als Österreicher und Deutsche, da viele Kommunikationssituationen „monovarietätisch" sind und nur die eine oder andere Sprachschicht zulassen (vgl. Ammon 1995: 290). Man spricht in diesem Zusammenhang von **medialer Diglossie**, da Standardvarietät und Dialekt an je ein bestimmtes Medium der Sprachproduktion geknüpft sind. Schweizerhochdeutsch ist praktisch ausschließlich für die Schriftlichkeit reserviert, während in der mündlichen Kommunikation Dialektsprechen der Normalfall ist. Das gilt auch für Situationen, bei denen in den anderen Sprachzentren der Gebrauch einer Mundart unangemessen oder ungewöhnlich wäre, z. B. am Arbeitsplatz, in der öffentlichen Verwaltung, beim Arztbesuch, im Seminar an der Universität usw. Es kommt ferner vor, dass sich die Verwendungsbereiche von Standard und Dialekt überschneiden, etwa wenn persönliche Notizen oder schriftliche Mitteilungen im privaten Rahmen im Dialekt verfasst werden oder das Schweizerhochdeutsche mündlich verwendet wird. Letzteres kommt aber eher selten und nur in bestimmten Domänen vor. Die Sprecher stützen sich dabei häufig auf ein Manuskript, z. B. in überregionalen Nachrichtensendungen, im Parlament in Bern, in Vorlesungen und manchmal in der Kirche. Freie mündliche Verwendung der Standardvarietät findet bei der Kommunikation mit Deutschen oder Österreichern sowie in der Schule statt. Sie ist der Ort, an dem Deutschschweizer Kinder die Standardvarietät erlernen und häufig zum ersten Mal aktiv verwenden müssen, weil die Kommunikation im Elternhaus im Dialekt erfolgt – so heißt es immer wieder in einschlägigen Diskussionen. Schmidlin (1999: 61) zeigt allerdings, dass bei Schweizer Schülern die passive Kenntnis der Standardvarietät oft unterschätzt wird und dass aktive Sprachkompetenzen in Ansätzen vorhanden sind.

Aufgrund ihrer psychologischen Verknüpfung mit der Schulsituation hegen manche Sprecher eine Abneigung gegen die Schweizer Standardvarietät und empfinden sie zum Teil sogar als eine Art Fremdsprache. Eine empirische Erhebung zeigte Folgendes: „Der Dialekt ist Ausdruck der deutschschweizerischen Identität. 76% der Probanden vertraten die Ansicht, Schweizerdeutsch und nicht Hochdeutsch sei die eigentliche Sprache der Deutschschweiz" (Scharloth 2005: 240). Damit ist auch die Aufwertung der Mundarten als „Nationaldialekte der Schweiz" (Ammon 2003: 169) zu erklären (vgl. Kap. 12. 2). Mit dem Erwerb der Standardvarietät in der Schule und dem fast ausschließlichen Dialektgebrauch in der Mündlichkeit geht überdies einher, dass manche Sprecher ein standardsprachliches Defizit empfinden und die Hochdeutsch-Kompetenz des durchschnittlichen Schweizer Sprechers negativ einschätzen (vgl. Scharloth 2005: 241). Eine detaillierte und kritische Reflexion der Diskussion über den Fremdsprachencharakter des Standarddeutschen in der Schweiz unternehmen Hägi/Scharloth (2005).

Im Unterschied zu Deutschland und Österreich ist der Dialekt in der Schweiz nicht sozial markiert, da alle Deutschschweizer, unabhängig von der Gesellschaftsschicht, Mundart sprechen. Rückschlüsse über die Zugehörigkeit einer Person zu einer Sozialschicht oder hinsichtlich ihres Bildungsgrades können eher anhand der standardsprachlichen Kompetenz gezogen werden (vgl. Lüdi/Werlen 2005: 104), denn ein längerer Schulbesuch beeinflusst das Beherrschen des Hochdeutschen ähnlich positiv wie häufiges Einüben bei überregionaler oder internationaler Kommunikation in gehobenen beruflichen Positionen.

Der umfassende mündliche Dialektgebrauch ist in der Schweiz vor allem deshalb möglich, weil die Mundarten ständig durch Ausbau des Wortschatzes modernisiert werden. Kloss (1978: 25) spricht in diesem Zusammenhang von „**Ausbaudialekt**" und nennt als Beispiel explizit das „Schwyzertütsch" (ebd.: 58). Ausdrücke und Termini werden aus der Standardvarietät übernommen und lautlich und morphologisch an den Dialekt angepasst. Aus diesem Grund kann man in alemannischen Dialekten über Gesprächsthemen aller Art kommunizieren, sei es über alte ländliche Traditionen, modernes Leben in der Großstadt oder fachwissenschaftliche Spezialprobleme. Diese Eignung wird deutschen oder österreichischen Dialekten häufig abgesprochen.

Fergusons Beschreibung der strukturellen Unterscheidung von Dialekt und Standardvarietät in Diglossie-Gebieten trifft ebenfalls auf die Deutschschweiz zu. Hier stehen sich Standardvarietät und Dialekt gegenüber ohne sprachliches Kontinuum mit fließenden Übergängen in Form von Umgangsvarietäten, wie sie in Österreich oder Deutschland auszumachen sind (vgl. Kap. 11.1, 11.3). Nach Ammon (1995: 287 f.) ist dies dem linguistischen Abstand zwischen den beiden Sprachsystemen geschuldet, der deutlich größer ist als etwa zwischen Dialekt und Standard in Österreich. Dieser Umstand wird offensichtlich, wenn Nicht-Schweizer die alemannischen Dialekte kaum oder gar nicht verstehen, während die Verständlichkeit des Schweizerhochdeutschen unbeeinträchtigt ist. Die große linguistische Distanz kann nicht ohne weiteres durch eine Zwischenstufe überbrückt werden, so dass die Entstehung einer Diglossie gefördert wird. Hier ist nur ein Code-Switching, ein Umschalten von einer Varietät zur anderen, möglich, aber kein Code-Shifting, also kein „Gleiten" zwischen den Systemen.

Die Schweizer Dialekte sind relativ kleinräumig verbreitet, großräumige Varietäten stehen kaum zur Verfügung. Ein tendenzieller Ansatz von regionaler Vereinheitlichung ist nur bei Dialekten zu beobachten, deren Sprecher eine wirtschaftliche Vorrangstellung einnehmen und/oder über verbreitete Massenmedien verfügen. So fungiert beispielsweise Züritütsch auch außerhalb der Stadt als eine Art Verkehrsdialekt. Löffler (2000: 2044) nennt Basel- und Berndeutsch als weitere Beispiele für großräumige regionale Kompromissformen. Übrigens ist eine überregionale Umgangsvarietät in der Deutschschweiz im Grunde auch entbehrlich, da sich die Dialekte untereinander aufgrund ihrer Zugehörigkeit zum alemannischen Dialektraum sehr stark ähneln. Daher verstehen sich Sprecher unterschiedlicher Schweizer Mundarten im **polydialektalen Dialog** ohne weiteres und sind nicht auf sprachlichen Ausgleich angewiesen.

11.3   Deutschland: Zwischen Dialektschwund und Dialekt-Standard-Kontinuum

Der Gebrauch von Standardvarietät und Dialekt ist in Deutschland uneinheitlich. Während die gesamte Deutschschweiz eine einheitliche Diglossie-Region bildet und ganz Österreich (bis auf Vorarlberg) zur Region des Dialekt-Standard-Kontinuums gehört, müssen für Deutschland zwei große Gebiete der soziopragmatischen Varietätenverteilung angesetzt werden. Im Norden befindet sich die Region mit Dialektschwund, in Süddeutschland die Region des Dialekt-Standard-Kontinuums. Dazwischen bildet Mitteldeutschland eine breite Übergangszone. Löffler (2000: 2043; 2010: 131) stellt sehr anschaulich dar, dass die **Dialektkenntnis** im deutschsprachigen Raum von Süden nach Norden deutlich abnimmt (vgl. Abb. 34). Sie variiert in Deutschland zwischen 21–30 % in Hamburg und Mecklenburg-Vorpommern und 71–80 % in Bayern, Teilen Baden-Württembergs, Rheinland-Pfalz und dem Saarland. Ausnahmen bilden nur Schleswig-Holstein, wo für norddeutsche Verhältnisse relativ viele Personen (61–70 %) einen Dialekt sprechen können, und das südliche Brandenburg mit den wenigsten Dialektsprechern überhaupt (0–20 %).

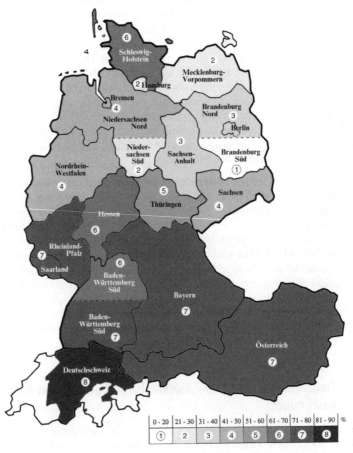

Abb. 34: Geographische Verteilung der Dialektkenntnis (Quelle: Löffler 2010: 131)

Das **Dialekt-Standard-Kontinuum** wurde bereits oben in Bezug auf Österreich ausführlich erläutert (vgl. Kap. 11.1). Alle wesentlichen Merkmale des österreichischen Kontinuums gelten auch für Deutschland: Außersprachliche Faktoren wie etwa Alter, Wohnort, Geschlecht, Gesprächspartner und -thema spielen eine wichtige Rolle bei der Varietätenwahl und Dialekte gelten ebenfalls als Indikatoren für die soziale Schicht (vgl. Clyne 1995: 89 ff.). Doch verfügen sie in Süddeutschland über ein größeres Prestige als im Norden, weswegen selbst die höheren Sozialschichten im Süden gelegentlich Dialekt sprechen, wobei sie allerdings ausgesprochen „breite" Dialektformen vermeiden. In der Regel beherrschen sie aber ebenso die Standardsprache und können sich im Bedarfsfall zwischen den Polen des Varietätenspektrums sprachlich bewegen. Der Wechsel der verschiedenen Register fällt aber nicht jedem gleichermaßen leicht. Bei Angehörigen der unteren Sozialschichten und Personen mit geringer Schulbildung kann zuweilen beobachtet werden, dass sie die Standardvarietät nur unzureichend beherrschen. Bei Erwachsenen wird dies als Zeichen mangelnder Bildung aufgefasst, da die Standardvarietät Lernziel der schulischen Sozialisation ist. Bei dialektsprechenden Kindern, die die Standardvarietät nicht sicher beherrschen, können Transferenzen (Übertragungen sprachlicher Merkmale) aus dem Nonstandard zu erhöhten Fehlerzahlen bei der Textproduktion und damit zu **Schulschwierigkeiten** führen. Diese Problematik wurde in der deutschen Soziolinguistik der 1970er Jahre intensiv erforscht und kontrovers diskutiert (vgl. Ammon/Kellermeier 1997: 21 ff.). Inzwischen ist das Thema jedoch ad acta gelegt worden – nicht weil es heutzutage keine Schüler mit dialektbedingten Schulschwierigkeiten mehr gäbe, sondern weil Dialekte durch andere, auffälligere Ursachen für Schulschwierigkeiten und Chancenungleichheit in den Hintergrund gedrängt wurden (z. B. durch migrationsbedingte Zweisprachigkeit). Trotzdem sind in Deutschland diversen PISA-Untersuchungen zufolge nach wie vor „soziale Diskrepanzen in der Schulleistung" zu beobachten, deren Zusammenhang mit Dialektsprechen und mangelhafter Beherrschung des Standarddeutschen erneut zu untersuchen wäre (vgl. Ammon 2003: 168).

Abb. 35 zeigt noch einmal anschaulich die soziolinguistische Verteilung von Dialekt und Standardvarietät bei verschiedenen Sozialschichten in Gebieten mit Dialekt-Standard-Kontinuum. Das sprachliche Repertoire der Mittelschicht umfasst sowohl die Standardvarietät als auch Umgangsvarietäten. Anders ist es bei der Unterschicht, die der Abbildung zufolge über sprachliche Register zwischen ausgeprägtem Basisdialekt und Umgangsvarietät verfügt, aber nicht über das volle Repertoire der Standardvarietät. Sie kommt nicht einmal in öffentlichen Kommunikationssituationen zur Anwendung. Beide Schichten treffen sich sprachlich im mittleren Bereich des **Varietätenspektrums**. Wie bereits in Kap. 11.1 ausgeführt, sind solche pauschalen Zuweisungen mit Vorsicht zu genießen und sollten kritisch hinterfragt werden.

Standardvarietät

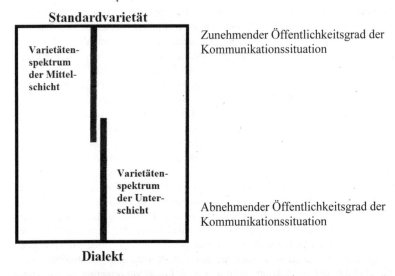

Abb. 35: Varietätenspektrum der Sozialschichten im Dialekt-Standard-Kontinuum (frei nach Ammon 2003: 170)

Ganz anders gestaltet sich das Verhältnis zwischen Dialekt und Standardvarietät in Norddeutschland, das zur Region des **Dialektschwundes** gehört. Sie erstreckt sich über die Bundesländer Bremen, Hamburg, Niedersachsen, Mecklenburg-Vorpommern und Schleswig-Holstein sowie über Teile Brandenburgs, Nordrhein-Westfalens und Sachsen-Anhalts, wobei die Dialektverwendung an den Küsten vitaler ist als am Südrand der Region (vgl. BMI 2003). In diesen Gebieten spielen die autochthonen niederdeutschen Dialekte („Plattdeutsch") nur noch eine marginale Rolle und werden praktisch ausschließlich von der älteren Landbevölkerung, v. a. im bäuerlichen Umfeld, gesprochen. An ihre Stelle sind weitgehend die Standardvarietät und ihr nahestehende, zum Teil großräumig verbreitete Umgangsvarietäten[17] getreten. Die Standardvarietät wurde zunächst das dominante Kommunikationsmittel der Bildungsschichten. Als dadurch die niederdeutschen Dialekte sozial abgewertet wurden, konnten sich auch die übrigen Schichten nicht mehr der Standardsprache entziehen (vgl. Kap. 6.2). Die Umgangsvarietäten enthalten noch einzelne niederdeutsche Formen in Aussprache, Wortschatz und Grammatik (z. B. unverschobene Plosive in *dat/wat*, abweichender Kasusgebrauch etc.).

Wie in Kap. 6.2 bereits gezeigt wurde, hat das Niederdeutsche einen beträchtlichen Teil seines Geltungsbereiches in der Öffentlichkeit sowie den Status als norddeutsche Schriftsprache verloren und dadurch enorm an Ansehen eingebüßt.

---

[17]   Zum Beispiel Berlinerisch (in Berlin und Umgebung), Missingsch (in Hamburg und anderen norddeutschen Städten), Ruhrdeutsch.

Da außerdem alle Sprecher des Niederdeutschen heutzutage auch die Standardvarietät beherrschen, ist man nicht unbedingt auf den Dialekt angewiesen, so dass er immer mehr in den Bereich des Privaten zurückgedrängt wird.

Das mangelnde Prestige der norddeutschen Dialekte führt dazu, dass vor allem die höheren und bildungsorientierten Schichten den Gebrauch der Mundart nach Möglichkeit vermeiden (vgl. Ammon 2003: 165). Dies gilt selbst im privaten und informellen Bereich, falls sie den Dialekt nicht sowieso schon ganz aufgegeben haben. Durch die ständige Verwendung und „Übung" der Standardvarietät haben sie ein hohes Maß an sprachlicher Sicherheit erreicht. Weniger bildungsorientierte Schichten weisen zuweilen noch Unsicherheiten im Gebrauch der Standardvarietät auf, die sich in grammatischen Abweichungen zeigen können (z. B. Pluralbildungen: *Dinger*, auch: *Dingers, Kinders*). Daher ist auch in der Region des Dialektschwundes soziale Markiertheit durch Sprache zu beobachten, allerdings nicht anhand des Dialektgebrauchs wie in der Region des Dialekt-Standard-Kontinuums, sondern abhängig vom Grad der Standardbeherrschung.

Die Ursache für den Dialektschwund ist ferner mit der großen linguistischen Distanz zwischen den niederdeutschen Dialekten und der weitgehend hochdeutsch geprägten Standardvarietät zu begründen. Sie ist auf die im niederdeutschen Raum ausgebliebene Zweite Lautverschiebung und auf Unterschiede in den Bereichen Vokalismus, Lexik und Grammatik zurückzuführen. Das beträchtliche Ausmaß der Verschiedenheit macht es unmöglich, durch den Gebrauch von Übergangsvarietäten wie im Dialekt-Standard-Kontinuum eine Brücke von einem Extrem zum anderen zu schlagen. Würde sich ein Niederdeutschsprecher nur teilweise an die Standardvarietät annähern, wäre er für Nicht-Sprecher des „Plattdeutschen" immer noch schwer verständlich. Daher stehen die Betroffenen je nach Kommunikationssituation vor einer Alternativentscheidung, was im Prinzip der schweizerischen Diglossie-Situation recht nahe kommt (vgl. Schuppenhauer/Werlen 1983: 1412). Im Unterschied zur Schweiz fällt die Wahl in Norddeutschland aufgrund des oben thematisierten Geltungsverlustes der niederdeutschen Dialekte meist auf die überdachende Standardvarietät, wobei es sich allerdings in der Regel nicht um die Standardvarietät in „Reinform" handelt, sondern um den sogenannten norddeutschen Gebrauchsstandard (vgl. Kap. 4) oder um ihr angenäherte Umgangsvarietäten. Große sprachliche Unterschiede zwischen Varietäten einer Sprache können also entweder zu Diglossie führen (wie in der Deutschschweiz, vgl. Kap. 11.2) oder zur Umstellung auf eine der beiden Varietäten wie im niederdeutschen Gebiet (vgl. Ammon 2003: 169).

Zusammenfassung

Der deutschsprachige Raum lässt sich im Hinblick auf den Gebrauch von Dialekt oder Standard in drei große Gebiete einteilen. In Norddeutschland befindet sich die Region des Dialektschwundes, in der die Mundarten nur noch ein relikthaftes Dasein fristen und weitgehend durch die Standardvarietät oder Umgangsvarietäten ersetzt wurden. In Mittel- und Süddeutschland sowie in Österreich gibt es ein Dialekt-Standard-Kontinuum. Die Sprecher können je nach Situation und Gesprächspartner entscheiden, ob sie sich eher standardnah oder dialektal ausdrücken möchten. Die deutschsprachige Schweiz ist durch mediale Diglossie gekennzeichnet. Dabei wird das Schweizerhochdeutsche fast ausschließlich für die Schrift verwendet, während so gut wie alle mündlichen Kommunikationssituationen im Dialekt bewerkstelligt werden.

Weiterführende Literatur: Ammon, Ulrich (2003): Dialektschwund, Dialekt-Standard-Kontinuum, Diglossie: Drei Typen des Verhältnisses Dialekt - Standardvarietät im deutschen Sprachgebiet. In: Androutsopoulos, Jannis K./Ziegler, Evelyn (Hg.): „Standardfragen". Soziolinguistische Perspektiven auf Geschichte, Sprachkontakt und Sprachvariation. Frankfurt am Main, S. 163–171. **Ferguson, Charles A. (1982):** Diglossie. In: Steger, Hugo (Hg.): Anwendungsbereiche der Soziolinguistik. Darmstadt, S. 253–276. **Hägi, Sara/Scharloth, Joachim (2005):** Ist Standarddeutsch für Deutschschweizer eine Fremdsprache? Untersuchungen zu einem Topos des sprachreflexiven Diskurses. In: Linguistik online 24, 3, S. 19–47. **Hohensinner, Karl (2006):** Beobachtungen zur aktuellen Dialektentwicklung im österreichischen Donauraum – Sprachwandel versus Sprachwechsel. In: Muhr, Rudolf/Sellner, Manfred (Hg.): Zehn Jahre Forschung zu Österreichischen Deutsch: 1995–2005. Eine Bilanz. Frankfurt am Main, S. 217–244. **Kloss, Heinz ([2]1978):** Die Entwicklung neuer germanischer Kultursprachen seit 1800. Düsseldorf.

🖊 **Aufgaben**

1.   Wie frei sind die Sprecher in Deutschland, Österreich und der Schweiz im Hinblick auf die Varietätenwahl?

2.   Welche Kriterien sind für Sie persönlich wichtig bei der Entscheidung für den Gebrauch der Standardvarietät, einer Umgangsvarietät oder eines Dialektes?

3.   Assoziieren Sie mit Standard oder Nonstandard bestimmte Kommunikationssituationen?

12 Nationale Varietäten und Identität

Der Titel dieses Kapitels suggeriert einen Zusammenhang zwischen nationalen Varietäten und der Identität von Personen oder Gruppen. Dies wirft die Frage auf, was unter Identität und Nation überhaupt zu verstehen ist und inwieweit Sprache im Allgemeinen und nationale Varietäten im Speziellen als Persönlichkeitsmerkmale und Indikatoren für nationale Identität fungieren können.

Der Begriff ‚Nation' erfährt ganz unterschiedliche Deutungen. Im Sinne Andersons ([2]2005: 15) handelt es sich um ein mentales Konstrukt: „Sie [die Nation (B. K.-R.)] ist eine vorgestellte politische Gemeinschaft – vorgestellt als begrenzt und souverän." *Vorgestellt* bedeutet hier, dass die Mitglieder der Nation zwar nicht alle anderen Mitglieder kennen, aber dennoch ein imaginäres Bild der Gemeinschaft in ihren Köpfen haben. *Begrenzt* verweist darauf, dass Nationen innerhalb von (variablen) Grenzen leben und nicht anstreben, die gesamte Menschheit zu umfassen (vgl. ebd. 15 ff.). Man unterscheidet vor allem zwischen **Staats- bzw. Willensnationen** und **Kulturnationen**. Im ersten Fall beruht der Begriff auf einem subjektiven Zusammengehörigkeitswillen der Bevölkerung und ist weitgehend unabhängig von anderen Faktoren. Allein die entsprechende Staatsbürgerschaft entscheidet über die Zugehörigkeit zur Staatsnation. Die Mitgliedschaft zu einer Kulturnation setzt dagegen eine gemeinsame Ethnie, Kultur, Religion und/oder Muttersprache der Mitglieder voraus sowie eine gemeinsame historische Entwicklung (in einem bestimmten Territorium).

Auf den (zumindest in Europa) angenommenen engen Zusammenhang von **Sprache und Nation** verweist Reichmann (2000: 423): „Die Sprache (im Sinne von ‚Einzelsprache') gilt in Gesamteuropa als ein wichtiges, in vielen Teilen sogar als das zentrale, letztlich ausschließliche bis absolute Kriterium zur Bildung von Gemeinschaften, zur Bestimmung von Gemeinschaftszugehörigkeiten usw." Die enge Verknüpfung von (Kultur-)Nation und Sprache zeigt sich auch in der häufig zu beobachtenden etymologischen Verwandtschaft der Bezeichnungen für Nationen und die jeweiligen Sprachen: *Frankreich – Französisch, Schweden – Schwedisch, Deutschland – Deutsch*.

Warum ausgerechnet die Sprache so wichtig für die Konstituierung von Nationen ist, lässt sich nach Reichmann (2000: 429 ff.) anhand des **Organon-Modells** von Karl Bühler linguistisch begründen. Bühler schrieb den sprachlichen Zeichen und damit der Sprache allgemein drei Funktionen zu: Die Symbolfunktion (Darstellungsfunktion), mit der ein sprachliches Zeichen auf einen außersprachlichen Gegenstand oder Sachverhalt verweist, die Symptomfunktion (Ausdrucksfunktion), mit der ein Sprecher etwas über sich selbst preisgibt, und die Signalfunktion (Appellfunktion), die sich an den Hörer richtet.

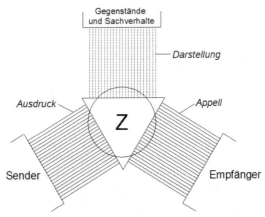

Abb. 36: Organon-Modell nach Karl Bühler (^{2}1965: 28)

Der Zusammenhang von Sprache und Nation wird nach Reichmann (2000: 429 ff.) insbesondere in der Symptom- und Symbolfunktion deutlich. Mit Hilfe der **Symptomfunktion** sind im einfachsten Fall aus der Tatsache, dass jemand eine bestimmte Einzelsprache spricht, Rückschlüsse auf die Nationalität der Person zu ziehen: *Er spricht Dänisch* → *Er ist Däne*. Aufgrund dessen können beim Hörer Konnotationen wachgerufen werden, die dem Sprecher bestimmte Merkmale nach Art der National-Stereotype zuschreiben, wie Religionszugehörigkeit, Lebensgewohnheiten, Einkommen, Bildungsstand etc. Verwendet der Sprecher areale Varianten einer Sprache (z. B. *Moin*), lässt sich seine geographische Herkunft (hier: Norddeutschland) erschließen. Auch die **Symbolfunktion** (bei Reichmann: *Erkenntnisfunktion*) ist maßgeblich für die Gemeinschaftsbildung, denn Einzelsprachen werden immer wieder „spezifische kognitive Leistungen zugeschrieben" (Reichmann 2000: 430). Damit unterstellt man, dass die Strukturen einer Einzelsprache die außersprachlichen Gegebenheiten in einer bestimmten Art und Weise gliedern und das Denken der Sprecher in bestimmte Bahnen lenken und vorprägen. Diese Vorstellung geht auf verschiedene Sprachphilosophen (z. B. Wilhelm von Humboldt) zurück, die in ihren Schriften die Auffassung vertraten, dass kognitive Leistungen nicht nur von der allgemeinen Sprachfähigkeit abhängig seien, sondern ebenso von den Strukturen der jeweiligen Einzelsprachen, die die „Inhalte des Denkens und Fühlens derjenigen Menschen bestimmt, die die betreffende Sprache sprechen [...]" (Reichmann 200: 431). Darüber hinaus ist sie als kognitives System „die Voraussetzung für Kommunikation, [...] für die Weitergabe von Kenntnissen in der Form, die das System vorgibt, und damit für dessen Stabilisierung" (ebd.). Eine Einzelsprache ist demnach nicht nur ein wesentliches Merkmal einer Nation, sondern festigt auch national-typische Denk- und Kommunikationsmuster und gegebenenfalls Einstellungen und Verhaltensdispositionen.

Die nationalsymbolische Wirkung von Sprachen lässt sich ferner aus historischer und soziopsychologischer Perspektive erklären. Mit der Entstehung des **Nationalbewusstseins** im Europa des 16. bis 18. Jahrhunderts ging die Vorstellung einher, dass Sprache und Nation auf das Engste miteinander verknüpft seien. Man unterstellte die Zugehörigkeit aller Sprecher derselben Muttersprache zur gleichen Nation. Entsprechend hätten alle Mitglieder einer Nation dieselbe Muttersprache (vgl. Ammon 2000: 514). So entstanden Schlüsselwörter wie **Nationalsprache** und **Sprachnation**.

Vor allem im 19. Jahrhundert wurde im Kontext der **Nationenbildung** oftmals argumentiert, dass eine Gruppe von Personen mit gleicher Sprache ein Anrecht auf politische Selbstverwaltung in einem eigenen Staat habe. Zum Teil vertrat man die Auffassung, dass Sprachgrenzen mit nationalen Grenzen gleichzusetzen seien (vgl. Koller 2000: 566). Da die Gemeinsamkeit in Sprache und Kultur zu den wichtigsten Argumenten für die politische Vereinigung gehörte, erlangte die gemeinschaftliche Sprache Symbolwert. Dies galt selbstredend auch für den deutschsprachigen Raum. Grimm erwähnte 1854 im Vorwort zum *Deutschen Wörterbuch* den Wunsch des Volkes zum staatlichen Zusammenschluss („begierde nach seiner festeren einigung", DWB Vorwort: III) und stellte die Suggestivfrage: „was haben wir denn gemeinsames als unsere sprache und literatur?" (ebd.). Dieses Argument wurde politisch eingesetzt, um die Vereinigung der deutschen Kleinstaaten voranzutreiben.

Die Nationalsozialisten erzwangen die Verwendung der deutschen Sprache in Luxemburg, um so die Annexion des „deutschsprachigen" Nachbarn durch das Deutsche Reich zu rechtfertigen (vgl. Scholten 2000: 120 ff, 132). Die unterstellte Einheit von Sprachgemeinschaft und Nation wurde neben anderen Setzungen (z. B. Zugehörigkeit zur „germanischen Rasse") auch als Rechtfertigung für den Anschluss Österreichs, die Annexion des Elsass sowie für die Besatzung Lothringens missbraucht.

Aus heutiger Perspektive ist unbestritten, dass die angenommene Einheit von Sprache und Nation in vielen Fällen durchbrochen ist: Deutschsprachige gehören unterschiedlichen Nationen an, während es in der Schweiz vier verschiedene Muttersprachen gibt. Dennoch lebt die enge Verzahnung der Konzepte in vielen Köpfen weiter, selbst wenn es praktisch gar keine einsprachigen Nationen mehr gibt:

> Die Überzeugung ist tief in Alltagswissen und -überzeugungen verankert, daß die gemeinsame Sprache – die Muttersprache – über ideolektale, dialektale und soziolektale Unterschiede hinweg fundamental ist für das Zusammengehörigkeitsgefühl von Menschen in einem Staat; in ihr wird sich ein historisch, politisch und sozialpsychologisch begründetes Gebilde wie die Nation seiner Ganzheit, seines Zu-

sammenhalts nach innen und seiner Geschlossenheit nach außen bewußt. (Koller 2000: 565 f.)

Die gedankliche Verknüpfung von Sprache und Nation wird selbst heute zuweilen noch für politische Zwecke instrumentalisiert (vgl. Kap. 15.3).

Welchen Einfluss haben Nation bzw. Nationalität auf die **Identität** von Individuen oder Gruppen, und was versteht man eigentlich unter ‚Identität'? Stark vereinfacht ausgedrückt, ist Identität die Antwort auf die Frage „Wer bin ich?" (vgl. Oerter/Montada [3]1995: 347). Identität ist eine komplexe Struktur, die sich durch Wesensmerkmale wie Einmaligkeit und Unverwechselbarkeit auszeichnet und auf privaten und beruflichen, individuellen und kollektiven, religiösen, kulturellen, sprachlichen, sexuellen sowie nationalen u. a. Merkmalen beruht.

In der Psychoanalyse und der Sozialpsychologie wird das Konzept der Identität häufig rollen- oder gruppentheoretisch erklärt. Im ersten Fall wird es gleichgesetzt mit einem Bündel von **Rollen**, die eine Person innehat. Jemand ist Mutter, Tochter, Bäckerin, Vereinsvorsitzende, Kundin, Mitglied einer Nation etc. Jede dieser Rollen ist Bestandteil der Persönlichkeit eines Menschen und an jede ist eine Verhaltenserwartung geknüpft. Aus gruppentheoretischer Perspektive wird Identität als Zugehörigkeit zu einer **Gruppe** empfunden, die man positiv bewertet und zu der man gehören *möchte* (man „identifiziert" sich mit ihr). Auch Nationen sind (Groß-)Gruppen und häufig wird die Mitgliedschaft zu einer bestimmten Nation als erstrebenswert erachtet. Bei der friedlichen Revolution vor der Wiedervereinigung Deutschlands brachte beispielsweise der Ausruf „Wir sind ein Volk" zum Ausdruck, dass man sich als eine Nation fühlte und in einem gemeinsamen Staat zusammenleben wollte (vgl. Ammon 2000: 519). Nationen verfügen ebenso wie kleinere Gruppen über bestimmte Symbole, die sie wahrnehmbar machen und als Erkennungsmerkmale dienen. Dazu gehören v. a. Nationalflagge oder -hymne, aber auch eine gemeinsame Sprache oder eine Varietät einer Teilgruppe einer Sprachgemeinschaft.

Die Nationalität ist eines der wichtigsten Identifikationsmerkmale und wird bei Selbstbeschreibungen von Individuen in der Regel explizit genannt. **Nationale Identität** kann definiert werden als ein „im Zuge der ‚nationalen' […] Sozialisation verinnerlichte[r] Komplex von gemeinsamen und ähnlichen Vorstellungen, von gemeinsamen und ähnlichen emotionalen Einstellungen und Haltungen und von gemeinsamen und ähnlichen Verhaltensdispositionen" (de Cillia 2012: 169). De Cillia geht davon aus, dass in sprachlichen Konstrukten von nationaler Identität sowohl „nationale Einzigartigkeit und innernationale Gleichheit" (ebd.) betont werden als auch die Differenz zu Nationen, die der eigenen besonders ähnlich sind. Wie oben bereits ausgeführt wurde, spielt oftmals die Vorstellung von einer gemeinsamen Sprache eine wichtige Rolle für das Verständnis von nationaler Identität.

Während die nationale Identität zur sogenannten sekundären Identität gehört, weil sie erst in der späteren, sekundären Sozialisation geprägt wird, ist die Mutter- bzw. Erstsprache Teil der primären Identität. Sie ist ein tiefgreifendes Persönlichkeitsmerkmal, weil sie schon in frühester Kindheit erworben wird. Dies gilt sowohl für ganze Sprachen als auch für bestimmte Varietäten der Erstsprache. In Gesellschaft und Linguistik (z. B. in Gardt (Hg.) 2000) ist schon vielfach diskutiert worden, inwiefern nationale oder ethnische Identitäten an **ganze Sprachen** (z. B. Deutsch, Katalanisch, Sorbisch) gebunden sind. Im Zusammenhang mit plurizentrischen Sprachen muss jedoch ein neuer Blickwinkel eingenommen werden, der die unterschiedlichen **nationalen Varietäten** einer Sprache zu berücksichtigen hat. National*varietäten* übernehmen die gleiche Symbolfunktion, die ansonsten von National*sprachen* ausgeübt wird. Darüber hinaus erlauben sie zwar eine sprachliche Abgrenzung von anderen Nationen, aber es erfolgt keine kommunikative Absonderung: „Nationalvarietäten bilden eine Art Mittelweg zwischen einerseits vollständiger sprachlicher und damit auch kommunikativer Sonderung und andererseits völligem Verzicht auf sprachliche Besonderheiten." (Ammon 2000: 516)

Allerdings stellt sich die Frage, ob nationale Varianten und Varietäten überhaupt ausreichend charakteristisch und wirksam sind, um ihren Sprechern eine Identifikationsmöglichkeit als Österreicher, Schweizer oder Deutsche anzubieten. Einerseits sind Austriazismen, Helvetismen und Teutonismen neben anderen Nationalsymbolen „ausgesprochen unscheinbar" und ihre symbolische Funktion ist ihrer hauptsächlichen Funktion, der sprachlichen Verständigung, nachgeordnet (vgl. Ammon 1995: 206 f.). Andererseits können nationale Varietäten nach Clyne sogar eine **mehrfache Identität** anzeigen:

> Plurizentrische Sprachen vereinen und grenzen zugleich ab. In dieser Beziehung spiegeln sie eine mehrfache Identität wider [...]. Wer sich einer bestimmten Nationalvarietät des Dt. [Deutschen (B. K.-R.)] bedient, verbindet sich dadurch mit allen Mitgliedern der internationalen dt. [deutschen (B. K.-R.)] Sprachgemeinschaft, drückt aber zugleich seine nationale Identität aus. (Clyne 2000: 2008)

Die Markierung der nationalen **Zugehörigkeit** durch eine Nationalvarietät impliziert gleichzeitig eine **Abgrenzung** von anderen Nationen mit gleicher Sprache. Insbesondere bei Angehörigen kleinerer Nationen wird häufig das Bedürfnis beobachtet, sich von der größeren zu distanzieren und auf die nationale Eigenständigkeit hinzuweisen. Manche Österreicher und Schweizer schätzen es beispielsweise gar nicht, wenn sie von nicht-deutschsprachigen Personen (z. B. am Urlaubsort) für Deutsche gehalten werden. Die Gründe dafür sind wohl weit verbreitete Vorbehalte gegenüber den als unbeliebt geltenden Deutschen und den politischen Ereignissen der ersten Hälfte des 20. Jahrhunderts, mit denen man nicht in Verbindung gebracht werden möchte.

Die Funktionen von Nationalvarietäten gehen aber über die Markierung von nationaler Identität und Abgrenzung nach außen hinaus, indem sie auch die **nationale**

Eigenständigkeit symbolisieren: „Each national variety of Standard German gives the nation using it a symbolic marker of independent identity." (Clyne 1992: 137) Nur eine Nation mit weitreichender Autonomie kann eigene sprachliche Standards zu Normen erklären und diese für die eigenen Mitglieder verbindlich festlegen, kodifizieren und im muttersprachlichen Unterricht lehren.

Im Folgenden werden die nationalen Varianten und Varietäten des Deutschen in ihrer Funktion als Symbole nationaler Identität dargestellt. Dabei wird deutlich werden, dass sie in dieser Hinsicht in den drei Vollzentren des Deutschen von ganz unterschiedlicher Bedeutung sind. Nach Ammon (1995: 208) spielt der Zusammenhang von nationalen Varianten und nationalem Zusammenhalt in Österreich eine größere Rolle als in den beiden anderen Zentren (vgl. Kap. 12.1), weil Helvetismen in der Schweiz weitgehend vom allgegenwärtigen Dialekt überdeckt werden (vgl. Kap. 12.2) und Teutonismen in Deutschland bisher praktisch unentdeckt geblieben sind (vgl. Kap. 12.3).

12.1   Österreich

Immer wieder wird behauptet, dass das österreichische Standarddeutsch für die nationale Identität der Österreicher sowie die Darstellung und Absicherung der nationalen Autonomie von großer Bedeutung sei. Darüber hinaus schreibt man Austriazismen eine wichtige Rolle bei der sprachlichen Abgrenzung von Deutschland und den Deutschen zu. Das bekannte Bonmot „Der Österreicher unterscheidet sich vom Deutschen vor allem durch die gemeinsame Sprache" bringt dies auf den Punkt. Aber ist es überhaupt zutreffend, dass Identität und Sprache in Österreich so eng miteinander verknüpft sind?

Sprache hatte im Laufe der österreichischen Geschichte unterschiedliche Bedeutungen für die nationale Identität. Während des Österreichischen Kaisertums (1806-1918) lebten im multilingualen Vielvölkerstaat Bürger mit so unterschiedlichen Muttersprachen wie Deutsch, Ungarisch oder Slowenisch. 1910 waren nur ca. 23 % der Bevölkerung Muttersprachler des Deutschen (Keller 1978, zitiert nach Clyne 1995: 31; vgl. auch Kap. 10.1.1). Daher konnte die Identifikation mit der Donaumonarchie nicht über eine gemeinsame Muttersprache gelingen. Während der nationalsozialistischen Diktatur dagegen fühlten sich viele Österreicher über die deutsche Sprache an Deutschland gebunden und begrüßten den „Anschluss ans Reich". Nach dem Zweiten Weltkrieg ist erneut eine Veränderung eingetreten, und zwar in der Form, dass heute weniger die staatenübergreifende deutsche Sprache als vielmehr die österreichische Standardvarietät Identität stiftet (vgl. Markhardt 2005: 69 f.).

Trotzdem ist der Zusammenhang von Sprache, Nationalvarietät, Nation und Identität in Österreich nicht ganz so unproblematisch wie oben angedeutet. Muhr (1995: 89) unterstellt Österreichern eine **Identitätsambivalenz**. Einerseits begreifen sie Sprache nicht als „primär nationskonstituierendes Merkmal" (ebd.: 99), was vor allem der o. g. historischen Erfahrung während der Donaumonarchie geschuldet sein mag. Daher sei Österreich nicht als Sprachnation, sondern als Staatsnation aufzufassen (vgl.: ebd.), in der die Staatsbürgerschaft ausschlaggebend ist. Andererseits wurde Deutsch in der österreichischen Bundesverfassung explizit als Staatssprache festgelegt und der Großteil der Bürger nennt Deutsch als Muttersprache. Nach dem Zweiten Weltkrieg bemerkte der damalige Bundeskanzler Figl: „Österreich ist unser Vaterland, Deutsch ist unsere Muttersprache." Der Umstand, gleichzeitig Österreicher *und* deutschsprachig zu sein, führte nach Muhr (1995: 84) zu einer „Doppelidentität der Österreicher". Vermutlich um dieses Identitätsdilemma zu entschärfen, wird dem österreichischen Standarddeutsch eine wichtige Rolle bei der Markierung der österreichischen Identität und der Abgrenzung von Deutschland beigemessen.

An dieser Stelle ist anzumerken, dass sprachlich sensibilisierte Österreicher aufgrund der häufig stattfindenden Kontakte mit Deutschen in Tourismus, Medien etc. (vgl. Kap. 2.3) durchaus ein Bewusstsein von den sprachlichen Unterschieden zwischen den Nationalvarietäten haben. Dieses Wissen setzen sie zuweilen gezielt ein, um die eigene nationale Identität zu unterstreichen und sich von Deutschen und Schweizern abzugrenzen. Dazu bedienen sie sich vornehmlich der sogenannten **Demonstrationsaustriazismen** (vgl. Ammon 1995: 204), d. h. solcher nationalen Varianten, die die nationale Zugehörigkeit in besonderer Weise anzeigen.

Die nationalsymbolische Bedeutung des österreichischen Standarddeutsch und der Austriazismen sowie Ängste vor politisch-wirtschaftlicher oder sprachlich-kultureller Fremdbestimmung führen dazu, dass die Nationalvarietät bewusst gepflegt und geschützt wird. Von Seiten der österreichischen Politik wurden verschiedene Maßnahmen zur **Pflege des österreichischen Deutsch** durchgeführt, von denen im Folgenden zwei kurz skizziert werden.

Zum einen ist es das **Österreichische Wörterbuch** (ÖWB), das seit 1951 existiert und inzwischen in der 42. Auflage (2012) vorliegt. Sein wichtigstes Ziel ist die Pflege und Festigung der nationalen Varietät. Aufgrund seiner amtlichen Gültigkeit ist es maßgeblich für den Sprachgebrauch in Behörden und Schulen (vgl. Kap. 13.2). Austriazismen werden im ÖWB aber nicht allein durch ihre Darstellung als Bestandteile des österreichischen Deutsch gepflegt. Bis 1997 verhielt sich das Wörterbuch sogar ausgesprochen sprachpuristisch (vgl. Kap. 13.2). Es markierte Teutonismen, die durch Kontakte zu Deutschen nach Österreich gekommen waren und sich dort im alltäglichen Sprachgebrauch eingebürgert hatten, mit einem nachgestellten Asteriskus (Sternchen) (z. B. *Aprikose**, *Sahne**). Da die sogenannten *Sternchenwörter* als „nicht-österreichisch" galten, wurde von ihrem Gebrauch abgeraten. Diese Art des österreichischen Nationalvarietätspurismus richtete sich ausschließlich gegen Varianten des dominanten Zentrums Deutschland (vgl. Kap. 2.3), von dem die Gefahr sprachlicher Überfremdung stärker ausging als von der Deutschschweiz.

Eine weitere Maßnahme zur Pflege und Sicherung des österreichischen Deutsch war die Festlegung der sogenannten **EU-Austriazismen**. Dabei handelt es sich um insgesamt 23 Wörter der österreichischen Standardvarietät (ausschließlich Bezeichnungen für Lebensmittel und Speisen; vgl. Abb. 37), die 1995 als Ergebnis der österreichischen Beitrittsverhandlungen mit der Europäischen Union im Protokoll Nr. 10[18] für die Verwendung im Rahmen der EU zugelassen wurden:

Beiried	(Roastbeef)	*Melanzani*	(Aubergine)
Eierschwammerl	(Pfifferling)	*Nuss*	(Kugel)
Erdapfel	(Kartoffel)	*Obers*	(Schlagsahne)
Faschiertes	(Hackfleisch)	*Paradeiser*	(Tomate)
Fisole	(grüne Bohne)	*Powidl*	(Pflaumenmus)
Grammeln	(Grieben)	*Ribisel*	(Johannisbeere)
Hüferl	(Hüfte)	*Rostbraten*	(Hochrippe)
Karfiol	(Blumenkohl)	*Schlögel*	(Keule)
Kohlsprossen	(Rosenkohl)	*Topfen*	(Quark)
Kren	(Meerrettich)	*Vogerlsalat*	(Feldsalat)
Lungenbraten	(Filet)	*Weichsel*	(Sauerkirsche)
Marille	(Aprikose)		

Abb. 37: EU-Austriazismen (in Klammern deutsche Entsprechungen)

Da das Protokoll Nr. 10 Bestandteil des Beitrittsvertrags ist, gehört es zum Primärrecht der EU und hat damit „den gleichen Rang wie die Gründungsverträge" (de Cillia 1995: 125; vgl. auch Markhardt 2005: 180). Es besagt, dass diese Austriazismen in Status und Rechtswirkung den entsprechenden bundesdeutschen Ausdrücken gleichgestellt sind. Sie müssen in deutschsprachigen Rechtsakten den deutschen Wörtern „in geeigneter Form" beigefügt werden, was in der Regel per Schrägstrich realisiert wird, z. B. „*Hackfleisch/Faschierten-Verordnung*" (de Cillia 2013: 167; vgl. auch Markhardt 2006: 17).

Bezüglich des EU-Beitritts fand eine Volksabstimmung statt, für die zuvor in Zeitungsannoncen und auf Plakaten mit der Aufschrift „Erdäpfelsalat bleibt Erdäpfelsalat" geworben wurde. Dies war auch als Anspielung auf die Angst vor sprachlicher Bevormundung („linguistischer Imperialismus") und vor dem Verlust der eigennationalen Besonderheiten durch Rechtsakte aus Brüssel zu verstehen. Durch das Schlagwort „Preußifizierungsgefahr" (Markhardt 2005: 154) wurden diese diffusen Befürchtungen vor dem drohenden Identitätsverlust sprachlich greifbar und entwickelten sich zum Gegenstand gesellschaftlicher Diskussionen. Dies zeigt, dass Österreicher sich nicht nur ihres eigenen spezifischen Wortschatzes bewusst sind, sondern auch seiner Symbolkraft für die nationale Identität:

---

[18] Genaue Bezeichnung: Protokoll Nr. 10 über die Verwendung spezifisch österreichischer Ausdrücke der deutschen Sprache im Rahmen der Europäischen Union (EU-Beitrittsvertrag, BGBl. 1995/45).

Hauptmotivation [für die Festlegung der EU-Austriazismen (B. K.-R.)] war ein demonstrativer und symbolischer Akt, der die Wahrung der österreichischen Identität innerhalb eines supranationalen Gebildes garantieren sollte. (Markhardt 2005: 327)

Nach dem erfolgreichen Abschluss der Beitrittsverhandlungen wurde explizit darauf hingewiesen, dass die beliebte Speise nicht in „Kartoffelsalat" umgetauft werden müsse, was für Österreicher wohl schwer erträglich, weil gewissermaßen zu „teutonisch" gewesen wäre. Überdies war man vermutlich erleichtert, sich auf diese Art von den als „kulinarische Barbaren" geltenden Deutschen abgrenzen zu können. Gleichzeitig bedauerte eine Reihe von Kritikern, dass das österreichische Deutsch im Protokoll Nr. 10 auf nur 23 Ausdrücke reduziert worden sei, anstatt alle Austriazismen uneingeschränkt anzuerkennen (vgl. de Cillia 1995: 127). Nach Markhardt (2006: 24 f.) hat eine Erweiterung der Liste bisher nicht stattgefunden und ist aufgrund des großen Aufwandes eher unwahrscheinlich. Sie erfordert nämlich eine Primärrechtsänderung, die durch die Mitgliedsstaaten ratifiziert werden muss. Für andere plurizentrische Amtssprachen der EU wurden übrigens keine vergleichbaren Regelungen formuliert (vgl. Markhardt 2006: 18) und meines Wissens hat es sie auch in anderen internationalen Staatenbünden oder Organisationen bisher nicht gegeben. Es ist fraglich, wie die Beitrittsverhandlungen ausgegangen wären, wenn dem Antrag Österreichs auf Sicherung der 23 EU-Austriazismen nicht zugestimmt worden wäre. Möglicherweise hätte es eine ablehnende Einstellung der Bürger zur EU hervorgerufen. Oder wäre man in diesem Fall womöglich so weit gegangen, auf die EU-Mitgliedschaft zu verzichten?

12.2 Schweiz

Der Zusammenhang von Sprache und nationaler Identität gestaltet sich in der Schweiz ganz anders als in Österreich oder Deutschland. Die Eidgenossenschaft bildet sozusagen einen „Sonderfall", vor allem weil sie mit Deutsch, Französisch, Italienisch und Rätoromanisch viersprachig ist. Karte 38 zeigt die territoriale Verbreitung der Landessprachen im Staatsgebiet.

Diese vier Sprachen sind in den Sprachenartikeln der Schweizer Verfassung als Landes- bzw. Amtssprachen festgelegt (vgl. BVSE 1999: Artikel 4 u. 70). Damit ist die Schweiz ein gutes Beispiel dafür, dass es nicht immer ein 1:1-Verhältnis zwischen Sprache und Nation gibt. Manche Nationen teilen sich „ihre" Nationalsprache mit anderen Nationen (z. B. in den spanischsprachigen Gebieten Lateinamerikas), andere (wie die Schweiz) weisen mehr als eine Nationalsprache auf. Die Schweizer nationale Identität ist also nicht an eine bestimmte Sprache gekoppelt, sondern konstituiert sich expressis verbis durch **Mehrsprachigkeit** („Einheit in der Vielfalt", vgl. Koller 2000: 595 ff.).

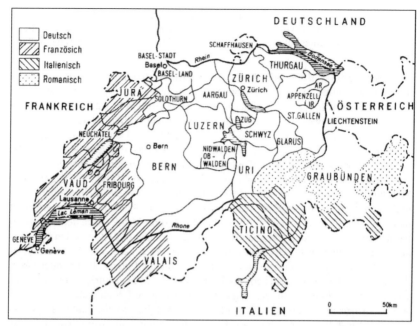

Abb. 38: Viersprachige Schweiz (Quelle: Koller 2000: 571)

Doch auch wenn man nur den deutschsprachigen Teil der Schweiz (Deutsch-schweiz) berücksichtigt, in dem immerhin ca. drei Viertel der Gesamtbevölkerung leben, liegt eine Besonderheit vor, die die Schweiz von den anderen Vollzentren maßgeblich unterscheidet: Aufgrund der **Diglossie**-Situation (vgl. Kapitel 11.2) verwenden Schweizer in der mündlichen Kommunikation fast ausschließlich Dialekt, in der Schrift dagegen Schweizerhochdeutsch. Letztere muss in der Schule eigens vermittelt werden, weil sie im Alltagsleben nicht gebraucht und geübt wird. Daher fehlt vielen Schweizern zu der als „Schulsprache" stigmatisierten Varietät eine emotionale Beziehung, was einer nationalen Identifikation über das Schweizerhochdeutsche entgegensteht. Bickel/Hofer (2013: 80 f.) machen das „verkrampfte" und „problematische Verhältnis der Deutschschweizer zur Standardsprache" deutlich, da es zum Teil sogar als „Fremdsprache" bezeichnet werde (vgl. Kap. 11.2), während die „eigentliche oder wahre Sprache in der Schweiz" der Dialekt sei.

Nach Koller (2000: 584) eignen sich die Mundarten besonders gut als National-symbole, weil sie in ihrer Vielfalt Ausdruck des schweizerischen Föderalismus und des demokratischen Prinzips sind und keine Klassenunterschiede aufzeigen. Daher ist zuweilen vom **Nationaldialekt** die Rede, der wie eine Nationalflagge oder -hymne als Symbol für die „nationale Autonomie der Schweiz" empfunden wird (vgl. Ammon 1995: 295). Manche vertreten gar die Auffassung, Schweizerdeutsch sei aufgrund der linguistischen Distanz zum Schriftdeutschen eine eigenständige Sprache (vgl. ebd.: 296). In den 1930er-Jahren machte der Verein *Schwyzer Schproch-Biwegig*, den Vorschlag, die Dialekte unter der Bezeichnung „Alemannisch" zur Nationalsprache zu erklären. Diese stünde dann zur deutschen Sprache in einem ähnlichen Verhältnis wie das Letzeburgische oder das Niederländische. Die Idee hat sich allerdings nie durchsetzen können, zumal ihre Gegner vor der sogenannten „Hollandisierung der Schweiz" warnten (vgl. Ammon 1995: 239 f.). Damit wurde der Befürchtung Ausdruck verliehen, dass sich die Eidgenossenschaft sprachlich und kulturell isolieren und ein ähnliches Schicksal erfahren könnte wie die Niederlande, da sich niemand die Mühe machen würde, die „kleine" Sprache Alemannisch zu lernen. In diesem Falle wäre man gezwungen, selbst verstärkt Fremdsprachen zu lernen, um an der internationalen Kommunikation teilhaben zu können. Daher war und ist die Beibehaltung des Schweizerhochdeutschen Gegenstand sprachpflegerischer Bemühungen.

Schweizerdeutsch spielte aber nicht immer die Rolle des Nationalsymbols. Bis zum Ersten Weltkrieg war man in der Deutschschweiz den Deutschen gegenüber positiv eingestellt und bevorzugte die Standardvarietät als Kommunikationsmedium, während Dialekte als minderwertig betrachtet wurden (vgl. Koller 2000: 586). Dies änderte sich jedoch mit dem Aufkeimen der nationalsozialistischen Ideologie zur Zeit der Weimarer Republik. In den 1930er Jahren wollte man sich im Zuge der „geistigen Landesverteidigung" von Nazi-Deutschland distanzieren. Daraus resultierte eine zunehmende Verwendung der Dialekte und ihre Entwicklung „zum Symbol der Deutschschweizer oder der Schweizer Nationalität überhaupt" (Löffler 2000: 2038). Heute sind die Schweizer Dialekte zum normalen Medium der mündlichen Kommunikation geworden. Koller (2000: 583) fasst zusammen: „Mundart fungiert als national-schweizerisches Identitätssymbol (Mundart als *nationaler* Wert). Die Mundart dient der Abgrenzung gegenüber Deutschland und den Deutschen. Der deutschen Standardsprache [...] geht dagegen jeder nationale Wert ab." (Hervorhebung im Original)

Ob das Schweizerhochdeutsche und die Helvetismen tatsächlich vollkommen belanglos für die Schweizer Identität sind, ist allerdings umstritten. Einerseits werden Helvetismen als „**nachgeordnete Nationalsymbole**" (Ammon 1995: 301 ff.) bezeichnet, weil ihre Symbolfunktion weniger ausgeprägt ist als die der Dialekte. Andererseits sollte der Stellenwert der Helvetismen für die schweizerische Identität auch nicht unterschätzt werden. Bickel/Hofer (2013: 84 f.) zeigen dies exemplarisch anhand des öffentlichen Diskurses zur Aussprache im Schweizer Rundfunk. Die Verwendung der deutschen Standardlautung durch eine deutsche Moderatorin im öffentlich-rechtlichen Schweizer Rundfunk löste unter Hörern heftige Kritik und kontroverse Diskussionen aus, was mit der Rolle des Schweizerhochdeutschen für die Schweizer Identität begründet wird (vgl. Bickel/Hofer 2013: 96).

Nach Ammon (1995: 306) ist das Schweizerhochdeutsche Ausdruck von **Sprach-demokratie**, da es dank der Helvetismen in Wortschatz, Aussprache und Grammatik Elemente der heimischen Dialekte berücksichtigt und nicht zu sehr dem deutschen Standarddeutsch ähnelt. Dadurch ist es für alle Schweizer leichter zu erlernen und bleibt nicht nur einer kleinen Bildungsschicht vorbehalten: „Die eigene nationale Standardvarietät sollte [...] einigermaßen mühelos für alle Mitglieder der Gesellschaft erlernbar sein. Andernfalls wäre sie mit einer wirklichen Demokratie, zumal mit einer Demokratie von der Art der Schweiz, kaum vereinbar." (ebd.)

Zusammenfassend lässt sich festhalten, dass die nationale Identität der Schweizer in erster Linie durch die Schweizer Dialekte zum Ausdruck kommt. In diesem Punkt sind sich weitgehend alle Sprachwissenschaftler einig. Anders sieht es mit der Bewertung des Schweizerhochdeutschen aus. Zum Teil wird ihm jegliche Symbolkraft in Bezug auf die Nation abgesprochen (Koller 2000), zum Teil wird ihm in dieser Hinsicht eine wichtige Funktion zugeschrieben (Bickel/Hofer 2013). Dazwischen finden sich gemäßigte Positionen, die sowohl dem Schweizerhochdeutschen als auch den Dialekten Symbolwert zugestehen: „Ein spezifisches Schweizerhochdeutsch, neben dem schwyzertütschen Dialekt, erscheint gewissermaßen als zweite sprachliche Absicherung dieser schweizerischen Nationalidentität." (Ammon 1995: 305) In diesem Falle wäre die symbolische Wirkung des Schweizerhochdeutschen derjenigen der Dialekte „nachgeordnet".

12.3 Deutschland

Im Vergleich zu Austriazismen und Helvetismen sind Teutonismen von deutlich geringerer Bedeutung für die nationale Identität. Genau genommen kann man ihnen sogar jegliche Funktion als Nationalsymbole absprechen. Dies ist vor allem dem fehlenden Bewusstsein für die Plurizentrik des Deutschen geschuldet. Die meisten Bewohner der Bundesrepublik Deutschland gehen nach wie vor davon aus, dass es *eine einzige* für alle Deutschsprachigen gültige Standardvarietät gebe, und setzen sie mit dem deutschen Standarddeutsch gleich. Die Varietäten der deutschen Sprache in Österreich und der Schweiz werden in der Regel gar nicht als Standard wahrgenommen, sondern als Umgangsvarietäten, wenn nicht gar als Dialekte. Die Haltung, dass das deutsche Standarddeutsch das einzig „richtige Hochdeutsch" sei, wurde über viele Jahre von Sprachwissenschaftlern unterstützt, die es immer wieder als „Binnendeutsch" bezeichneten. Diese Benennung suggeriert eine zentrale Stellung des deutschen Deutsch und eine lediglich periphere Randstellung der anderen Varietäten, die dem Binnendeutschen nachgeordnet sind bzw. auf einer niedrigeren Hierarchiestufe stehen.

Wenn man (fälschlicherweise) davon ausgeht, dass das deutsche Deutsch übergreifend für alle Deutschsprachigen maßgeblich ist und alle in Deutschland gültigen Sprachformen automatisch auch in den deutschsprachigen Nachbarstaaten gebräuchlich und standardsprachlich sind, dann folgt daraus zwangsläufig, dass es keine für Deutschland spezifischen Merkmale gibt. Ammon (1995: 375 ff.) spricht in diesem Zusammenhang von den „ignorierten Teutonismen". Da die deutschländischen Varianten bisher weitgehend unerkannt geblieben sind, werden sie nicht (wie Austriazismen von den Österreichern) als Demonstrationszentrismen (vgl. Kap. 12.1) verwendet, um die nationale Zugehörigkeit anzuzeigen. Deutsche sprechen nicht von *Abitur*, *Sonnabend* oder *Sahne*, um sich als Deutsche zu präsentieren. Teutonismen haben, wenn überhaupt, nur einen indirekten, latenten Symbolgehalt, wenn sie bei persönlichen Begegnungen zwischen Deutschen und Österreichern oder Schweizern oder beim Konsum der entsprechenden Medien im Kontrast zu deren Sprachbesonderheiten stehen.

Trotzdem üben Teutonismen eine Funktion bei der Zuschreibung von Nationalitäten aus, und zwar bei derjenigen, die von außen erfolgt. Sie fungieren nämlich als **nationale Schibboleths** der Deutschen (vgl. ebd.). Dabei handelt es sich um sprachliche Merkmale (Erkennungszeichen), anhand derer die Nationalität von Personen durch Angehörige anderer Nationen erkannt werden kann. In einem weiteren Sinne lässt sich mit ihrer Hilfe auch auf die Zugehörigkeit zu einer sozialen Gruppe oder die regionale Herkunft schließen. Der Ausdruck *Schibboleth* stammt aus dem Hebräischen und bedeutet eigentlich ‚Getreideähre'. Im Alten Testament (Buch der Richter 12, 5-6) überprüften Gileaditer anhand dieses Wortes die Stammeszugehörigkeit verdächtiger Personen. Wer *Schibboleth* falsch als *Sibbolet* aussprach, verriet damit seine Zugehörigkeit zu den Ephraimiten und musste dafür mit dem Tode bezahlen. Aufgrund dieser Bibelgeschichte wird das Wort heute in der Bedeutung ‚Kennwort' verwendet. Diese Funktion übernehmen auch Teutonismen: Sie sind für Österreicher und Schweizer Erkennungszeichen, anhand derer sie Deutsche identifizieren können. Von Deutschen selbst werden sie nicht bewusst als Nationalsymbole eingesetzt.

185

Zusammenfassung

Sprache ist ein wichtiges Merkmal der persönlichen und nationalen Identität von Menschen. Ganze Sprachen dienen in der Regel der Identifikation mit der eigenen Sprachgemeinschaft und der Abgrenzung von Sprechern anderer Sprachen. Plurizentrische Sprachen üben diese Funktionen in besonderer Weise aus. Einerseits vereinen sie alle Mitglieder der Sprachgemeinschaft über Staats- und Nationengrenzen hinweg, andererseits stehen die nationalen Varietäten für die Eigenständigkeit und Autonomie der einzelnen Nationen.

Die Standardvarietäten und -varianten der deutschen Sprache erfüllen die Funktion als nationale Identitätsmerkmale in unterschiedlichem Maße. Austriazismen sind im Vergleich zu Helvetismen und Teutonismen deutlich wirkungsvollere Symbole nationaler Identität. Österreicher sind sich der Besonderheiten des österreichischen Deutsch bewusst und empfinden es als wichtiges Kennzeichen ihrer Nation. Daher wird es gepflegt und zuweilen gezielt in Form von Demonstrationsaustriazismen eingesetzt. In der Deutschschweiz sind die alemannischen Dialekte für die Identifikation mit der Nation bedeutsamer als das Schweizerhochdeutsche, so dass Helvetismen eher nachgeordnete Nationalsymbole sind. Teutonismen haben in dieser Hinsicht praktisch keine Symbolfunktion, da sie in Deutschland bisher weitgehend unbemerkt geblieben sind. Dennoch sind sie nicht gänzlich wirkungslos, da sie immerhin als nationale Schibboleths bei der Identifikation von Deutschen durch Bewohner der anderen Sprachzentren dienen.

Weiterführende Literatur: Anderson, Benedict ([2]2005): Die Erfindung der Nation. Zur Karriere eines erfolgreichen Konzepts. Frankfurt/New York. **Cillia, Rudolf de (1995):** Erdäpfelsalat bleibt Erdäpfelsalat. Österreichisches Deutsch und EU-Beitritt. In: Muhr, Ruldolf/Schrodt, Richard/Wiesinger, Peter (Hg.): Österreichisches Deutsch. Linguistische, sozialpsychologische und sprachpolitische Aspekte einer nationalen Variante des Deutschen. Wien, S. 121–131. **Cillia, Rudolf de (2012):** Sprache/n und Identität/en in Österrreich. In: Der Sprachdienst 5/2012, S. 166–179. **Koller, Werner (2000):** Nation und Sprache in der Schweiz. In: Gardt, Andreas (Hg.): Nation und Sprache. Die Diskussion ihres Verhältnisses in Geschichte und Gegenwart. Berlin/New York, S. 563–609. **Markhardt, Heidemarie (2006):** 10 Jahre „Austriazismenprotokoll" in der EU: Wirkung und Nichtwirkung – Chancen und Herausforderungen. In: Muhr, Rudolf/Sellner, Manfred B. (Hg.): Zehn Jahre Forschung zum Österreichischen Deutsch: 1995–2005. Eine Bilanz. Frankfurt am Main, S. 11–38. **Muhr, Rudolf (1995):** Zur Sprachsituation in Österreich und zum Begriff „Standardsprache" in plurizentrischen Sprachen. Sprache und Identität in Österreich. In: Muhr, Rudolf/Schrodt, Richard/Wiesinger, Peter (Hg.): Österreichisches Deutsch. Linguistische, sozialpsychologische und sprachpolitische Aspekte einer nationalen Variante des Deutschen. Wien, S. 75–109.

✐ **Aufgaben**

1. Welche Rolle spielt Deutsch (als ganze Sprache) für Ihre nationale Identität als Deutsche(r), Österreicher(in) oder Schweizer(in)?

2. Welche Bedeutung haben Austriazismen, Helvetismen bzw. Teutonismen für Ihre persönliche Identität als Deutsche(r), Österreicher(in) oder Schweizer(in)?

3. Falls Sie kein(e) Muttersprachler(in) des Deutschen sind: Welche Rolle spielt Ihre Muttersprache für Ihre nationale Identität?

4. Wie beurteilen Sie die Festlegung der 23 EU-Austriazismen? Sollte dies auch für andere plurizentrische Sprachen der Europäischen Union (z. B. Englisch, Niederländisch) geschehen?

5. Diskutieren Sie die Idee, die Schweizer Dialekte unter der Bezeichnung *Alemannisch* zur Nationalsprache der Schweiz zu erklären. Welche Vor- und Nachteile wären damit verbunden?

6. Sammeln Sie sprachliche Schibboleths aus den Bereichen Lexik, Phonologie und/oder Pragmatik, die zu Erkennung von Angehörigen deutsch- und anderssprachiger Nationen dienen.

Nationale Varianten

in Lexikographie und Didaktik

13 Nationale Varianten in einer plurizentrischen Wörterbuchlandschaft

Die nationalen Varietäten und Varianten Deutschlands, Österreichs und der Schweiz sind binnenkodifiziert. Der **Binnenkodex** umfasst sämtliche im betreffenden Sprachzentrum konzipierten Darstellungen der eigenen standardsprachlichen Lexik und Grammatik (vgl. Kap. 2.3). Im Folgenden werden einige Wörterbücher exemplarisch vorgestellt, die die Rechtschreibung oder den standardsprachlichen Wortschatz beinhalten (zu Aussprachewörterbüchern vgl. Kap. 8.1). Dabei geht es auch um die Frage, wie nationale Varianten in der Lexikographie präsentiert werden.

Unter **Lexikographie** versteht man die Kunst oder – etwas bescheidener ausgedrückt – das Handwerk der Wörterbuchherstellung. Dabei geht es weniger um das Drucken und Binden von Nachschlagewerken als vielmehr um das Sammeln von Wörtern (Lexemen) und ihre linguistische Beschreibung in Wörterbuchartikeln. Die Auswahl der Lexeme richtet sich nach dem Lexikonausschnitt, der im Wörterbuch dargestellt werden soll (z. B. Standardvarietät, Jugendsprache, Pfälzisch, Winzerfachsprache etc.). Darüber hinaus beschreiben Wörterbücher – sieht man von sogenannten Universalwörterbüchern ab – in der Regel eine bestimmte Zeichenebene (z. B. Lautung, Rechtschreibung, Semantik etc.). Der Gegenstandsbereich eines Wörterbuchs beeinflusst die Gestaltung (Mikrostruktur) der Wörterbucheinträge (Wörterbuchartikel), so dass ein Rechtschreibwörterbuch andere Informationen enthält als ein Ausspreche- oder Bedeutungswörterbuch.

Da nationale Varianten per definitionem standardsprachlich sind, interessieren an dieser Stelle vor allem solche Wörterbücher, welche die Standardsprache darstellen und als Maßstab für sprachliche Richtigkeit dienen. Diese Nachschlagewerke enthalten meist nur solche Lexeme, die in formellen und öffentlichen Kommunikationssituationen als korrekt und angemessen gelten. Dialektaler oder sondersprachlicher Wortschatz bleibt entweder unberücksichtigt oder wird gesondert gekennzeichnet. Umgangssprachliche Wörter bilden Grenzfälle, die bis zu einem gewissen Grade, der durch die Lexikographen oder den Verlag festzulegen ist, in standardsprachliche Nachschlagewerke aufgenommen werden können.

In diesen Wörterbüchern repräsentieren die **Lemmata** (fettgedruckte Stichwörter) die standardsprachlichen Lexeme. Einige Lemmata sind markiert, d. h. sie sind mit einem Hinweis versehen, der das betreffende Lemma einer bestimmten Varietät, Stilschicht oder Domäne zuordnet oder über die Frequenz bzw. Gebräuchlichkeit informiert. Die **Markierungen** erscheinen in der Regel nach dem Lemma in Form von Abkürzungen oder Kürzeln, wie z. B. *ugs.* (umgangssprachlich), *derb*, *salopp, veraltend* usw. Sie weisen darauf hin, dass das betreffende Wort in der Standardvarietät nur eingeschränkt verwendbar ist oder sogar dem Nonstandard angehört. Allgemeinsprachliche Wörter, die weder einer bestimmten Stilschicht noch einer bestimmten Domäne angehören (z. B. *Mensch, Tisch*), erscheinen dagegen unmarkiert. Aufgrund dessen kann der Wörterbuchbenutzer sie standardsprachlich und ohne jede Einschränkung in formeller oder öffentlicher Kommunikation, mündlich wie schriftlich, verwenden.

Nationale Varianten werden schon seit geraumer Zeit in Wörterbüchern verzeichnet, auch wenn sie nicht immer als solche gekennzeichnet wurden. Ihre Darstellung war bis zum Erscheinen des *Variantenwörterbuchs des Deutschen* (VWD 2004) in aller Regel weder systematisch noch erschöpfend. Außerdem ist es bis heute Usus, in den Kodizes der einzelnen Sprachzentren nur die fremdnationalen Varianten entsprechend zu markieren, während die eigenen sprachlichen Besonderheiten unmarkiert erscheinen. Dies kann leicht zu einer verzerrten Sicht auf den Geltungsbereich von nationalen Varianten führen. Insbesondere in Bezug auf die Duden-Bände wird dieses Problem unter Fachleuten diskutiert.

13.1   Die Duden-Bände

In Deutschland genießen vor allem die Duden-Bände ein außerordentliches Prestige, da sie lange bei der präskriptiven Darstellung der deutschen Standardsprache maßgeblich waren. Das umfangreichste Werk unter ihnen ist *Das große Wörterbuch der deutschen Sprache* in zehn Bänden, 1999 in der 3. Auflage erschienen. Die 4. Auflage erschien 2011 als CD-ROM. Es liefert eine Fülle von Informationen zur Gegenwartssprache sowie zahlreiche Belege. Neben dem normalen Standardwortschatz werden auch Fach- und Sondersprachen aufgeführt. Im Vorwort wird explizit darauf hingewiesen, dass es die deutsche Sprache umfassend, authentisch und unter Berücksichtigung regionaler und nationaler Gegebenheiten, dokumentiere: „Es schließt [...] alle landschaftlichen und regionalen Varianten, auch die sprachlichen Besonderheiten in Österreich und der deutschsprachigen Schweiz [ein (B. K.-R.)]" (Duden Großes Wörterbuch [3]1999: Vorwort).

Das inzwischen in der 7. Auflage (2011) im Dudenverlag erschienene *Deutsche Universalwörterbuch* (DUW) besteht nur aus einem Band und ist daher weitaus handlicher und erschwinglicher als das *Große Wörterbuch der deutschen Sprache*. Es liefert ausführliche Informationen zu Schreibung, Aussprache, Herkunft und Grammatik von etwa 500.000 Stichwörtern. In der 5. Auflage von 2003 wurde im Vorwort noch darauf hingewiesen, dass auch die „Ausprägungen der deutschen Sprache in Österreich und der Schweiz" berücksichtigt würden. Diese Angabe fehlt in der aktuellen Ausgabe ([7]2011).

Eine herausragende Stellung in der deutschen Wörterbuchlandschaft nimmt der Band *Duden. Die deutsche Rechtschreibung* ein. Er belegt regelmäßig einen vorderen Rang in den Sachbuch-Bestsellerlisten, was unter anderem wohl damit zu begründen ist, dass er bis zur aktuellen Rechtschreibreform durch ausdrückliche staatliche Verordnung als verbindlich festgelegt war. Die *Ständige Konferenz der Kultusminister der Länder* der damaligen BRD fasste 1955 folgenden Beschluss:

> Die in der Rechtschreibreform von 1901 und den späteren Verfügungen festgelegten Schreibweisen und Regeln für die Rechtschreibung sind heute noch verbindlich für die deutsche Rechtschreibung. Bis zu einer etwaigen Neuregelung sind diese Regeln die Grundlage für den Unterricht in allen Schulen. In Zweifelsfällen sind die im ‚Duden' gebrauchten Schreibweisen und Regeln verbindlich (*Bundesanzeiger* 242 vom 15.12.1955: 4, zitiert nach Ammon 1995: 326 f.).

Dadurch nahm das Duden-Rechtschreibwörterbuch eine **Monopolstellung** ein, denn es war für Behörden und Schulen über Jahrzehnte hinweg alleinige Autorität in Fragen der Rechtschreibung. Dies änderte sich erst mit der Rechtschreibreform von 1996. Das *Institut für deutsche Sprache* (IDS) wies 1996 darauf hin, dass von nun an die *Kommission für die deutsche Rechtschreibung* dafür Sorge trage, die Einheitlichkeit der Orthographie zu bewahren (vgl.: *Sprachreport* Extraausgabe 1996: 1). Die amtlich gültigen Regeln waren in der 24. Auflage (2006) des Rechtschreib-Dudens noch abgedruckt, seit der 25. Auflage von 2009 ist dies allerdings nicht mehr der Fall. Trotzdem gilt es weiterhin als Standardwerk. Zur Geschichte des Rechtschreib-Dudens vgl. Kap. 10.1.3.

Die Duden-Bände halten eine ganze Palette von **Markierungen** bereit. Einige verweisen auf die Zugehörigkeit eines Stichwortes zu einer Fachsprache (z. B. *fachspr.* ‚fachsprachlich', *Astron.* ‚Astronomie', *Bauw.* ‚Bauwesen'), andere auf bestimmte Stil- oder Altersschichten (*derb, geh.* ‚gehoben', *salopp, veraltend* u. a.) oder auf den umgangssprachlichen Charakter eines Wortes (*ugs.*). Eine weitere Gruppe von Markierungen gibt Hinweise auf die regionale Zuordnung von Lemmata. „Wörter und Wendungen, die nicht im gesamten Verbreitungsgebiet der deutschen Sprache Bestandteil des Normalsprachlichen sind, sondern nur regional Verwendung finden, werden entsprechend markiert" (DUW ^{6}2006: 19). Die Markierung *landsch.* (‚landschaftlich') steht bei Einträgen, die nicht eindeutig einer bestimmten Region zuzuordnen sind. Andere Markierungen ordnen Wörter einem speziellen Dialekt zu (z. B. *schwäb.* ‚schwäbisch'). Wieder andere kennzeichnen Ausdrücke als norddeutsch (*nordd.*), süddeutsch (*südd.*), österreichisch (*österr.*) oder schweizerisch (*schweiz.*). Was auf den ersten Blick wie eindeutige und klar verständliche Angaben zur regionalen Verwendung aussieht, ist bei genauerem Hinsehen eine irreführende Vermischung von zwei verschiedenen Aspekten: Hier geraten die Zugehörigkeit eines Wortes zu einer bestimmten Region oder Nation einerseits und andererseits zu einer bestimmten Normebene (Standard vs. Nonstandard) durcheinander. Zwar sind alle auf diese Weise markierten Lemmata regional oder national geprägt, aber einige sind standardsprachlich, andere nicht. Die Markierungen *nordd., südd., österr.* und *schweiz.* stehen vor allem bei standardsprachlichen Wörtern, alle anderen weisen auf Nonstandardsprachlichkeit hin. Da dieser grundlegende Unterschied nicht explizit deutlich gemacht wird, können

Wörterbuchbenutzer fälschlicherweise zu dem Schluss kommen, dass alle national oder regional markierten Lemmata ebenso nonstandardsprachlich sind wie die als dialektal markierten Stichwörter. Dass dies aber nicht zutrifft, zeigen einige Stichproben. Die folgenden Wörter sind als nationale Standardvarianten im *Variantenwörterbuch des Deutschen* (VWD) verzeichnet. In den Duden-Bänden sind sie zwar mit den Markierungen *österr.* bzw. *schweiz.* versehen, aber ohne expliziten Hinweis auf ihre Standardsprachlichkeit:

Pa|ra|dei|ser der; -s, - (*österr. für* Tomate)

Ve|lo [...] das; -s, -s [...] (*schweiz. für* Fahrrad) (Duden Rechtschreibung ^{25}2009)

Da das Bewusstsein von der Existenz der nationalen Standardvarianten insbesondere bei den deutschen Sprechern nicht weit verbreitet ist, könnten *Paradeiser* und *Velo* mit Dialektwörtern wie *Geschmäckle* verwechselt werden:

Ge|schmäck|le, das; -s, - (*bes. schwäb. für* Beigeschmack, leichte Anrüchigkeit) (Duden Rechtschreibung ^{25}2009)

Teutonismen werden in den Duden-Bänden in der Regel nicht markiert, jedenfalls nicht diejenigen, die im Gesamtgebiet Deutschlands gültig sind. Wie dem VWD zu entnehmen ist, handelt es sich beispielsweise bei *Abitur* um einen Teutonismus, was anhand des Eintrags im Rechtschreib-Duden nicht deutlich wird:

A|bi|tur, das; -s, -e Plur. Selten <lat.> (Reifeprüfung) (Duden Rechtschreibung ^{25}2009)

Die Leser müssen daraus auf die standardsprachliche Geltung von *Abitur* im gesamten deutschsprachigen Raum schließen. Die Tatsache, dass es weder in Österreich noch in der Schweiz standardsprachlich ist (sondern *Matura*), kann dem Artikel nicht entnommen werden. Da auch alle anderen in ganz Deutschland geltenden Teutonismen nicht als solche markiert werden, müssen die Leser annehmen, dass es keine für Deutschland spezifischen Nationalvarianten gibt.

Nur wenn Teutonismen ausschließlich in einem Teilgebiet Deutschlands gültig sind, werden sie markiert:

Feu|del, der; -s, - (*nordd. für* Scheuerlappen) (Duden Rechtschreibung ^{25}2009)

Auch die in Österreich und der Schweiz hergestellten Wörterbücher verbuchen die jeweils eigenen Varianten unmarkiert. Dies ist also „keine deutsche Besonderheit, sondern weitgehend die Regel bei Nachschlagewerken für plurizentrische Sprachen" (Ammon 1995b: 2). Dennoch gibt es einen wesentlichen Unterschied: Die österreichischen und schweizerischen Wörterbücher stellen nur den Sprachgebrauch innerhalb der eigenen Zentren dar, während die Duden-Bände bestrebt waren, die „deutsche Sprache in ihrer ganzen Vielschichtigkeit und im gesamten deutschen Sprachraum" (Duden Rechtschreibung 1991, zitiert nach Ammon 1995b: 1) zu dokumentieren. Damit erhob die Redaktion den Anspruch, in allen nationalen Sprachzentren zuverlässig zu sein. Für den Gebrauch innerhalb

Deutschlands waren die Bände ohne weiteres geeignet, da die Teutonismen dort uneingeschränkt gültig sind. Außerhalb Deutschlands dagegen konnte die fehlende Markierung der Teutonismen aber zu Fehleinschätzungen hinsichtlich der standardsprachlichen Gültigkeit der betreffenden Wörter führen. Dieses Problem war vor allem deshalb brisant, weil die Duden-Bände häufig von Österreichern und Schweizern konsultiert wurden (und immer noch werden). Für sie hätte der Verlag die Teutonismen klar als solche kennzeichnen oder auf die eingeschränkte Gültigkeit der Nachschlagewerke außerhalb Deutschlands hinweisen müssen. Ammon (1995b: 3) führte die fehlende Markierung der Teutonismen letztlich auf die „nationale Einseitigkeit der Dudenbände" zurück, die Folge der „Überbewertung, ja Verabsolutierung des deutschen Deutsch" durch den Verlag gewesen sei. Inzwischen präsentieren sich die Bände in ihren aktuellen Auflagen weniger verfänglich als Darstellungen des allgemeinen bzw. aktuellen „Wortschatzes der deutschen Gegenwartssprache" (DUW [7]2011: Vorwort; vgl. auch Duden Rechtschreibung [26]2013: rückwärtiger Einband). Die Teutonismen (der Gesamtregion) erscheinen jedoch weiterhin unmarkiert.

13.2 Das Österreichische Wörterbuch

Österreich hat als einziges Sprachzentrum des Deutschen ein amtlich gültiges Nachschlagewerk: Das *Österreichische Wörterbuch* (ÖWB). Es erscheint im Österreichischen Bundesverlag in Wien und wird im Auftrag des Bundesministeriums für Unterricht, Kunst und Kultur herausgegeben. Wie dem Vorwort zu entnehmen ist, bildet es die Grundlage für den Rechtschreibunterricht in Schulen und ist maßgeblich für den Sprachgebrauch in Behörden:

> Das erste Österreichische Wörterbuch wurde im Verordnungsblatt des Bundesministeriums für Unterricht vom 1. Jänner 1950 als ein Nachschlagewerk angekündigt, das ‚den in Österreich gebräuchlichen Wortschatz enthält und für alle Fragen der Rechtschreibung, die erfahrungsgemäß in Schule, Amt oder Büro auftauchen, die passende Lösung findet'. […] Seine Aufgabe, Grundlage der Rechtschreibung in den Schulen und Ämtern Österreichs zu sein, ist seither bestehen geblieben. (ÖWB [41]2009: 7)

Nach Ammon (1995: 138) ist das ÖWB der „zentrale und unzweifelhafteste Kodexbestandteil des österreichischen Standarddeutsch". Es existiert seit 1951 und hat inzwischen die 42. Auflage (2012) erreicht (zur Geschichte des ÖWB vgl. Wiesinger 2002). Es versteht sich als „spezifisch österreichisches Wörterbuch" (ÖWB [41]2009: 807) mit der Aufgabe, „dem traditionsreichen österreichischen Deutsch weiterhin jenen Platz [zu sichern (B. K.-R.)], der ihm innerhalb des gesamten deutschsprachigen Raums zukommt" (ÖWB [41]2009: 7). Die Autoren verstehen den Gegenstandsbereich des Wörterbuchs folgendermaßen:

> Das österreichische Standarddeutsch ist eine Varietät im Rahmen des Deutschen. Sie fügt sich in dieses Gesamtsystem in Wortschatz, Aussprache und Grammatik

ein, hat aber in vielen Bereichen eigene Ausprägungen entwickelt. (ÖWB [41]2009: 805)

Daher dokumentiert es die in Österreich gültigen und üblichen standardsprachlichen Wörter, inklusive der „sprachlichen Eigenheiten in Österreich" (vgl. ÖWB [42]2012, Werbetext), womit selbstredend Austriazismen gemeint sind. Obwohl es in erster Linie ein Rechtschreibwörterbuch ist, informiert es auch über andere sprachliche Bereiche wie Aussprache, Wortbedeutung und Grammatik, wobei diese Angaben oft recht knapp ausfallen.

In den weiterführenden Schulen hat das ÖWB eine Monopolstellung, denn es ist „das einzige amtliche Wörterbuch Österreichs" (ÖWB [41]2009: Vorwort und rückwärtiger Einband).

Aufgrund der geringen Stichwortanzahl und der eher spärlichen Angaben zu den Wörtern und Wendungen sind Österreicher häufig darauf angewiesen, bei Spezialfragen auf Außenkodifizierungen zurückzugreifen. Dabei kommen wieder die deutschen Duden-Bände ins Spiel, die auf diese Weise den österreichischen Kodex ergänzen, da sie mehr Lemmata als das ÖWB enthalten. Der Rechtschreib-Duden ([25]2009) umfasst beispielsweise über 135.000 Einträge, das ÖWB ([41]2009) geschätzte 83.000. Die Nachschlagewerke von Duden verzeichneten ursprünglich sogar mehr Austriazismen als das ÖWB (vgl. Ammon 1995: 139). Dies trifft aber inzwischen nicht mehr zu, zumindest wenn man in den neuesten Auflagen von ÖWB und Rechtschreib-Duden exemplarisch die Einträge mit dem Anfangsbuchstaben A vergleicht. Eigene Auszählungen haben ergeben, dass das ÖWB in diesem Abschnitt 390 Austriazismen enthält und der Rechtschreib-Duden 262.

Das ÖWB verzeichnet Austriazismen wie *Obers, Topfen* oder *Marille* unmarkiert, weil sie in Österreich der „Normalfall" sind, Teutonismen werden dagegen markiert (vgl. ÖWB [41]2009: 807). Dazu diente ursprünglich ein Sternchen (*):

> Solche Wörter, die bereits teilweise in österreichischen Gebrauch eingedrungen sind, wie zB [sic!] *Sahne*, ohne aber das in großen Teilen Österreichs heimische Wort (*Obers*) verdrängt zu haben, werden mit einem Stern (*) markiert. (ÖWB [38]1997: 14)

Diese Sternchen (auch: *Sternderl*) wurden bis zur 38. Auflage (1997) verwendet. In dieser Auflage wurden ihnen hochgestellte [CH] bzw. [D] an die Seite gestellt, die die Sternchen ab der 39. Auflage (2001) ganz ablösten:

> Wörter, die speziell dem Sprachgebrauch Deutschlands angehören, werden mit einem hochgestellten D (bzw. „in D") gekennzeichnet. Dazu zählen Ausdrücke, die den Österreichern nur in Literatur oder Fernsehen, in Güterverkehr oder Tourismus begegnen, wie zB [sic!] Eszett, Sauerbraten, Quark. (ÖWB [38]1997: 14)

In der 38. Auflage wurden also beide Markierungen parallel verwendet, wobei die Abgrenzung wohl mit einer gewissen Unsicherheit verbunden war, wenn man die beiden oben angeführten Erläuterungen vergleicht. Die ursprünglichen **Stern-**

chenwörter waren ausnahmslos Teutonismen, wie beispielsweise *Abitur, Apfelsine, Aprikose, Blumenkohl, Januar, Junge, Jura, Korridor, Puderzucker, Quark, Quirl, Sahne, Schornsteinfeger, Sonnabend, Tüte, Ziegenpeter* und viele andere. Sie existierten schon seit 1951 und wurden je nach Auflage mal als „in Österreich nicht heimisch", mal als „zum deutschen Deutsch gehörend" definiert. Wenn man darüber hinaus bedenkt, dass der Asteriskus in der Sprachwissenschaft gewöhnlich die Funktion hat, ungrammatische Formen (*die Ball*) zu kennzeichnen, kann man leicht zu der Interpretation kommen, dass mit der Sternchen-Markierung im ÖWB „hauptsächlich die [...] Absicht verbunden [war (B. K.-R.)], [...] bestimmten Wörtern die (volle) Geltung in Österreich zu versagen" (Ammon 1995: 183). Man kann die Sternchenwörter sogar als Ausdruck einer speziellen Form von Sprachpurismus auffassen, die als **Nationalvarietätspurismus** zu bezeichnen ist (ebd.: 183 f., siehe auch Kap. 10.2.3). Dabei geht es darum, die eigene nationale Standardvarietät (hier: österreichisches Deutsch) vor den Einflüssen einer „fremden" Nationalvarietät (hier besonders: deutsches Standarddeutsch) zu bewahren.

Die Anzahl der Sternchenwörter stieg übrigens von 1951 bis 1990 von 118 auf 219, was darauf hindeutet, dass die sprachpuristischen Bemühungen in diesem Zeitraum keineswegs nachließen (vgl. Ammon 1995: 181, 190). Wie sind solche sprachpuristischen Ambitionen der Bearbeiter des ÖWB zu erklären? Österreicher haben vor allem durch den Massentourismus, der die Alpen sommers wie winters überrollt, intensiven Kontakt zu Deutschen und ihrer Varietät. Hinzu kommt noch, dass in Österreich auch häufig deutsche Medien konsumiert werden. Daher ist der Sprachgebrauch der nördlichen Nachbarn sehr präsent und bekannt, während umgekehrt Austriazismen in Deutschland kaum wahrgenommen werden. So dringen Teutonismen in den österreichischen Sprachgebrauch ein, was von manchen nicht gern gesehen wird, zumal zu befürchten ist, dass die ungeliebten Teutonismen die heimischen Austriazismen verdrängen könnten. Diese Vorstellung ist für Sprachpatrioten vor allem deswegen so bedrohlich, weil sie die sprachliche Eigenständigkeit als Ausdruck der nationalen Autonomie begreifen (vgl. ebd.: 185). Aus diesem Grunde sind Austriazismen für Österreicher wichtige Merkmale der nationalen Identität (vgl. Kap. 12.1).

Dass die Sternchenwörter ab der 38. Auflage des ÖWB langsam aufgegeben wurden und seit der 39. Auflage von 2001 gar nicht mehr existieren, hat verschiedene Gründe. Vor allem haben die sprachpuristischen Bemühungen in den letzten Jahren nachgelassen. Stattdessen ist eine zunehmende Akzeptanz von Wörtern und Wendungen des deutschen Standarddeutsch zu verzeichnen. Etliche Teutonismen sind inzwischen in den allgemeinen Sprachgebrauch übergegangen (z. B. *lecker, Tschüss*). Vor allem junge Österreicher verwenden zunehmend Teutonismen, aber auch Lehnwörter aus anderen Sprachen. Dies kann als Phänomen des allgemeinen Sprachwandels in Richtung **Konvergenz** (Vereinheitlichung) mit dem deutschländischen Standarddeutsch aufgefasst werden, der überall zu beobachten ist. Ein weiterer Grund für die Aufgabe der Sternchen-Markierung ist die Tatsache, dass sie von einigen, v. a. deutschen Lesern, als stigmatisierend und diskriminierend empfunden wurden. Daher sind die Sternchen durch die neutralere Markierung mit dem Landeskürzel „D" ersetzt worden, die wertfrei über die regionale bzw. nationale Zugehörigkeit von Wörtern informieren soll. Schließlich hat die Abschaffung des Sternchens auch lexikographisch-pragmatische Gründe, weil es nach Ebner (E-Mail vom 7.4.2010) immer schwieriger wird, österreichische und deutsche Varianten abzugrenzen, da ein zunehmender Variantenausgleich, v. a. durch die junge Generation, vorgenommen wird.

13.3 Schweizer Wörterbücher

Das Schweizerhochdeutsche ist in einigen Wörterbüchern binnenkodifiziert. Von Bedeutung sind vor allem der *Schweizer Schülerduden: Rechtschreibung* ([4]2010, 6. Auflage 2013) und *Schweizer Wahrig. Die deutsche Rechtschreibung* (2006).

Der *Schweizer Schülerduden* ([4]2010) umfasst rund 25.000 Stichwörter und ist für den Unterricht in Primar- und Sekundarstufe I („mit Blick auf die Sekundarstufe II", vgl. Vorwort) konzipiert. Die *Schweizerische Konferenz der kantonalen Erziehungsdirektoren* (EDK) empfiehlt dieses Wörterbuch ausdrücklich für die Verwendung in der Schule (vgl. EDK-Handreichung 2006: 6). Da es vor allem ein Rechtschreibwörterbuch ist, enthält es neben dem Wörterverzeichnis auf rund 30 Seiten orthographische Regeln, aber keine Angaben zur Betonung oder Aussprache und nur spärliche Hinweise auf Wortbedeutungen. Im Vorwort wird explizit darauf hingewiesen, dass dieses Wörterbuch auf der Grundlage des deutschen *Schülerdudens* unter Berücksichtigung der Schweizer Gegebenheiten entstanden ist:

> Im Wörterverzeichnis wurde der schweizerische Sprachgebrauch, wie er heute in den Print- und Onlinemedien beobachtbar ist, berücksichtigt. Das heisst, bei der Schweizer Bearbeitung wurde Wert darauf gelegt, die Helvetismen generell so weit als möglich zu berücksichtigen […]. Wie bisher wurden sowohl im Wörterverzeichnis als auch im Regelteil die schweizerischen Besonderheiten einbezogen. (Schweizer Schülerduden [4]2010, Vorwort)

Im Wörterverzeichnis werden Helvetismen nicht gekennzeichnet, so dass Lexeme wie *Matura, Velo, Weggli, Schwingbesen* oder *Traktandenliste* ohne Nationalmarkierung erscheinen:

> das **Velo**; die Velos; Velo fahren; ABER: das Velofahren (Schweizer Schülerduden [4]2010)

Diese Vorgehensweise ist in einem Nachschlagewerk einer plurizentrischen Sprache nicht ungewöhnlich, da die eigenen nationalen Varianten uneingeschränkt standardsprachlich sind (vgl. Kap. 13.1). Auch Fremdvarianten (meist Teutonismen) erscheinen im *Schweizer Schülerduden*, allerdings ohne entsprechende Markierung, die den Benutzern signalisieren würde, dass das Lemma kein Bestandteil des Schweizerhochdeutschen ist. Sie werden in der Regel lediglich durch eine

Klammerangabe ergänzt, die das in der Schweiz gebräuchliche Wort enthält. Dabei kann es sich um einen Helvetismus oder ein gemeindeutsches Wort handeln:

das **Abendbrot** (Nachtessen)

das **Abitur** (Matura)

der **Bürgersteig** (Trottoir)

die **Möhre** (Karotte, Rüebli)

parken (parkieren) (Schweizer Schülerduden ⁴2010)

Besagte Klammerangaben sind allerdings keine verlässlichen Hinweise auf das Vorliegen einer Fremdvariante, da sie bei einigen Teutonismen fehlen (z. B. bei *Apfelsine, Bürgermeister, Brötchen*) und zum Teil auch gemeindeutsche Wörter mit Bedeutungsangaben versehen sind („*jäten* (aus der Erde ziehen)"). Die Leser könnten also davon ausgehen, dass die oben genannten Lexeme in der Schweiz uneingeschränkt standardsprachlich sind. Diese missverständliche Darstellung erklärt sich womöglich durch eine unreflektierte Übernahme der deutschen Vorlage. In diesem Fall wurde das Wörterverzeichnis trotz Ankündigung im Vorwort nicht ausreichend dem schweizerischen Wortschatz angepasst.

Deutlich umfangreicher ist das 125.000 Stichwörter umfassende Wörterbuch *Schweizer Wahrig. Die deutsche Rechtschreibung*, das nach eigenen Angaben speziell für die Schweiz entwickelt wurde:

> Mit der Neuausgabe des Schweizer WAHRIG erscheint zum ersten Mal ein Rechtschreib-Wörterbuch, das speziell auf die Gegebenheiten und Bedürfnisse der Schweizer Benutzer zugeschnitten ist. Es stellt die Besonderheit der Schweizer *ss*-Regelung dar und verzeichnet zahlreiche Standardausdrücke der Schweizer Gegenwartssprache. (Schweizer Wahrig 2006: 8)

Die für die Schweiz typische *ss*-Schreibung (statt *ß*, vgl. Kap. 8.2) ist sowohl in den komplementären Wörterbuchteilen als auch im Artikelteil realisiert. So findet man beispielsweise die Stichwörter *Strasse, Stosszahn* und *Stossverkehr*. Außerdem verbucht Wahrig eine Reihe von Helvetismen mit der Markierung *schweiz.* Für ein Wörterbuch des Schweizerhochdeutschen ist dies eigentlich überflüssig:

> **Autocar** […] *schweiz.*: Autobus für Gesellschaftsreisen, Ausflugsomnibus
>
> **parkieren** […] *schweiz. für* parken
>
> **Velo** […] *schweiz.*: Fahrrad (Schweizer Wahrig 2006)

Teutonismen erscheinen dagegen in der Regel ohne Markierung, wodurch unausgesprochen bleibt, dass sie keine Bestandteile des Schweizerhochdeutschen sind, wie in den folgenden Beispielen:

> **Abitur** [lat.] […] Reifeprüfung an der höheren Schule

199

parken *intr. u. tr.* [...]

Sahne [...] *nur Sg.* (ebd.)

Beim Lemma *Abitur* erfolgt lediglich eine Bedeutungsangabe, bei *parken* und *Sahne* werden nur grammatische Hinweise ergänzt. Dieser Umstand könnte bei den Lesern zu Missverständnissen und Verunsicherungen führen. Gelegentlich werden Teutonismen als dialektal dargestellt. Dafür sind laut Abkürzungsverzeichnis (Schweizer Wahrig 2006: 16 f.) ausschließlich die Kürzel *bair.* (‚bairisch') und *nddt.* (‚niederdeutsch') vorgesehen:

Feudel [...] *nddt.*: Scheuerlappen

Stövchen [...] *1. nddt.*: Kohlenbecken *2.* Untersatz mit Teelicht zum Warmhalten von Tee oder Kaffee (ebd.)

Hier ist jedoch anzumerken, dass diese beiden Wörter nicht dialektal (niederdeutsch) sind, sondern zum norddeutschen Standard gehören (vgl. VWD). Darüber hinaus gibt es noch die Markierung *Dtld.* (‚Deutschland'), die sich aber auf Sachspezifika bzw. spezifisch deutsche Bedeutungen bezieht:

Ministerpräsident [...] *1. Dtld.* Leiter der Landesregierung *2. in anderen Ländern*: Chef der Regierung (ebd.)

In kleinerem Umfang werden im *Schweizer Wahrig* auch die Besonderheiten des österreichischen Standarddeutsch berücksichtigt:

Paradeiser [...] *österr.*: Tomate

Professor [...] *3. österr.*: Titel für Lehrer an einer höheren Schule (ebd.)

Zusammenfassend kann man festhalten, dass keines der oben genannten Schweizer Wörterbücher systematisch und korrekt über die Geltungsgebiete von nationalen Varianten informiert. Helvetismen werden unterschiedlich dargestellt: Der *Schweizer Schülerduden* verzeichnet sie unmarkiert als in der Schweiz normal standardsprachlich, während der *Schweizer Wahrig* sie durchgängig als schweizerisch kennzeichnet. Teutonismen kommen dagegen in beiden Bänden fast ausschließlich unmarkiert vor, was fälschlicherweise ihre Zugehörigkeit zum Schweizerhochdeutschen suggeriert.

Außerdem liegt hier, ebenso wie beim österreichischen Kodex, das Problem vor, dass der *Schweizer Schülerduden* nur relativ wenige Stichwörter enthält. Er verzeichnet sogar weniger Helvetismen als die Duden-Bände (vgl. Ammon 1995: 246) und Angaben zu sprachlichen Fragen jenseits der Orthographie sind spärlich. Dies hatte zumindest bis zum Erscheinen des deutlich umfangreicheren *Schweizer Wahrig* zur Folge, dass auch Schweizer häufig und insbesondere bei sprachlichen Spezialfragen auf die deutschen Duden-Bände zurückgreifen mussten. Darüber hinaus hat keines dieser Nachschlagewerke amtlichen Status; der *Schweizer Schülerduden* wird allerdings für den Gebrauch in Schulen empfohlen (s. o.).

13.4 Variantenwörterbücher

1969 publizierte Jakob Ebner den Band *Wie sagt man in Österreich? Wörterbuch der österreichischen Besonderheiten*, der ausschließlich österreichische Standardvarianten der deutschen Sprache verzeichnete. Damit betrat Ebner linguistisches Neuland und erzielte beachtlichen Erfolg. Der Band wurde stetig weitergeführt, verbessert und ergänzt und liegt seit 2009 in der vierten, völlig überarbeiteten Auflage mit 8.000 Stichwörtern vor. Das Interesse an der österreichischen Standardvarietät ist auch nach vierzig Jahren noch ungebrochen. Das Neue und Besondere an diesem Wörterbuchtyp ist die Tatsache, dass es keinen „Querschnitt durch den gesamten Wortschatz bietet, sondern nur den Teil des Wortschatzes, der in Österreich mit dem Wortschatz in Deutschland oder der Schweiz nicht übereinstimmt" (Ebner [4]2009: 5). Mit diesem Nachschlagewerk wendet sich Ebner gegen die weit verbreitete Ansicht, dass das österreichische Deutsch ein Dialekt sei, und dokumentiert „österreichisches Deutsch auch in Hinblick auf die internationale und europäische Geltung als Standardvarietät" (ebd.: 6).

Wie sagt man in Österreich? stellt nicht nur Austriazismen dar, sondern bietet auch vielfältige Informationen rund um die sprachliche Situation in Österreich. Im Kapitel „Deutsch in Österreich – österreichisches Deutsch" findet sich Lesenswertes bezüglich Sprachgeschichte und Entstehung von Austriazismen, der sprachlichen Binnengliederung Österreichs und interessanter Phänomene des österreichischen Wortschatzes sowie anderer Aspekte.

Die einzelnen Artikel enthalten das Lemma mit diversen Angaben zu Aussprache, Betonung, Grammatik, Herkunft, Stilschicht oder regionaler Verbreitung, falls der Austriazismus nicht in ganz Österreich gebräuchlich ist. Es folgen eine Bedeutungserläuterung und ein Beleg, der die Wortbedeutung und -verwendung exemplarisch darstellt. Daran anschließend erscheinen fakultativ Hinweise auf Derivate oder Komposita, die mit der Variante gebildet wurden.

> **Lenker,** der /ohne Genitivattribut/ (auch schweiz.): Fahrer: Die Aktion richtet sich nun nur an die Lenker von 9-Sitzer-Bussen bis 3,5 t. (auto touring 6/2007) ◊ **Lenkerin:** die unverletzte Lenkerin fuhr mit dem havarierten Auto noch zu ihrem 300 Meter entfernten Wohnhaus (ST 28.1.08). ↑**Alkolenker, Autolenker, Fahrzeuglenker, Mofalenker, Mopedlenker, Pkw-Lenker, Schulbuslenker, Taxilenker, Unglückslenker** (Ebner 2009)

Fremdnationale Varianten, insbesondere Teutonismen, kommen nicht als Lemmata vor, dienen aber gelegentlich der Lemmaerläuterung (vgl. Artikel „Tormann").

> **Tormann,** der: (in D meist) Torhüter, Torwart: *Aber nicht nur Hitzfeld hält große Stücke auf seinen Tormann und Kapitän.* (SN 19.4.08) (ebd.)

Vergleichbar mit *Wie sagt man in Österreich?* ist das 1989 in der gleichen Duden-Reihe erschienene Helvetismen-Wörterbuch *Wie sagt man in der Schweiz? Wörterbuch der schweizerischen Besonderheiten* von Kurt Meyer. Es stellt in rund

4.000 Wortartikeln ausschließlich die nationalen Standardvarianten des Schweizerhochdeutschen vor und ist „eine handliche und zuverlässige Zusammenstellung der heute gebräuchlichen, üblichen Helvetismen, d. h. der Besonderheiten, welche die schweizerische Spielart von der binnendeutschen Standardsprache unterscheiden" (Meyer 1989: 15). Auch hier findet in erster Linie ein Vergleich der eigenen Varietät mit dem deutschen Standarddeutsch statt. Meyer legt großen Wert darauf, dass „die schweizerische Variante [Varietät! (B. K.-R.)] des Standarddeutschen [...] grundsätzlich gleichberechtigt neben der binnendeutschen [...] und der österreichischen" steht (ebd.: 24).

Als Lemmata erscheinen spezifische und unspezifische, austauschbare und nicht-austauschbare Helvetismen sowie Besonderheiten der Gesamt- oder Teilregion. Keine Berücksichtigung finden gemeindeutsche, dialektale oder veraltete Ausdrücke. Fremdnationale Varianten sind bei Meyer fast ausschließlich „binnendeutsche" Sprachformen, also Teutonismen. Sie kommen nur in den Lemmaerläuterungen vor, denn nach Meyer geht es vor allem darum, dass „der Benützer des Wörterbuchs [...] die allgemein- oder ‚binnen'deutsche Entsprechung finden [soll]" (ebd.: 18).

Neben dem Wörterverzeichnis enthält *Wie sagt man in der Schweiz?* eine überblicksartige Darstellung der grammatischen Besonderheiten des Schweizerhochdeutschen, die Laut und Schrift sowie Formenlehre und Wortsyntax umfasst, und ein Register (Binnendeutsch/Gemeindeutsch → Schweizerisch), in dem Wörterbuchbenutzer ausgehend von alphabetisch geordneten gemeindeutschen Wörtern oder Teutonismen nach Helvetismen suchen können.

Wie sagt man in der Schweiz? wurde 2006 durch das *Schweizer Wörterbuch. So sagen wir in der Schweiz* (ebenfalls von Kurt Meyer) ersetzt. Im Grunde ist es eine überarbeitete und erweiterte Auflage des Vorgängers in einem anderen Verlag und mit neuem Layout. Es enthält über 4.000 Stichwörter und einen Beitrag von Hans Bickel zum Standarddeutsch in der Schweiz. In der „Skizze der grammatischen Besonderheiten" werden übergreifende schweizerische Besonderheiten der Aussprache und Rechtschreibung, Flexion, Wortsyntax und Wortbildung übersichtlich zusammengefasst.

Meyer (2006: 19) charakterisiert sein Wörterbuch als gegenwarts- und standardsprachlich ausgerichtet. Es verzeichnet „den heutigen Stand des Schweizerhochdeutschen von seinen Besonderheiten her kurz und bündig" und verzichtet auf alles Veraltende, vereinzelt Vorkommende, Dialektale und Gemeindeutsche. Stattdessen präsentiert es Wörter, die entweder nicht gemeindeutsch sind oder eine Besonderheit in Aussprache, Schreibung, Grammatik o. Ä. aufweisen. Ferner handelt es sich um ein „differenzielles Wörterbuch", das eben nicht das gesamte Schweizerhochdeutsche darstellt, sondern nur den Teil, der sich vom gesamtdeutschen Standard unterscheidet. Schließlich ist es auch ein „praktisches, funktionelles Wörterbuch", das dem ausländischen Leser die Bedeutungen der Helvetismen deutlich macht und die Schweizer Leser informiert, wie man „draußen" sagt. Aus diesem Grund weist Meyer explizit darauf hin, dass Bedeutungen möglichst nicht umschrieben, sondern durch gemeindeutsche oder „ausserschweizerische" Äquivalente erklärt werden. Letztere sind für Meyer in erster Linie „deutschländische Äquivalente", also Teutonismen (vgl. Meyer 2006: 20). Sie haben hier eine Erläuterungsfunktion und sind jeweils mit bestimmten Symbolen versehen: Der Geviertstrich (—) zeigt an, dass ein gemeindeutsches oder „deutschländisches" Synonym folgt, das in der Schweiz ebenso gebräuchlich ist (vgl. ebd.: 7). Streng genommen schließen sich diese beiden Eigenschaften aus. Ein Teutonismus ist in der Schweiz in der Regel nicht gebräuchlich, es sei denn, es handelt sich um einen Helvetoteutonismus oder um eine Variante, die sich in der Schweiz eingebürgert hat, ähnlich wie die ehemals im ÖWB verzeichneten Sternchenwörter (vgl. Kap. 13.2). Im folgenden Artikel „Morgenessen" wird nicht deutlich, ob das Synonym *Frühstück* ein unspezifischer Helvetismus oder gemeindeutsch ist:

Morgenessen, das; -s, — Frühstück [...] (Meyer 2006)

Im Vergleich zu *Wie sagt man in der Schweiz?* ist das *Schweizer Wörterbuch* also etwas ungenauer, denn in Ersterem wurde *Frühstück* eindeutig als gemeindeutsch eingestuft. Diese Problematik besteht auch beim durchgestrichenen Doppelschrägstrich (⫽), der anzeigt, dass ein gemeindeutsches oder deutschländisches Synonym folgt, das in der Schweiz deutlich weniger üblich ist:

Velo [...] ⫽ Fahrrad [...] (ebd.)

Ein doppelter Schrägstrich (//) kennzeichnet ein deutschländisches Synonym, das in der Schweiz nicht üblich, oft überhaupt nicht bekannt ist (vgl. ebd.: 7):

Nüsslisalat, der [...] // Feldsalat, Rapunzel (österr.: Vogerlsalat) [...] (ebd.)

Der Artikel „Nüsslisalat" zeigt ferner, dass in Ausnahmefällen auch österreichische Varianten angegeben werden.

Das *Schweizer Wörterbuch* in seiner neuen und erweiterten Form belegt ebenso wie die Austriazismen-Sammlung *Wie sagt man in Österreich?* das ungebrochene Interesse an den nationalen Sprachmerkmalen Österreichs bzw. der Schweiz. Die Teutonismen sind dagegen bislang von den Sprechern noch weitgehend unentdeckt geblieben, was auch am Nichtvorhandensein eines entsprechenden Wörterbuchs mit dem Titel *Wie sagt man in Deutschland?* (oder ähnlich) offensichtlich wird[19]. Ebner und Meyer verzeichnen in ihren Wörterbüchern vor allem die je-

---

[19] Eine satirische Teutonismen-Sammlung liegt im *Piefke-Wörterbuch* des steirischen Schriftstellers Gruber vor. Schon der Titel zeigt, dass es sich dabei um eine polemische Schrift handelt, denn *Piefke* ist das österreichische Schimpfwort für die Deutschen. Der Untertitel *Der Index der verpönten Wörter für Österreicher* verdeutlicht Grubers spöttischen Sprachpurismus, mit dem er sich gegen das „Piefkinesisch" wendet, das „so viele in Österreich unbekannte deutsche Wörter nach Österreich" beförderte (Gruber 2006: Vorwort). Der Text auf der Buchrückseite weist darauf hin, dass Gruber „sich eines Phänomens angenommen hat, das seit Jahrzehnten die Identität (?) [sic!] dieses Öster-

weils eigenen Nationalvarianten, die gelegentlich in einem zweiseitigen Vergleich den Teutonismen gegenübergestellt werden. Die andere Nachbarvarietät wird dabei weitgehend außer Acht gelassen.

Dies änderte sich mit dem Erscheinen des *Variantenwörterbuch des Deutschen. Die Standardsprache in Österreich, der Schweiz und Deutschland sowie in Liechtenstein, Luxemburg, Ostbelgien und Südtirol* von Ammon, Bickel, Ebner u. a. (VWD 2004). Es ist ein Meilenstein in der auf nationale Varianten spezialisierten Lexikographie, denn es stellt nicht nur die Standardvarianten eines Zentrums dar, wie die oben vorgestellten Wörterbücher, sondern präsentiert in ca. 12.000 Einträgen die sprachliche Variation in allen Voll- und Halbzentren des Deutschen.

Konzipiert wurde das Wörterbuch von Ulrich Ammon, der bereits Grundlagenforschung zum Thema der nationalen Varietäten betrieben und 1995 publiziert hatte. Sein Buch *Die deutsche Sprache in Deutschland, Österreich und der Schweiz. Das Problem der nationalen Varietäten* (VWD) ist die erste einschlägige und umfassende Darstellung der nationalen Varietäten des Deutschen. Unter seiner Federführung entstand ein trinationales Forschungsprojekt mit Arbeitsstellen in Duisburg, Innsbruck und Basel, in dem Lexikographen aus den Vollzentren eng zusammenarbeiteten. Dank ihrer „muttersprachlichen" Kenntnisse der jeweiligen Standardvarietäten konnten sie den dreiseitigen Vergleich zwischen den Standardvarietäten Deutschlands, Österreichs und der deutschsprachigen Schweiz durchführen (zur Planung und Durchführung siehe Ammon 1994, 1997; Ammon/Kellermeier/Schloßmacher 2003; Bickel 2000, 2001; Hofer 1999).

Auf der Basis von umfangreichen Korpusauswertungen entstand ein Wörterbuch des Standarddeutschen, also „des im öffentlichen Sprachgebrauch als angemessen und korrekt geltenden Deutsch" (VWD 2004: XI), das aber nur diejenigen Wörter und Wendungen verzeichnet, die nicht gemeindeutsch sind oder die sich in irgendeiner Form von der in den anderen Zentren üblichen Form, Bedeutung oder Verwendung unterscheiden. Als Lemmata erscheinen Lexeme, Redewendungen, Bezeichnungen für regionale oder nationale Sachspezifika und Institutionen, Abkürzungen und Kurzwörter, nationaltypische geographische Namen und Vornamen sowie einige gemeindeutsche Wörter, die dazu dienen, auf nationale Varianten zu verweisen. Vorwiegend handelt es sich um spezifische und unspezifische Varianten Österreichs, der Schweiz und Deutschlands sowie spezifische Besonderheiten der Halbzentren Ostbelgien, Luxemburg, Liechtenstein und Südtirol. Nicht in das Variantenwörterbuch aufgenommen wurden dialektale, fachsprachliche oder spontane Ausdrücke sowie außer Gebrauch gekommene Wörter der ehemaligen DDR, umfangreiche Zusammensetzungen und Wörter, die sich nur in Aussprache oder Schreibung unterscheiden (VWD 2004: XI f.).

---

reichischen zu unterwandern droht: die soziolinguistisch und sprachhistorisch nicht unbekannte Überlagerung und Aufweichung des österreichischen Wortschatzes durch deutsche Begriffe und Idiomatik" (Gruber 2006: rückwärtiger Einband).

Das VWD richtet sich vornehmlich an Übersetzer und Dolmetscher, Autoren, Journalisten, Politiker und Werbetexter, die speziell für eine bestimmte Nation formulieren möchten, ferner an Lehrer und Lerner von Deutsch als Mutter-, Zweit- oder Fremdsprache, an Leser deutscher Literatur aus verschiedenen Regionen und Nationen, an Touristen, Sprachwissenschaftler und Mitarbeiter oder Manager von Firmen mit Niederlassungen in den verschiedenen deutschsprachigen Staaten und an alle Personen, die an der deutschen Sprache interessiert sind (vgl. VWD 2004: IX f.).

Aufgrund des dreiseitigen Vergleichs aller Standardvarietäten des Deutschen, entstand ein Nachschlagewerk mit neuartigem Charakter: Es ist ein einsprachiges Wörterbuch mit Merkmalen eines zweisprachigen. Einerseits ist es einheitlich auf Deutsch verfasst, andererseits liefert es „Übersetzungen" (im weiteren Sinne), bei denen zwar nichts von einer Sprache in eine andere übertragen wird, aber in andere Varietäten derselben Sprache. Um dies zu ermöglichen, mussten eigens verschiedene Artikeltypen und eine spezielle **Mikrostruktur** entwickelt werden. Die beiden wesentlichen Artikeltypen, die den Großteil des Wörterbuchs ausmachen, sind die sogenannten Primär- und Differenzartikel. Die **Primärartikel** stellen Wörter dar, deren Form oder Bedeutung nicht im gesamten deutschsprachigen Raum vorkommt (onomasiologische oder semasiologische Varianten; vgl. Kap. 3). Sie stellen das Lemma in Schreibung und Betonung vor. Ausspracheangaben erscheinen nur bei Fremdwörtern oder Lexemen, deren Lautung nicht unmittelbar zugänglich ist. Arealangaben zeigen die Gültigkeit des Stichwortes in den verschiedenen Nationen an. Dazu dienen die Nationenkürzel: A (Österreich), CH (Schweiz), D (Deutschland). Des Weiteren können sie regional eingegrenzt werden (z. B. D-nord, D-süd, D-südost oder D (ohne südost)). Die Halbzentren werden mit BELG (Ostbelgien), LUX (Luxemburg), LIE (Liechtenstein), STIR (Südtirol) markiert. Ferner enthalten Primärartikel bei Bedarf Angaben zur Grammatik oder Stilschicht und, wenn möglich, Verweise auf die Varianten der anderen Varietäten sowie Bedeutungserläuterungen und Belege. Fakultativ sind ergänzende Kommentare oder die Angabe von häufig realisierten Wortbildungen, die auf dem Lemma beruhen. Der folgende Artikel „Angelschein" zeigt eine onomasiologische Variante, „Mensa" eine semasiologische Variante, die in Südtirol eine andere Bedeutung hat.

Angelschein D der; -(e)s, -e: ↑FISCHERKARTE A, ↑FISCHEREIPATENT CH, ↑FISCHKARTE D-südost ‚behördlich ausgestellte Erlaubnis zum nicht gewerbsmäßigen Angeln': *Wer angeln will, braucht nicht nur die richtigen Köder, sondern auch einen Angelschein* (WAZ 18.9.2000, Internet)

Mensa STIR die; -, -s/Mensen <übersetzt aus ital. *mensa*>: ‚Kantine': *Forderung ans Land: heimische Produkte an allen öffentlichen Mensen* (FF 29.3.2001)

Differenzartikel betreffen Wörter, die zwar gemeindeutsch sind, aber in Grammatik oder Verwendung regionale oder nationale Unterschiede aufweisen. Sie enthalten das Lemma, einen Formkommentar, einen ausformulierten Differenzhinweis sowie Beispiele oder Belege. Die areale Zuordnung erfolgt im Fließtext.

Bikini der/das; -s, -s: in A und D Maskulinum, in CH Neutrum: Sie werden feststellen, dass Sie schon sofort nach der Behandlung [...] Ihren knappsten Bikini tragen können (Wienerin 12/1993, 123; A); Wie eine Meeresgöttin stieg Ursula Andress an den Gestaden einer Karibikinsel aus der Brandung. Für das Bikini, das sie damals trug, bot ein Fan kürzlich 30.000 Dollar (Brückenbauer 15.9.1998; CH); Der Bikini wurde 1946 von Louis Réard in Paris vorgeführt, wenige Tage nach dem Aufsehen erregenden Atomtest auf dem Bikini-Atoll, woher auch der Name stammt (Amica 24.11.2001, Internet; D)

Der Vorspann des Variantenwörterbuchs enthält Hinweise zur Benutzung, zum Aufbau der Wörterbuchartikel sowie allgemeine Informationen zu den nationalen Voll- und Halbzentren des Deutschen. Darüber hinaus erfährt der Leser Wissenswertes zur Stellung der Standardsprache in den deutschsprachigen Staaten, zur Abgrenzung von Dialekt, Umgangs- und Standardvarietät und zur regionalen Differenzierung innerhalb der Zentren. Darauf folgt ein ausführliches Kapitel zu den nationalen und regionalen Besonderheiten des Standarddeutschen, in dem es um Aussprache, Schreibung, Wortgrammatik, Wortbildung, Zahlen und Zeitangaben sowie Pragmatik geht. Dabei werden wesentliche Regelmäßigkeiten vorgestellt, die nicht nur einzelne Wörter betreffen, sondern übergreifend gültig sind.

Das *Variantenwörterbuch des Deutschen* ist bislang das einzige Nachschlagewerk seiner Art. Für keine andere plurizentrische Sprache gibt es ein vergleichbares Wörterbuch, nicht einmal für das Englische. Damit hat es gleichsam Modellfunktion für nachfolgende Lexikographen. Inzwischen ist eine erweiterte Neuauflage in Vorbereitung, in der auch die standardsprachlichen Besonderheiten der deutschen Sprache in Namibia und Rumänien sowie des in Nord- und Südamerika gesprochenen Deutsch der Mennoniten-Gemeinschaften vorgestellt werden sollen.

Zusammenfassung

In Wörterbüchern einer plurizentrischen Sprache werden neben dem gemein-deutschen Wortschatz auch nationale Varianten verzeichnet. Üblicherweise erscheinen die eigenen Nationalvarianten im Binnenkodex eines Zentrums unmarkiert, während fremdnationale Varianten als solche gekennzeichnet werden. In den Wörterbüchen des deutschsprachigen Raumes wird diese Pra-xis nicht konsequent durchgehalten. Auf nationale Varianten spezialisierte Wörterbücher lassen den gemeindeutschen Wortschatz unberücksichtigt und verzeichnen stattdessen ausschließlich Lexeme, die nur im eigenen Zentrum standardsprachlich sind. Ursprünglich gab es nur Austriazismen- und Helve-tismen-Sammlungen, aber kein Teutonismen-Wörterbuch. Einen neuen Weg geht erstmals das *Variantenwörterbuch des Deutschen*, das sämtliche nationa-len und regionalen Standardvarianten der Voll- und Halbzentren verzeichnet.

Weiterführende Literatur: Muhr, Rudolf (2013): Codifying linguistic standards in non-dominant varieties of pluricentric languages – adopting dominant or native norms? In: Muhr, Rudolf et al. (Hg.): Exploring Linguistic Standards in Non-Dominant Varieties of Pluricentric Languages, Österreichisches Deutsch Sprache der Gegenwart, Bd. 15. Frankfurt am Main, S. 11–44.

✎ **Aufgabe**

Suchen Sie im *Variantenwörterbuch des Deutschen* nach Primär- und Differenzar-tikeln und erläutern Sie die jeweiligen sprachlichen Merkmale der Stichwörter (z. B. Wortform, Bedeutung oder grammatische Besonderheiten), die zum Eintrag in das Wörterbuch geführt haben.

14 Nationale Varietäten aus didaktischer Perspektive

Überlegungen zur Thematisierung von nationalen Varietäten im Unterricht müssen je nach Zielgruppe unterschiedliche Perspektiven berücksichtigen. Die Zielgruppen ergeben sich aus dem Verhältnis, in dem die Schüler zu der im Unterricht gelehrten Sprache stehen: Es kann ihre Mutter- bzw. Erstsprache, eine Zweit- oder Fremdsprache sein. Daher ist es zunächst einmal sinnvoll, sich über dieses Wortfeld Klarheit zu verschaffen.

Die Bedeutungen von *Muttersprache* und *Erstsprache* sind häufig unscharf voneinander abgegrenzt, so dass die entsprechenden Ausdrücke zuweilen synonym verwendet werden, obwohl sie nicht genau bedeutungsgleich sind. Eine **Muttersprache** ist die Sprache der Mutter bzw. der Familie oder der Erzieher eines Kindes. Der Spracherwerb beginnt in der Regel mit der Geburt und erfolgt ungesteuert (ohne expliziten Unterricht) im Rahmen der alltäglichen Kommunikation mit Bezugspersonen, so dass Muttersprachler in der Regel über eine umfassende sprachliche Sicherheit verfügen. Die Verknüpfung mit dem familiären Kontext verleiht dem Begriff eine emotionale Konnotation. Allerdings ist die Bezeichnung missverständlich und wird vielfach kritisiert, da zum einen nicht nur die Mütter eine wichtige Rolle für den Spracherwerb spielen und zum anderen die wichtigste Sprache einer Person nicht immer mit dem Sprachgebrauch der Mutter übereinstimmt. Aus diesem Grund bevorzugt die Fachwelt häufig den Terminus **Erstsprache** (kurz L_1). Damit ist nach Glück ([4]2010: 184) die erste Sprache eines Menschen und/oder die für ihn bedeutsamste Sprache gemeint. Auch die Erstsprache wird in der Regel ungesteuert erworben, also lediglich durch Kontakt und Interaktion mit Sprechern der Sprache und ohne Sprachunterricht, was fachsprachlich als *Aquisition* bezeichnet wird (vgl. Riehl [2]2009: 73), und zu weitreichenden rezeptiven und produktiven Kompetenzen sowie zur Automatisierung von sprachlichen Strukturen führt. Die Sprecher denken und kommunizieren spontan in der Erstsprache. Eine emotionale Dimension wie bei *Muttersprache* fehlt dem Terminus *Erstsprache* jedoch. Oft sind Mutter- und Erstsprache deckungsgleich, insbesondere wenn die Sprache der Eltern gleichzeitig die dominante Sprache der umgebenden Gesellschaft ist. Sie können aber auch verschieden sein, wie es häufig bei Personen mit Migrationshintergrund der Fall ist. Bei ihnen ist die Sprache des Herkunftslandes die Muttersprache, aber die Sprache der neuen Heimat kann zur Erstsprache werden, wenn sie sicherer beherrscht wird und für das alltägliche Leben (mit Schule und Beruf) wichtiger als die Muttersprache ist. Eine Person kann auch mehr als eine Erstsprache haben, wenn sie in den ersten Lebensjahren zwei (oder mehr) Sprachen erwirbt. Man spricht in diesem Fall von *bilingualem Erstspracherwerb* (vgl. Ahrenholz 2010: 5).

Eine **Fremdsprache** ist eine von der Erst- oder Muttersprache verschiedene Sprache, die durch gesteuerten Unterricht beispielsweise in der Schule oder in speziellen Kursen erlernt wird (*Learning*). Der Unterricht findet in der Regel außerhalb des Sprachgebietes der betreffenden Sprache statt. Als **Zweitsprache** (auch: L_2) bezeichnet man eine Sprache, die *nach* der Erst- oder Muttersprache erworben wird, etwa ab dem dritten oder vierten Lebensjahr (vgl. Ahrenholz 2010: 5). Im Grunde ist sie eine Fremdsprache, nur mit dem Unterschied, dass sie im betreffenden Sprachgebiet gesteuert oder ungesteuert gelernt wird. Oft werden beide Formen des Zweitspracherwerbs kombiniert, z. B. wenn sie durch Unterricht gesteuert erlernt und gleichzeitig im Rahmen der alltäglichen Kommunikation ungesteuert erworben wird (*Learning* und *Aquisition*). Sie ist für die Alltagsbewältigung der Menschen von großer Wichtigkeit, weil sie die Sprache des Landes ist, in dem die Sprecher leben (und arbeiten).

Die Grenzen zwischen diesen Klassifizierungen sind allerdings fließend: Eine Fremdsprache kann durch Migration zur Zweitsprache werden, und auch zwischen Zweit- und Erstsprache kann nicht immer disjunkt unterschieden werden. Beispielsweise erlernen Migrantenkinder die neue Landessprache zwar später als ihre Muttersprache, erreichen aber häufig in dieser Zweitsprache eine größere Kompetenz als in der Muttersprache, so dass die Zweitsprache zur Erstsprache werden kann. Wenn Mutter- *und* Zweitsprache nur unzureichend beherrscht werden, spricht man von „doppelter Halbsprachigkeit". Um dem weitestgehend entgegenzuwirken, wird in Schulen Sprachunterricht erteilt. Er gliedert sich in den traditionell sogenannten *muttersprachlichen Deutschunterricht* (auch: DaM, obwohl die Bezeichnung *erstsprachlicher Unterricht* angemessener wäre) sowie in den Unterricht für *Deutsch als Zweitsprache* (DaZ) und *Deutsch als Fremdsprache* (DaF). Diese Unterrichtstypen mit ihren verschiedenen Zielgruppen erfordern ganz unterschiedliche didaktische Konzepte. Dies gilt insbesondere auch für die Frage, ob nationale Varietäten und Standardvariation Gegenstand des DaM-, DaZ- oder DaF-Unterrichts werden sollten.

14.1   Standardvariation im muttersprachlichen Unterricht

Es ist keineswegs selbstverständlich, dass im muttersprachlichen Deutschunterricht nationale Varietäten und Standardvariation thematisiert werden. Dieses Thema wird, wenn überhaupt, in der Regel nur stiefmütterlich behandelt. Dabei wäre die Behandlung des Themas durchaus mit den **Richtlinien** zu vereinbaren. Sie sehen den angemessenen **Gebrauch der Standardvarietät** in Wort und Schrift als Ziel des Unterrichts vor. Schüler sollen in die Lage versetzt werden, die Sprachnorm dem Alter entsprechend rezeptiv und produktiv zu beherrschen, um sprachlich handlungsfähig zu sein und am gesellschaftlichen Leben angemessen, selbstbestimmt und kritisch teilhaben zu können. Ein weiterer Kompetenzbereich ist die sogenannte **Reflexion über Sprache**[20]. Dabei geht es um das Nachdenken über Sprache und Sprachgebrauch, das durch einen kontrastiven Vergleich des Deutschen mit anderen Sprachen sowie durch die Bewusstmachung der Variation und inneren Mehrsprachigkeit (Varietätenvielfalt) gefördert werden soll. Der Kernlehrplan für das Fach Deutsch in der gymnasialen Oberstufe in Nordrhein-Westfalen formuliert beispielsweise folgende Kompetenzerwartung für Grund- und Leistungskurse: „Sprachvarietäten in verschiedenen Erscheinungsformen (Soziolekt, Jugendsprache, Dialekt bzw. Regionalsprache wie Niederdeutsch) beschreiben und deren gesellschaftliche Bedeutsamkeit beurteilen" (Kernlehrplan Deutsch 2013: 25, 32). Von nationalen Varietäten ist hier zwar keine Rede, doch können Schüler anhand der Plurizentrik Kenntnisse über die standardsprachliche Variation des Deutschen gewinnen und über sprachliche Normen sowie über eigenen und fremden Sprachgebrauch nachdenken. Eine Behandlung dieses Themas ist also durchaus im Sinne der curricularen Richtlinien.

Wie steht es aber mit dem Thema *Sprachliche Variation* in der **Unterrichtswirklichkeit**? Das in der Schule gezeichnete Bild der deutschen Sprache stimmt in vielen Fällen nicht mit der sprachlichen Realität überein. Wenn überhaupt wird meist nur die nonstandardsprachliche Variation (Dialekte, Jugendsprache etc.) thematisiert, doch davon abgesehen wird insbesondere in Deutschland nur allzu oft immer noch eine vermeintlich homogene Standardvarietät präsentiert, die für alle Sprecher der deutschen Sprache ungeachtet ihrer nationalen Herkunft als verbindlich dargestellt wird. Dabei liegt natürlich auf der Hand, dass das *eine* „richtige Hochdeutsch" mit dem deutschen Deutsch gleichgesetzt wird. In Österreich und der Schweiz ist der muttersprachliche Unterricht an der Varietät des eigenen Zentrums orientiert und Unterrichtsinhalte sowie Korrekturen durch Lehrer müssen mit dem jeweiligen Binnenkodex kompatibel sein. Auch österreichische Lehrwerke haben die Angaben des *Österreichischen Wörterbuchs* zu berücksichtigen. Andererseits ist zu beobachten, dass insbesondere Lehrer aus den nicht-dominanten Sprachzentren häufig die eigenen nationalen Varianten „verbessern", was vermutlich meist aus Unwissenheit und nicht etwa aus Ablehnung der eigenen Nationalvarietät geschieht (vgl. Ammon 1995: 480).

Dies ist auch dem Umstand geschuldet, dass die Plurizentrik des Deutschen selbst in **Lehrbüchern** der nicht-dominanten Zentren kaum Berücksichtigung findet. So klagt Wiesinger (2002: 179) über die fehlende Förderung des österreichischen Deutsch in einheimischen Schulbüchern. Um diesem Missstand Abhilfe zu schaffen, gab der österreichische Zweig des Dudenverlags 2008 eine Broschüre mit dem Titel *Österreichisches Deutsch* heraus, die unter österreichischen Lehrern verteilt wurde (mündliche Information des Autors Jakob Ebner). Zwar ist sie nicht

---

[20]   Zur Entwicklung curricularer Vorgaben bzgl. Norm und Variation seit den 1950er Jahren vgl. Bekes/Neuland (2006). Zur Sprachreflexion in den Richtlinien der Schweiz vgl. Dürscheid (2009: 66).

als Lehrbuch konzipiert, doch soll sie wenigstens Lehrer mit fundiertem Wissen über die eigene Nationalvarietät versorgen[21]. Ähnliches wurde von Bickel/Landolt (2012) auch für die Schweiz verfasst und vom *Schweizerischen Verein für die deutsche Sprache* herausgegeben: Die Broschüre *Schweizerhochdeutsch. Wörterbuch der Standardsprache in der deutschen Schweiz*, die sogar explizit für den Gebrauch in Schulen vorgesehen ist (vgl. Bickel/Landolt 2012: Vorwort). Für den muttersprachlichen Unterricht in Deutschland wurden Sprachhefte zur Vorbereitung auf das Zentralabitur entwickelt. Das Heft „Deutsche Sprache der Gegenwart" behandelt unter anderem das Thema Plurizentrik, wenn auch nur in aller Kürze (Klösel 2009). Das 2004 erschienene *Variantenwörterbuch des Deutschen* kann bei lexikalischen Zweifelsfällen von Lehrern aller Sprachzentren konsultiert werden.

Welche **Zielsetzungen** können mit der Thematisierung der nationalen Standardvariation im muttersprachlichen Unterricht verfolgt werden? Es kann und soll natürlich nicht darum gehen, die jeweils anderen Nationalvarietäten zu erlernen. Stattdessen bieten sich die Bewusstmachung der Standardvariation und die Sensibilisierung für die linguistische Gleichwertigkeit der nationalen Varianten als übergeordnetes Ziel für alle drei Vollzentren an. Darüber hinaus sind für die einzelnen Sprachzentren jeweils spezifische Lernziele zu formulieren, und zwar in Abhängigkeit von den **Voraussetzungen**, die die Schüler mitbringen. Da sie je nach Nationszugehörigkeit unterschiedliches Vorwissen und divergierende Einstellungen zum Thema Plurizentrik haben, sollten verschiedene **didaktische Konzepte** für den DaM-Unterricht entwickelt werden.

Deutsche Schüler sind sich in der Regel nicht bewusst, dass es Standardvariation überhaupt gibt und nicht nur das österreichische und schweizerische Deutsch über spezifische Merkmale verfügen, sondern das deutsche Deutsch ebenso. Daher ist es sinnvoll, zunächst mit ihnen die Existenz mehrerer Nationalvarietäten zu erarbeiten und sie dafür zu sensibilisieren. Dies sollte mit der Entwicklung von sprachlicher Toleranz und Respekt gegenüber dem fremdnationalen Sprachgebrauch einhergehen.

Österreichischen und Deutschschweizer Schülern müssen die sprachlichen Unterschiede in der Regel nicht erst bewusst gemacht werden, da sie tagtäglich über deutsche Medien und durch Kontakte zu Deutschen damit konfrontiert werden. Für sprachbewusste Österreicher ist die eigene Nationalvarietät ein wichtiger Bestandteil der nationalen Identität (vgl. Kap. 12.1). Im österreichischen Muttersprachunterricht könnte ein Schwerpunkt auf die eigene Standardvarietät und ihre Normen gelegt werden, um Schülern eine größere Sicherheit im Sprachgebrauch zu vermitteln. Dies kann unter anderem kontrastiv zur deutschen Standardvarietät durchgeführt werden.

---

[21]   Inzwischen kann die Broschüre als PDF-Datei bei *www.duden.at* heruntergeladen werden.

Das gleiche gilt im Grunde auch für die Deutschschweiz. Hier ist aber zusätzlich die bei vielen Schweizern zu beobachtende distanzierte bis ablehnende Haltung zur Standardvarietät zu berücksichtigen. Angesichts der dortigen Diglossie mit Dialekt als alltäglichem mündlichem Kommunikationsmittel und dem Schweizerhochdeutschen als „Distanz- und Schulsprache" (vgl. Kap. 12.2) sollten im muttersprachlichen Unterricht Impulse zur Reflexion des Verhältnisses zur eigenen Standardvarietät gesetzt werden. In diesem Zusammenhang könnte gezeigt werden, dass das Schweizerhochdeutsche durchaus als Symbol nationaler Identität und zur Abgrenzung von anderen deutschsprachigen Nationen geeignet ist und gleichzeitig internationale Kommunikation mit Deutschen und Österreichern möglich macht, was die Dialekte nicht leisten. Ferner gilt es, die Schüler von der Gleichwertigkeit des schweizerischen und des deutschen Standards zu überzeugen und ihnen klar zu machen, „dass das eigene Deutsch nicht das schlechtere Deutsch ist" (Dürscheid 2009: 67).

Selbstredend ist auch nach **Alters- bzw. Entwicklungsstufen** zu differenzieren. Dürscheid (2009: 66) schlägt vor, in unteren Klassen v. a. phänomenorientiert vorzugehen, d. h. die nationalen Varietäten und Varianten an sich kennenzulernen und über die damit verbundenen Einstellungen zu diskutieren. Ältere Schüler können dagegen komplexere Zusammenhänge wie *Sprache und Identität* oder *Sprach- und Kulturgeschichte* bearbeiten. Zu diesem Zweck schlägt Dürscheid die Lektüre von Zeitungsartikeln aus Deutschland, Österreich und der Schweiz vor, in denen die Unterschiede zwischen den Standardvarietäten thematisiert werden (konkrete Vorschläge in: Dürscheid 2009: 66 f.). Darüber hinaus bieten sich für die Sekundarstufe I nationale Varianten enthaltende Kinder- und Jugendbücher aus den jeweils anderen Zentren an. Hier wären etwa Werke der österreichischen Autorin Christine Nöstlinger, der deutschen Schriftsteller Erich Kästner oder Hans-Georg Noack und der Schweizer Autoren Peter Bichsel, Alice Gabathuler, Franz Hohler oder Brigitte Schär zu nennen. In einem sprachwissenschaftlich ausgerichteten Unterricht für höhere Klassen können die o. g. Broschüren (Ebner 2008; Bickel/Landolt 2012; Klösel 2009) sowie die von Dürscheid (2009: 66 f.) vorgeschlagenen Zeitungsartikel als Unterrichtsgrundlage dienen. Für einen stärker literaturwissenschaftlich orientierten Unterricht eignet sich belletristische Literatur aus verschiedenen Zentren des Deutschen, z. B. Werke des Schweizer Schriftstellers Friedrich Dürrenmatt, der das Problem der nationalen Varietäten in *Romulus der Große* aufgreift:

Während einer Probe des Stücks *Romulus der Große* verlangte der deutsche Schauspieler als römischer Kaiser Romulus textgetreu das „Morgenessen", machte jedoch den anwesenden Autor darauf aufmerksam, dass dies kein deutscher Ausdruck sei; es heiße „Frühstück". Dürrenmatt schrieb die Szene daraufhin folgendermaßen um:

ROMULUS: Das Morgenessen.

PYRAMUS: Das Frühstück.

ROMULUS: Das Morgenessen. Was in meinem Hause klassisches Latein ist, bestimme ich.

(Dürrenmatt, *Romulus der Große*, 17)

Abb. 39: Dialog aus Romulus der Große (Quelle: Hägi 2007: 7)

Sprachliche Varietäten im Allgemeinen, also nicht nur *nationale,* sondern auch nonstandardsprachliche, kommen beispielsweise in Thomas Manns *Buddenbrooks* vor, etwa wenn der Konsul eine Rede an die revolutionären Arbeiter auf Niederdeutsch hält, wenn Tony über das Leben in Bayern berichtet oder wenn Herr Permaneder aus München in Lübeck nicht verstanden wird. Ein Wechsel zwischen Standard und Dialekt ist auch in der Ballade über *Herrn Ribbeck* zu bemerken. Nicht zuletzt sei daran erinnert, dass in der griechischen Tragödie verschiedene dramaturgische Elemente durch sprachliche Gestaltung deutlich voneinander abgegrenzt werden, was in den deutschen Übersetzungen allerdings nicht ersichtlich ist: Der Chor verwendet den dorischen Dialekt, während die Sprechpartien der Handlungsträger im ionisch-attischen Dialekt[22] vorgetragen werden (vgl. Latacz 1993: 50). Obwohl hier von *Dialekten* die Rede ist, können sie nicht ohne weiteres mit unseren deutschen Mundarten gleichgesetzt werden, denn die hier erwähnten alt-griechischen Dialekte sind keiner überdachenden Standardvarietät untergeordnet, wie es im Deutschen der Fall ist. Es handelt sich also um selbstständige und gleichberechtigte Varietäten, die durchaus mit nationalen Standardvarietäten vergleichbar sind.

---

[22]   Streng genommen handelt es sich nicht um den authentischen dorischen bzw. ionisch-attischen Dialekt, sondern um dorisierende bzw. ionisierend-attisierende Kunstsprachen, die häufig ebenfalls als *Dialekte* bezeichnet werden (Information von Robert Cramer, Wuppertal, per E-Mail vom 6.4.2014).

14.2 Standardvariation im Unterricht für Deutsch als Fremdsprache

Weltweit ist Englisch wegen seiner Stellung als internationale Sprache der globalisierten Welt die am häufigsten gelernte Fremdsprache. Aber auch andere weit verbreitete Sprachen werden gelernt, darunter Französisch, Spanisch, Deutsch u. a. Die **Motivation** für das Erlernen von Deutsch als Fremdsprache (DaF) liegt weniger im Interesse an deutschsprachiger Kultur bzw. Literatur als vor allem in wirtschaftlichen Aspekten und in erhofften beruflichen Vorteilen, was auf seine numerische und wirtschaftliche Stärke sowie auf seine politische Bedeutung zurückzuführen ist. Deutsch ist Muttersprache der meisten EU-Bürger und wird insgesamt von rund 100 Mio. Menschen als L_1 gesprochen. Es ist offizielle Amtssprache in insgesamt sieben Staaten (davon fünf der EU) und Kommunikationsmedium einer wirtschaftlich starken Sprechergemeinschaft.

Eine Reihe von Variablen ist für die sehr unterschiedlichen Erscheinungsformen des DaF-Unterrichts verantwortlich und muss bei der **didaktischen Konzeption** berücksichtigt werden. Zu den wichtigsten gehören:

- **Lernort**: Deutschsprachiger Raum vs. nicht-deutschsprachiges Ausland
- **Sprachkompetenz der Lehrkraft**: Muttersprachler vs. Fremdsprachler
- **Zielgruppe**: Kinder, Jugendliche, Studierende, Erwachsene
- **Geplante Anwendungsgebiete**: Freizeit/Urlaub, Studium, Beruf o. a.
- **Erreichtes bzw. angestrebtes Niveau der Sprachkenntnisse**: Anfänger, Fortgeschrittene, zukünftige Simultandolmetscher
- **Linguistische Ähnlichkeit der L_1**: Lerner mit linguistisch ähnlicher L_1 (z. B. Niederländisch) vs. Lerner mit unähnlicher L_1 (z. B. Chinesisch)
- **Institution**: Schule, Universität, Goethe-Institut, Lektorate, Abendkurse, Privatstunden o. a.
- **Lernerfahrung**: Lerner mit oder ohne Erfahrungen beim Erwerb von Fremdsprachen
- **Alphabetisierung**: alphabetisierte vs. nicht-alphabetisierte Lerner bzw. solche, die ein anderes Schriftsystem verwenden.

All diese Parameter können im Folgenden nicht umfassend behandelt werden, sie sollten aber Grundlage jeder Unterrichtsplanung sein und auch beim Nachdenken über nationale Varietäten als Lehrgegenstand im DaF-Bereich berücksichtigt werden. Insbesondere der **Lernort** beeinflusst die Gestaltung des Unterrichts. In einem deutschsprachigen Land stattfindender DaF-Unterricht fällt eigentlich unter die Rubrik DaZ-Unterricht (s. o.). Die Lerner sind tagtäglich von der Sprache umgeben und erfahren dadurch eine rasche Progression. In der Regel ist die Standardvarietät des betreffenden Landes die Zielvarietät des Unterrichts. Im nicht-deutschsprachigen Ausland dagegen kommen die Lerner in der Regel nur im Unterricht mit der Zielsprache in Kontakt, was den Spracherwerb erschwert und verlangsamt. Insbesondere in diesem Fall stellt sich die Frage, welches Deutsch gelehrt werden soll (vgl. Muhr 1993; Hägi 2007: 7 f.; Hägi 2006: 112 ff.; Krumm

2006). Einvernehmen herrscht darüber, dass sprachlicher Standard gelehrt werden soll, aber **welche nationale Varietät?** Wie im vorliegenden Buch dargestellt wurde, sind zwar alle nationalen Varietäten des Deutschen linguistisch gleichwertig, doch ist eine Dominanz des deutschen Standarddeutsch aus verschiedenen Gründen (z. B. größte Sprecherzahl; vgl. Kap. 2.3) zu verzeichnen. Bis in die 1990er Jahre herrschte eine monozentrische Ausrichtung des DaF-Unterrichts vor: Das deutsche Standarddeutsch galt als das einzig korrekte Deutsch und wurde infolgedessen in aller Regel auch im fremdsprachlichen Unterricht vermittelt, ohne dabei auf den plurizentrischen Charakter der deutschen Sprache hinzuweisen. Inzwischen hat sich die Sichtweise zwar zugunsten des plurizentrischen Ansatzes verändert, aber dennoch wird in aller Regel weiterhin das deutsche Standarddeutsch unterrichtet. Dabei kann unter Umständen eine andere Nationalvarietät sinnvoller sein. Das österreichische Deutsch wäre beispielsweise nützlich für Bewohner von Staaten mit enger Bindung zu Österreich, die auf Handelsbeziehungen, Nachbarschaft oder auf ehemaliger Zugehörigkeit zur Donaumonarchie beruhen kann. Anderssprachige Schweizer profitieren dagegen vor allem vom Schweizerhochdeutschen (unter Berücksichtigung des allgegenwärtigen Dialekts).

Zimmermann (2001) schlägt in Bezug auf die spanische Sprache, die über deutlich mehr nationale Varietäten verfügt als das Deutsche, eine Reihe von **Auswahlkriterien** vor, anhand derer eine nationale Varietät aus mehreren als Zielvarietät („Leitvarietät"; ebd. 32) für den Fremdsprachenunterricht ermittelt werden könnte. Dazu gehören neben den quantitativ-demographischen und qualitativen[23] Kriterien auch solche wie literarische und wissenschaftliche Produktion, Verwendung in Massenmedien, Infrastruktur für Publikationen (Verlage etc.) sowie Forschungen hinsichtlich der betreffenden Sprache als Fremdsprache und die Verfügbarkeit von Lehrmaterialien etc. (vgl. ebd.: 35 ff.). Übertrüge man diese Kriterien auf die deutsche Sprache, liefe es wohl wieder auf die Standardvarietät Deutschlands hinaus. Allerdings könnte die inzwischen längst getroffene Wahl nachträglich mit expliziten und sachlichen Kriterien begründet werden. Elspaß (2007: 36) schlägt im Gegensatz zu Zimmermann eine gezielte Auswahl von einzelnen Standardvarianten (anstelle ganzer Varietäten) vor. Dies soll den Spracherwerb erleichtern, indem solche Varianten gelehrt werden, die sich an der L_1 der Lerner orientieren. So sei stimmloses [s] im Anlaut (wie in Süddeutschland, Österreich und der Schweiz üblich) für spanischsprachige Deutschlerner leichter zu realisieren als nördliches stimmhaftes [z]. Für die meisten sei der Internationalismus *Orange* leichter zu merken als *Apfelsine*, anders jedoch bei Niederländern, die sich an

---

[23] Beim qualitativen Kriterium geht es nicht um die vermeintliche linguistische Höherwertigkeit einer Varietät im Vergleich zu anderen Varietäten derselben Sprache, sondern um „Nützlichkeitsaspekte" (Zimmermann 2001: 35), d. h. um mögliche kommunikative Beziehungen und Vorteile. Anders ausgedrückt stellt sich hier die Frage, ob Kommunikation mit einer bestimmten Sprechergruppe im Hinblick auf ihre wirtschaftlichen oder kulturellen Leistungen bzw. Errungenschaften überhaupt erstrebenswert ist.

sinaasappel orientieren können. Dies könnte darauf hinauslaufen, dass die Lerner am Ende zwar eine Vielzahl standardsprachlicher Varianten beherrschen, diese jedoch als Ganzes eine fiktive Varietät ergeben, die jeglicher Authentizität entbehrt und keiner der drei nationalen Varietäten entspricht. Solche Vorschläge sind auch bei Muhr (1993: 118) zu finden, der darüber hinaus das „Prinzip der geographischen Nähe" (ebd.) nahelegt. Damit soll für Staaten, die an den deutschsprachigen Raum angrenzen, die Varietät des nächstgelegenen Landes als Zielvarietät ausgewählt werden, also beispielsweise österreichisches Deutsch für einige ostmitteleuropäische Staaten.

Von dem o. g. Missstand der monozentrischen Orientierung des DaF-Unterrichts zeugen viele **Lehrwerke**, die einen Schwerpunkt auf die sprachlichen Gegebenheiten Deutschlands legen und dabei oft nur am Rande (wenn überhaupt) auf die standardsprachlichen Merkmale Österreichs und der Schweiz hinweisen. Bis zum Ende der 1980er Jahre thematisierten die meist aus Deutschland stammenden Lehrwerke ausschließlich die sprachlichen und sozialen Gegebenheiten der BRD oder DDR (vgl. Muhr 1987: 75; Ammon 1995: 482), was nicht selten dazu führte, dass Lerner bei einem Aufenthalt in Österreich oder der Schweiz eine Art „Sprachschock" erlitten. Nach Muhr ist die einseitige Schwerpunktlegung auf Deutschland und das deutsche Deutsch darauf zurückzuführen, dass „der Sprachunterricht nicht nur der scheinbar interesselosen Verbreitung der jeweiligen Kultur und Sprachen dient, sondern auch dazu da ist, die (an sich positive) Bereitschaft zur Kontaktaufnahme mit Land und Leuten zu erhöhen und den Boden in der Folge für wirtschaftliche und/oder ideologische Beziehungen aufzubereiten" (Muhr 1987: 77). Erst seitdem das Thema *Plurizentrik* vermehrt in der sprachwissenschaftlichen Forschung Beachtung findet (Clyne 1992, 1995; Ammon 1995), wird auch die Standardvariation zunehmend in Unterrichtsmaterialien berücksichtigt. 1993 erschien erstmals ein Schweizer DaF-Lehrwerk: *Grüezi, sprechen Sie Deutsch?* (Abderhalden et al.), in dem das Schweizerhochdeutsche im Vordergrund stand. Das Lehrbuch *Memo* (1995) präsentierte lexikalische Varianten in sogenannten *Regio-Boxen*. Nach Krumm (2006: 463) wird die plurizentrische Orientierung erstmals in *Dimensionen* (2002–2006) konsequent durchgehalten und die Standardvarietäten der nicht-dominanten Zentren explizit nicht als Abweichung von der Norm Deutschlands aufgefasst (vgl. Jenkins 2003: 31, zitiert nach Krumm 2006: 463). Ebenso berücksichtigt das ab 2009 erschienene Lehrwerk *Ja genau!* (2009, 2010) den plurizentrischen Charakter des Deutschen. In den Handreichungen für Lehrer heißt es, dass es zwar auf dem deutschländischen Deutsch basiert, jedoch auch auf sprachliche und landeskundliche Unterschiede zwischen Deutschland, Österreich und der Schweiz hinweist. Sie müssen allerdings nicht zwingend im Unterricht thematisiert werden, sondern können bei Bedarf oder Interesse ergänzend hinzugenommen werden (vgl. *Ja genau!* 2010b: 6).

Guten Morgen. Guten Tag. Guten Abend.

Grüß Gott. (D-Süd, A) / Hallo./Grüezi. (CH) / Servus. (A)
Auf Wiedersehen./ Gute Nacht./Ade (CH)
Tschüss./Tschau./Servus.

Abb. 40: Sich begrüßen und verabschieden in Deutschland, Österreich und der Schweiz (Quelle: Ja genau! 2009: 9)

◀ Was möchten Sie gern?
◆ Ich hätte gern Semmeln.
◀ Semmeln? Haben wir nicht.
◆ Aber da sind doch Semmeln.
◀ Das sind Schrippen.
◆ Aha … also 222 Schrippen, bitte.
◀ Wie viele?
◆ 222 – wir machen eine Party.
◀ Das macht 22,22 Euro.
◆ Wie bitte?
◀ Das ist der Party-Preis

Abb. 41: Regionale Standardvarianten in Deutschland, Österreich und der Schweiz (Quelle: Ja genau! 2009: 42)

Abb. 42: Nationale Varianten in Deutschland, Österreich und der Schweiz (Quelle: Ja genau! 2009: 39)

217

An dieser Stelle können nicht alle Unterrichtsmaterialien berücksichtigt werden, doch ist mit Hägi (2007: 45) zusammenzufassen, dass heutige Lehrwerke mehr oder weniger engagiert Bezug auf die Plurizentrik des Deutschen nehmen, was neben dem zunehmenden Bewusstsein für die nationale Standardvariation nicht zuletzt auch auf einige **varietätenpolitische Maßnahmen** zurückzuführen ist. Vertreter der Deutschlehrerverbände aus den deutschsprachigen Staaten formulierten zwischen 1988 und 1990 die sogenannten ABCD-Thesen[24]. Sie fassen regionale Varietäten als Brücke zwischen Spracherwerb und Landeskunde auf (vgl. ABCD-Thesen). Ferner wurde 1995 das *Österreichische Sprachdiplom Deutsch* (ÖSD) eingeführt, das auf den österreichischen Sprachgebrauch zugeschnitten ist. 1997 erfolgte die Gründung des Österreich Instituts als Einrichtung der österreichischen auswärtigen Kulturpolitik. Wie das deutsche Goethe-Institut führt es Deutschkurse im Ausland durch und erstellt zu diesem Zweck eigene Unterrichtsmaterialien, die einen starken Bezug zur österreichischen Sprache und Kultur herstellen (vgl. öi-Homepage: Wir über uns). Seit 1999 existiert das trinationale *Zertifikat Deutsch* (ZD), in dem der plurizentrische Ansatz prüfungsrelevant ist. Es wurde gemeinsam vom Goethe-Institut, dem Österreich Institut und der Schweizerischen Konferenz der kantonalen Erziehungsdirektoren erarbeitet und entspricht der Niveau-Stufe B1 des *Gemeinsamen europäischen Referenzrahmens für Sprachen*[25].

Trotz all dieser Maßnahmen besteht weiterhin das dringende Desiderat, das Thema Standardvariation im DaF-Unterricht stärker zu verbreiten und ein authentisches Bild von der Sprachwirklichkeit im plurizentrischen deutschsprachigen Raum zu zeichnen. Die Entwicklung eines Bewusstseins der Plurizentrik, verbunden mit produktiver Kenntnis *einer* Norm und rezeptiver Kompetenz in mehreren Standardvarietäten, ermöglicht eine große kommunikative Reichweite (vgl. Ammon/Hägi 2005: 53) und bereitet Lerner in angemessener Weise auf einen Aufenthalt im deutschsprachigen Raum vor.

Aber wie soll die Vermittlung der nationalen Besonderheiten konkret aussehen? Bei der **Unterrichtsplanung** sind die o. g. Variablen des DaF-Unterrichts zu berücksichtigen, insbesondere im Hinblick auf Zielgruppe und Kompetenzniveau. Für Anfänger genügt es zunächst, nur die wichtigsten Varianten (z. B. *Guten Tag/Grüß Gott/Grüezi*; *Sahne/Obers/Rahm*; vgl. auch Abb. 40 bis 42) kennenzulernen, damit Plurizentrik keine Zusatzbelastung wird. Dennoch ist es ein interessantes metasprachliches Thema, das mit zunehmender Sprachkompetenz sukzessive vertieft werden kann. In fortgeschrittenen Konversationskursen können Themen wie *Nationale Varietäten und Identität* diskutiert oder die Plurizentrik des Deutschen mit der Standardvariation der L_1 verglichen werden. Schleif (2007) berichtet in diesem Zusammenhang von ägyptischen Schülern, die über die Refle-

---

[24]   ABCD steht hier für Österreich (A), BRD (B), Schweiz (C) und DDR (D).

[25]   In der Schweiz gibt es wegen der vier Amtssprachen übrigens kein dem Goethe-Institut oder dem Österreich Institut vergleichbares Institut.

xion des eigenen Sprachgebrauchs und der Variation im Arabischen (ägyptisches, libysches, marokkanisches Arabisch etc.) zum Verständnis der Plurizentrik des Deutschen geführt wurden. In einem anderen Fall wurde die Ähnlichkeit einiger Austriazismen mit tschechischen Ausdrücken genutzt (z. B. *Buchtel – buchta, Erdäpfel – erteple*, vgl. Rannestadt 2007: 29), um Schüler mit nationalen Varianten bekannt zu machen.

Dies setzt natürlich eine entsprechende **Ausbildung der DaF-Lehrkräfte** voraus. Jeder muttersprachliche Lehrer kann in der Regel nur in seiner eigenen Nationalvarietät unterrichten. Umso wichtiger ist es, dass die Vermittlung von Kenntnissen über die Standardvariation fester Bestandteil der Ausbildung sein muss. Dies gilt insbesondere für die Ausbildung deutscher Lehrkräfte, da das Wissen um den plurizentrischen Charakter der deutschen Sprache in Deutschland am wenigsten ausgeprägt ist. Für nicht-muttersprachliche Dozenten bedeutet die Plurizentrik des Deutschen eine besondere Herausforderung. Daher muss gerade auch ihnen das entsprechende Hintergrundwissen vermittelt werden, denn wie Dürscheid feststellt:

> Es kann Gründe dafür geben, dass der plurizentrische Ansatz im Deutschunterricht nicht thematisiert wird. Es darf aber keine Gründe dafür geben, dass der plurizentrische Ansatz in der Lehrerausbildung nicht seinen festen Platz hat. (Dürscheid 2009: 68)

Als Voraussetzung für einen angemessenen Unterricht nach dem plurizentrischen Ansatz und für eine entsprechende Ausbildung der Lehrkräfte schlägt Hägi folgendes plurizentrische Basiswissen vor:

Plurizentrisches Basiswissen

1. Die deutsche Standardsprache ist ein abstraktes Konstrukt.

2. Konkret realisiert ist die deutsche Standardsprache plurizentrisch, d. h. es gibt mehrere Standardvarietäten, nämlich deutschländisches, österreichisches und Schweizer Standarddeutsch.

3. Schweizer Standarddeutsch ist nicht identisch mit dem Schwyzerdütschen, den in der Deutschschweiz unabhängig von Gesprächsinhalt und sozialer Schichtung gesprochenen Dialekten.

4. Die nationalen Varietäten unterscheiden sich durch die nationalen Varianten. Das sind Austriazismen, Helvetismen und Teutonismen (Deutschlandismen).

5. Nationale Varianten finden sich auf allen sprachlichen Ebenen (d. h. Aussprache, Orthographie, Morphologie, Wortschatz, Syntax, Pragmatik).

6. Nationale Varianten sind per definitionem standardsprachlich.

7. Bei aller Varianz überwiegen gemeindeutsche Konstanten.

8. Die Standardsprache Deutschlands ist auch eine nationale Varietät, wenn auch durch die asymmetrischen Verhältnisse die dominante. Das heißt unter anderem:

9. Teutonismen werden wegen der geografischen Größe und der wirtschaftlichen und politischen Stärke Deutschlands in Österreich und der Deutschschweiz eher verstanden als Austriazismen und Helvetismen in Deutschland.

10. Grundsätzlich sind jedoch nationale Varietäten und ihre Varianten gleichwertig. (Hägi 2007: 10)

Zusammenfassung

Sowohl im DaM- als auch im DaF-Unterricht ist eine stärkere Thematisierung der Standardvariation in Deutschland, Österreich und der Schweiz wünschenswert. Dabei kann und soll es nicht darum gehen, alle Einzelheiten zu vermitteln oder gar mehrere Nationalvarietäten zu erlernen. Es geht vor allem um die Bewusstmachung der Standardvariation und der linguistischen Gleichwertigkeit der nationalen Varietäten sowie um eine Sensibilisierung für den Umgang mit fremdnationalen Sprachnormen. Wünschenswert wäre eine kritische Diskussion der Asymmetrie der Sprachzentren und der Dominanz des deutschen Deutsch. Eine Reflexion des Zusammenhangs von Sprache bzw. nationaler Varietät und Identität sowie die Hinterfragung von Einstellungen bzgl. nationaler Varietäten und ihrer Sprecher können Aufschlüsse über sprachlich bedingte Stereotypenbildungen und andere psycho-soziale Beziehungen zwischen den Mitgliedern der deutschsprachigen Nationen erzielen. Der muttersprachliche Deutschunterricht sollte sich ebenso wie der fremdsprachliche im Hinblick auf die Sprach*produktion* an *einer* nationalen Standardvarietät orientieren und gleichzeitig eine *rezeptive* Varietätenkompetenz aufbauen, um eine maximale kommunikative Reichweite zu erzielen.

Weiterführende Literatur: Dürscheid, Christa (2009): Variatio delectat? Die Plurizentrizität des Deutschen als Unterrichtsgegenstand. In: Clalüna, Monika/Etterich, Barbara (Hg.): Deutsch unterrichten zwischen DaF, DaZ und DaM. Sondernummer Rundbrief AkdAF. Stallikon, S. 59–69. **Fremdsprache Deutsch.** Zeitschrift für die Praxis des Deutschunterrichts 37/2007, Themenheft „Plurizentrik im Deutschunterricht", hrsg. von Sara Hägi. **Hägi, Sara (2006):** Nationale Varianten im Unterricht Deutsch als Fremdsprache. Frankfurt am Main. **Neuland, Eva (2006):** Variation im heutigen Deutsch: Perspektiven für den Unterricht. Zur Einführung. In: Neuland, Eva (Hg.): Variation im heutigen Deutsch: Perspektiven für den Sprachunterricht. Frankfurt am Main, S. 9–27.

✐ **Aufgaben**

1. Entwickeln Sie Vorschläge für eine DaM-Unterrichtseinheit zur Einführung in das Thema „Plurizentrik". Berücksichtigen Sie dabei das Alter und Vorwissen der Schüler.

2. Entwickeln Sie Vorschläge für eine DaF-Unterrichtseinheit zur Einführung in das Thema „Plurizentrik". Berücksichtigen Sie dabei Lernort und Kenntnisstand der Schüler bzw. Kursteilnehmer.

Ein Blick über den Tellerrand ...

15   Weitere plurizentrische Sprachen

Wie im Verlaufe des Buches schon mehrfach angesprochen wurde, ist Deutsch nicht die einzige plurizentrische Sprache. Daneben gibt es eine ganze Reihe weiterer Sprachen, die in mehreren Staaten amtlich sind und verschiedene Standardvarietäten entwickelt haben. Monozentrische Sprachen (z. B. Japanisch, Tschechisch) sind dagegen eher selten. Die folgende Tabelle 8 zeigt eine kleine Auswahl plurizentrischer Sprachen mit einigen ihrer Amtssprachgebieten.

Plurizentrische Sprachen	Amtssprachgebiete
Englisch	Australien, Bahamas, Großbritannien, Indien, Irland, Kanada, Malta, Namibia, Neuseeland, Philippinen, USA etc.
Französisch	Belgien, Frankreich, Haiti, Kanada, Kamerun, Luxemburg, Schweiz etc.
Spanisch	Argentinien, Bolivien, Chile, Kolumbien, Kuba, Mexiko, Peru, Spanien etc.
Portugiesisch	Angola, Brasilien, Macao, Mosambik, Portugal etc.
Arabisch	Ägypten, Algerien, Marokko, Saudi-Arabien etc.
Niederländisch	Belgien, Niederlande (mit Aruba, Bonaire, Curaçao, Saba, Sint Eustatius und Sint Maarten), Surinam

Tab. 8: Plurizentrische Sprachen und ihre Amtssprachgebiete

Im Folgenden werden drei plurizentrische Sprachen exemplarisch skizziert. Die Wahl fiel auf Englisch, weil es wegen seiner Stellung als konkurrenzlose Weltsprache am weitesten verbreitet ist (vgl. Kap. 15.1). Einen Gegensatz dazu bildet das Niederländische, das aufgrund seiner geringen Sprecherzahl als „kleine" Sprache bezeichnet wird. Aus deutscher Perspektive ist es besonders interessant, denn es handelt sich um eine Nachbarsprache, nicht nur aufgrund der geographischen Nähe, sondern auch weil es linguistisch auf das Engste mit dem Deutschen verwandt ist (vgl. Kap. 15.2). Das dritte Beispiel ist ein ausgesprochen strittiger Problemfall, bei dem ungeklärt ist, ob es sich um verschiedene Sprachen (Bosnisch, Kroatisch, Montenegrinisch und Serbisch) handelt oder um Varietäten einer plurizentrischen Sprache (Serbokroatisch). Hier wird sehr gut deutlich, dass die Grenzziehung zwischen Sprache und Varietät nicht immer anhand von linguistischen Kriterien erfolgt, sondern zuweilen Folge politischen Willens ist (vgl. Kap. 15.3). Eine gute Übersicht über diese und weitere plurizentrische Sprachen liefert der Sammelband von Clyne (1992).

15.1   Englisch

In der globalisierten Welt ist Englisch auf allen Kontinenten anzutreffen und stellt *die* Lingua franca schlechthin dar. Diese prädominante internationale Stellung geht auf die Sprecherzahl und den Status als offizielle Amtssprache von vielen Staaten und internationalen Organisationen zurück. Daneben spielen aber auch die wirtschaftliche und militärische Stärke der Sprechergemeinschaft sowie ihre technologische Entwicklung, ihre kulturellen und wissenschaftlichen Leistungen und nicht zuletzt die Verbreitung als Fremdsprache eine Rolle.

Die Zahl der Muttersprachler wird auf ca. 400 Mio. geschätzt. Damit steht es nach Mandarin-Chinesisch in Bezug auf die numerische Stärke der L_1-Sprecher an zweiter Stelle der Weltrangliste (vgl. Bright (1982), Grimes (1982), zitiert nach Crystal [3]2010: 297). Dazu kommen etwa 600 Mio. Zweitsprache-Sprecher. Bezüglich der Fremdsprachler variieren die Schätzungen zwischen 600 Mio. und 2 Mrd., je nach vorausgesetzter Sprachkompetenz (vgl. Crystal [3]2010: 370). Damit verfügt es im Vergleich zu anderen Sprachen über die größte **kommunikative Reichweite**. Englisch ist Amtssprache von über 60 Staaten (vgl. Tab. 8 und Crystal [3]2010: 370) und internationalen Organisationen oder Staatenbünden wie den Vereinten Nationen, der Europäischen Union, der Afrikanischen Union, der Organisation Amerikanischer Staaten und der NATO (vgl. bpb online 2010). In bedeutenden Domänen nimmt es eine dominante Rolle ein: Diplomatie, internationaler Handel, Internet, Luftverkehr, Massenmedien, Popmusik, Technologie, Wissenschaft etc.

Die geographische Verbreitung des Englischen geht auf die Zeit des **Kolonialismus** zurück, als das British Empire die (weltweit) größte Kolonialmacht war und seine Sprache in alle Kontinente brachte. In den Kolonien wurde Englisch Amtssprache und diente der Kommunikation in öffentlichen und formellen Situationen sowie in Verwaltung und Bildung. Dies zog in vielen Fällen den Gebrauch des Englischen als überregionale Verkehrssprache nach sich und führte nicht selten zur Übernahme des Englischen als Zweitsprache. Auch nach dem Verfall des British Empire behielt Englisch seine Funktionen weitgehend bei.

Verbreitung der englischen Sprache, 2009

Englisch als Bildungs-, Geschäfts- und/oder Verkehrssprache

Englisch als Amtssprache und/oder Landessprache

Abb. 43: Verbreitung der englischen Sprache (Quelle: bpb 2010)

Angesichts der weltweiten Verbreitung kann von einem homogenen Englisch keine Rede sein. Wie bei der deutschen Sprache gibt es eine große Vielfalt an sozialen, situativen, regionalen und nationalen Varietäten. Um der nationalen Variation in verschiedenen Staaten gerecht zu werden, wird häufig die Pluralform **„Englishes"** als Bezeichnung für die staatlichen Varietäten verwendet (vgl. Melchers/Shaw 2003; Siemund et al. 2012). In anderen Fällen wird auf die nationalen Varietäten Bezug genommen, indem der betreffende Ländername als Attribut hinzugefügt wird: britisches, amerikanisches, australisches, kanadisches, indisches Englisch etc. Wie im vorliegenden Buch gezeigt wurde, ist diese Vorgehensweise in Bezug auf die deutsche Sprache ebenso üblich.

Wie im Deutschen unterscheiden sich auch die nationalen Varietäten des Englischen durch standardsprachliche **Varianten**, die auf allen Ebenen der Sprache anzutreffen sind. Aus dem Bereich der Lexik seien exemplarisch die Varianten *fall* (amerik.) vs. *autumn* (brit.) ‚Herbst', *railroad* (amerik.) vs. *railway* (brit.) ‚Eisenbahn', *sidewalk* (amerik.) vs. *pavement* (brit.) ‚Bürgersteig', *eggplant* (amerik.) vs. *aubergine* (brit.) vs. *brinjal* (indisch) ‚Aubergine' genannt (Melchers/Shaw 2003: 23 f.). Weitere lexikalische Varianten sind: *billy* (austral.) ‚Teekanne; Teekessel'; *wee bit* (schott.) ‚ein bisschen, ein wenig'. Eine semasiologische Varante ist *corn* mit der britischen Bedeutung ‚Korn' und der amerikanischen Bedeutung ‚Mais' (auch: *Indian corn*) (diese und weitere Beispiele aus Phonologie, Lexik und Grammatik in: Leitner 1992: 212 ff.).

Im Laufe der Zeit sind einige Modelle entstanden, die die weltweite Variation des Englischen und die unübersehbare Dominanz bestimmter Varietäten (insbesonde-

- semasiologische Varianten
- Rechtschreibvarianten
- Aussprache ist anders

227

re des britischen und amerikanischen Englisch) zu erklären versuchen (vgl. Leitner 1992). Eine Position unterscheidet **Kern und Peripherie** (*core and periphery*) der englischen Sprache. Der Kern besteht im Wesentlichen aus dem britischen und amerikanischen Englisch. Der Sprachgebrauch dieser Zentren wird als normgebend aufgefasst, während die Besonderheiten der Varietäten aus der Peripherie als (fehlerhafte) Abweichungen disqualifiziert werden. Dieses Modell schließt Plurizentrik gänzlich aus.

Ein anderer Ansatz nutzt das metaphorische Bild der konzentrischen **Kreise von Kachru** (1985). Es zeigt Verbreitung und Status der Varietäten des Englischen sowie ihre Einflussbereiche und Ausbreitungsdynamik.

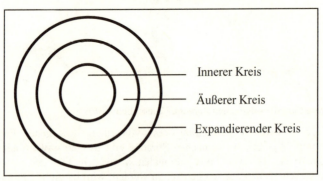

Abb. 44: Kachrus Kreise (frei nach Kachru 1985)

Im **inneren Kreis** befinden sich die Varietäten all derjenigen Staaten, in denen Englisch die Muttersprache der Bevölkerungsmehrheit ist (z. B. Australien, Großbritannien, Irland, Kanada, Neuseeland, USA). Für die übrigen Bürger bzw. Bevölkerungsgruppen ist Englisch Zweitsprache. Aufgrund ihrer Zugehörigkeit zum inneren Kreis haben die Varietäten Modellcharakter und sind normprägend (*normproviding*; Kachru 1985: 16). Dies gilt in besonderem Maße für die Varietäten Großbritanniens und der USA, die in der Regel als Orientierungspunkte für den Fremdsprachenunterricht dienen. Während in Deutschland traditionell britisches Englisch vermittelt wird, sind in anderen Teilen der Welt die Normen anderer Varietäten des inneren Zirkels maßgeblich. Den **äußeren Kreis**[26] bilden ca. 70 Staaten, in denen Englisch zwar keine Muttersprache der Bevölkerungsmehrheit, aber weit verbreitete Zweitsprache ist und wichtige Funktionen übernimmt, häufig als (ko-)offizielle Amtssprache. In der Regel handelt es sich um ehemalige Kolonien Großbritanniens (z. B. Indien, Singapur). Hinsichtlich der Standardisierung sind diese Varietäten normentwickelnd (*norm-developing*; Kachru 1985: 17), d. h.

---

[26]   Die Bezeichnung „äußerer Kreis" ist missverständlich, da es sich eigentlich um den mittleren Kreis handelt. Die Bezeichnung wurde aus dem Original übernommen und ins Deutsche übertragen: *inner circle, outer* oder *extended circle* und *expanding circle*.

sie orientieren sich zwar an den Normen des inneren Kreises, prägen aber auch eigene spezifische sprachliche Standards. In den Staaten des **expandierenden Kreises** ist Englisch weder Erst- oder Zweitsprache noch hat sie eine offizielle Funktion. Dennoch spielt sie eine bedeutende Rolle, z. B. als wichtigste Fremdsprache oder als Sprache bestimmter Domänen wie Wissenschaft, Wirtschaft, Technologie etc. Diese Varietäten des Englischen sind normabhängig (*norm-dependent*; ebd.), d. h. sie orientieren sich ausschließlich an den Normen des inneren Kreises. Im Prinzip gehören fast alle übrigen Staaten der Welt zum expandierenden Kreis (z. B. Deutschland, Dänemark, China etc.).

Auf andere Sprachen übertragen erlaubt die Kombination dieser Kreise nach Hamel (2008: 27) eine Einschätzung der Rolle einer Sprache als Weltsprache: Die internationale Stellung setzt sich zusammen aus der numerischen und wirtschaftlichen Stärke sowie der militärischen und kulturellen Macht der Staaten des inneren Kreises und aus der Entwicklungsdynamik des zweiten und dritten Kreises. Schwinden die beiden äußeren Kreise, verliert eine Sprache an internationaler Bedeutung.

Ein dritter Ansatz zur Beschreibung der nationalen Variation des Englischen unterscheidet gemeinsame Normen und Strukturen in Lexik und Grammatik, die in allen Varietäten der Sprache anzutreffen sind (**Common English**), und nationale Normen (**national norms**), die das britische, indische, australische etc. Standardenglisch ausmachen. Leitner (1992: 226) greift diese Ansätze auf und fügt eine weitere Ebene hinzu: a) den Kern oder die gemeinsame Norm (*core or Common Norm*), b) typologische Cluster des Englischen, also Gruppen von muttersprachlichen Varietäten, die südlich vs. nördlich bzw. britisch vs. amerikanisch beeinflusst sind, und c) nationale Varietäten des Englischen (*individual „Englishes"*). Leitner zufolge ist die Plurizentrik des Englischen ausschließlich auf der zweiten und dritten Ebene (b und c) anzutreffen und zeigt sich auf letzterer besonders ausgeprägt.

15.2 Niederländisch

Niederländisch ist Amtssprache der Niederlande (inklusive der Karibikinseln Saba, Sint Eustatius, Sint Maarten und der ABC-Inseln Aruba, Bonaire und Curaçao), Belgiens (Flanderns) und Surinams. Nach Willemyns/Bister Broosen (2013: 428) leben in den beiden europäischen Staaten knapp 23 Mio. Niederländischsprecher. Surinam hat eine Population von rund 540.000, wovon 60 % Niederländisch als Muttersprache sprechen. Der Anteil der Muttersprachler in den niederländischen Karibikinseln ist verschwindend gering, so dass hier nicht weiter darauf eingegangen wird. Aufgrund dieser vergleichsweise geringen Sprecherzahl gehört Niederländisch zu den sogenannten „kleinen Sprachen". Die Niederlande, Belgien (Flandern) und Surinam sind Mitglieder der sogenannten **Niederländischen Sprachunion** (*Nederlandse Taalunie*). Dabei handelt es sich um eine amtliche Organisation zur Pflege der niederländischen Sprache und Literatur. Zu ihren Aufgaben gehören Sprachenpolitik auf europäischer Ebene, Erteilung von Sprachunterricht, Weiterbildung von Sprachlehrkräften und vor allem die einheitliche Regelung der Orthographie sowie die Herausgabe von Nachschlagewerken. Hier ist vor allem die *Woordenlijst Nederlandse Taal* (*Wörterverzeichnis Niederländische Sprache*) zu nennen, die auch unter dem Namen *Groene Boekje* (*Grünes Büchlein*) bekannt ist. Die Angaben in diesem Rechtschreibwörterbuch sind für Behörden und Schulen in den Niederlanden, Flandern und Surinam amtlich verbindlich.

Abb. 45: Niederländischsprecher weltweit (Quelle: Hooiwind, wikimedia.org); Legende: Schwarz: Mutter- und Mehrheitssprache, Dunkelgrau: Afrikaans (Tochtersprache); Hellgrau (Aruba, Niederländische Antillen, Indonesien): Zweit- oder nicht offizielle Sprache bzw. weiterhin vorhandene Kenntnis

Die niederländische Sprache ist – wie das Deutsche – eine westgermanische Sprache und wird in Deutschland häufig **Holländisch** genannt, obwohl dies eigentlich die Bezeichnung für den Dialekt der Provinzen Nord- und Südholland ist. In Belgien wird Niederländisch in Anlehnung an die Region Flandern auch als **Flämisch** bezeichnet.

Das Niederländische hat sich aus den altniederfränkischen Dialekten entwickelt. Diese Mundarten wurden im Gebiet der heutigen Niederlande und in den angrenzenden Teilen des deutschsprachigen Raumes gesprochen. Daher sind die beiden Sprachen Niederländisch und Deutsch linguistisch eng miteinander verwandt und bis in die Gegenwart besteht ein niederländisch-deutsches Dialektkontinuum diesseits und jenseits der Staatsgrenze. Auf der Grundlage der holländischen und brabantischen Schriftdialekte bildete sich ab dem 16. Jahrhundert das moderne **Standardniederländisch** (ABN = *Algemeen Beschaaft Nederlands*; heute: *Standaardnederlands*) heraus (vgl. Goossens 1984: 3 f.). Aufgrund der nun einsetzenden unterschiedlichen Überdachung durch das Standardniederländische einerseits

und das Standarddeutsche andererseits entwickelten sich die zum Dialektkontinuum gehörenden Mundarten auf beiden Seiten der Staatsgrenze stärker auseinander
und es entstand die Sprachgrenze (vgl. ebd.: 22).

Heute sind die **Niederlande** sozusagen das Kernland der Sprache, was schon durch
die Gleichheit von Staats- und Sprachenname suggeriert wird. Es ist der einzige
Staat, in dem Niederländisch unangefochten die wichtigste Sprache ist. Sie ist
solo-offizielle Amtssprache auf nationaler Ebene und verfügt über die größte
Sprecherzahl (im Vergleich zu den anderen Zentren des Niederländischen). Daher
erklärt sich auch eine Asymmetrie der Zentren, die – ähnlich wie bei der deutschen Sprache – mit der Dominanz eines Zentrums einhergeht, in diesem Fall des
niederländischen.

In **Belgien** ist Niederländisch (Flämisch) gemeinsam mit Französisch und Deutsch
ko-offizielle Amtssprache auf regionaler Ebene. Die drei Sprachen teilen sich das
belgische Staatsgebiet nach dem **Territorialprinzip** untereinander auf, so dass Flämisch nur im nördlichen Gebiet Flandern amtlich ist, Französisch im südlichen
Wallonien und Deutsch in Ostbelgien. Nur die Hauptstadt Brüssel ist mit Französisch und Flämisch zweisprachig. Die Sprachensituation in Belgien ist äußerst
schwierig. Zum einen steht Flämisch in Konkurrenz zum Französischen, was sich
in den seit dem 19. Jahrhundert währenden **Sprachkonflikten** zwischen Wallonen
und Flamen äußert, die in jüngster Vergangenheit zum Auseinanderbrechen der
Regierungskoalition führten, wodurch Belgien von April 2010 bis Juni 2011 keine
Regierung hatte. Zum anderen wird diskutiert, ob Flämisch eine Varietät des
Niederländischen oder eine eigene Sprache ist. Nach Geerts (1992: 76) ist in der
belgischen Verfassung zwar von *Niederländisch* die Rede und nicht von *Flämisch*, doch wird der Status als Sprache oder nationale Varietät an keiner Stelle
explizit, so dass diese Frage von staatlicher Seite letztlich offen gelassen wird.
Die Bezeichnung *Flämisch* legt den Status als Sprache nahe, insbesondere im
Vergleich mit der Benennungspraxis anderer nationaler Varietäten. Bei *deutschem, österreichischem* und *schweizerischem Deutsch* oder *britischem* und *ame-
rikanischem Englisch* ist die Vorstellung unterschiedlicher Sprachen praktisch
unmöglich. Auf der anderen Seite wird dieses linguistische System weder konsequent noch von allen *Flämisch* genannt, sondern häufig auch *belgisches Niederländisch*. Aus rein sprachwissenschaftlicher Sicht wäre aufgrund der linguistischen Ähnlichkeit dafür zu plädieren, Flämisch und Standardniederländisch als
nationale Varietäten einer Sprache aufzufassen. Aber hier spielen politische Kon-
flikte eine Rolle, die gewöhnlich auf folgende Frage hinauslaufen: Separation oder
Integration? Separatistisch ausgerichtete Gruppen sprechen sich eher für den
*Sprachen*status des Flämischen aus, um die angestrebte Autonomie auf diese
Weise zu stützen. Zwar ist die Region Flandern Teil des föderalen Belgiens, doch
hat sie in der zweiten Hälfte des 20. Jahrhunderts weitgehende Autonomie mit
eigenem Parlament und Budget sowie eigener Regierung, Flagge und Hymne
gewonnen, was mit einer eigenen Sprache *Flämisch* abgerundet werden könnte.
Vertreter der plurizentrischen Auffassung halten dagegen die kulturelle Identität

für wichtiger als die nationale (flämische) Identität. Für sie sind die gemeinsame Kultur und Geschichte mit dem nördlichen Nachbarn bedeutsamer als die sprachlichen Unterschiede. Sie sehen Separation als Bedrohung ihrer Zukunft, Integration in ein größeres Ganzes (hier: die niederländische Sprachgemeinschaft) dagegen als Möglichkeit zum Ausschöpfen aller Entwicklungspotentiale (vgl. Geerts 1992: 83).

Die **sprachlichen Varianten** der niederländischen Sprache in Belgien und bei den nördlichen Nachbarn sind vor allem auf den Ebenen der Phonologie und Lexik anzutreffen. Nach Geerts (1992: 79) sind in den Niederlanden Aussprachebesonderheiten aus Holland (mit den Städten Amsterdam, Den Haag und Rotterdam) dominant, während die Merkmale aus Brabant (mit Brüssel, Antwerpen und Leuven) für eine typisch belgische Färbung verantwortlich sind. Besonders auffällig sind Unterschiede der Fremdwortlautung (vgl. ebd.). Im Wortschatz sind im Flämischen mehr französische Lehnwörter auszumachen, z. B. flämisches *lavabo* statt niederländisches *wastafel* (‚Waschbecken'), *camion* vs. *vrachtwagen* (‚LKW'), *gazet* vs. *krant* (‚Zeitung'), *velo* vs. *fiets* (‚Fahrrad') (Geerts 1992: 80).

In der an der nördlichen Küste Südamerikas gelegenen ehemaligen niederländischen Kolonie **Surinam** (1667-1975) ist Niederländisch weiterhin solo-offizielle Amtssprache. Daneben sind Englisch und die Kreolsprache Sranan-Tongo weit verbreitet. Niederländisch bildet ein Kontinuum zwischen „breitem" *Surinamesischem Niederländisch* und einer „gebildeten" Version dieser nationalen Varietät. Letztere findet in allen öffentlichen und formellen Situationen Anwendung und ist Sprache der höheren Gesellschaftsschichten, der Regierung und Verwaltung sowie der Bildung und Medien. Es ist grammatikalisch mit dem Standardniederländischen identisch, weist aber einige phonologische und lexikalische Besonderheiten auf (vgl. Geerts 1992: 73). Etwa 500 Wörter aus dem Surinamesischen Niederländisch wurden 2005 in das *Grüne Büchlein* (s. o.) aufgenommen, z. B. *cellenhuis* (‚Gefängnis') und *dozeren* (‚mit einem Bulldozer planieren') (vgl. Taaluniversum 2014). Dies ist ein Indiz dafür, dass diese Varietät spezifische standardsprachliche Varianten entwickelt hat.

Zur Zeit des **Kolonialismus** war Niederländisch deutlich weiter verbreitet als heute, z. B. in Indonesien, Guyana sowie in Teilen der Karibik und der USA. In Indonesien ist es noch heute bedeutende Zweitsprache der älteren Generation, während jüngere Leute inzwischen meist auf Englisch umgestiegen sind. Die Kolonialzeit hat allerdings nicht wie in anderen Fällen zu einer langfristigen Etablierung des Niederländischen in den ehemaligen Überseebesitzungen, geschweige denn zur Verbreitung als Weltsprache geführt. Nach Willemyns/Bister Broosen (2013: 455) ist dies in Bezug auf Indonesien der erfolglosen bzw. ganz ausgebliebenen Sprachverbreitungspolitik geschuldet.

Den nachhaltigsten postkolonialen Einfluss hat Niederländisch in der ehemaligen Kapkolonie (1652–1806; heute: Republik Südafrika) durch die Herausbildung der Tochtersprache **Afrikaans** ausgeübt. In dieser Siedlungskolonie trat Niederländisch in Kontakt mit autochthonen Sprachen (v. a. Khoisan und Bantu) sowie Sprachen von Sklaven aus Asien und anderen Teilen Afrikas. Zudem war es dort offizielle Amtssprache, was dazu führte, dass Teile der Bevölkerung es aus Prestigegründen übernahmen. Aufgrund der Kontakteinflüsse und der großen geographischen Distanz zum Mutterland entfernte sich die Varietät zunehmend vom europäischen Niederländisch. Es entstand das sogenannte *Cape Dutch Pidgin*, das im Laufe der Zeit kreolisiert, also in ausgebauter Form zur Muttersprache einiger Bevölkerungsteile wurde und sogar regionale Varietäten entwickelte (vgl. Willemyns/Bister Broosen 2013: 446). Durch Emigration gelang es auch ins benachbarte Südwestafrika (heute: Namibia), wo es bis heute Lingua franca ist. Die Frage, ab wann Afrikaans eine eigene Sprache und keine Varietät des Niederländischen mehr war, ist nicht eindeutig zu beantworten, zumal es eine diglossische Übergangsperiode gab, in der Niederländisch nach wie vor schriftlich als H-Varietät benutzt wurde, obwohl es nicht mehr gesprochen wurde, sondern bereits durch Afrikaans als L-Varietät für die mündliche, informelle Alltagskommunikation ersetzt worden war. Die ältesten schriftlichen Zeugnisse des Afrikaans stammen aus dem 19. Jahrhundert, erste Grammatiken und Wörterbücher dieser Sprache wurden 1875 gedruckt (vgl. Willemyns/Bister Broosen 2013: 449 f.). Afrikaans etablierte sich so nachhaltig, dass die spätere englische Kolonialmacht (ab 1806) bei dem Versuch scheiterte, aus Südafrika ein englischsprachiges Land zu machen. 1925 wurde Afrikaans offizielle Amtssprache der Südafrikanischen Union und löste damit Niederländisch ab (vgl. ebd.: 449), was allerdings auch Folge des politischen Willens der weißen Bevölkerung Südafrikas war.

15.3 Serbokroatisch oder Bosnisch, Kroatisch und Serbisch?

Ein politisch stark aufgeladenes Thema ist die Frage nach dem Status der **südslawischen Sprachsysteme** Bosnisch, Kroatisch, Montenegrinisch und Serbisch. Ich wähle zunächst einmal ganz bewusst die neutrale Bezeichnung „Sprachsysteme", weil strittig ist, ob es sich um Varietäten ein und derselben Sprache oder um verschiedene Sprachen handelt.

Im ehemaligen Jugoslawien (1918–2003) galten die sprachlichen Systeme nach dem Zweiten Weltkrieg als eigenständige Sprachen. 1954 erfolgte jedoch ein politisch motivierter Sinneswandel und es wurde festgelegt, dass Bosnisch, Serbisch, Kroatisch und Montenegrinisch eine gemeinsame Sprache bildeten, die als **Serbokroatisch** bzw. **Kroatoserbisch**[27] bezeichnet wurde. Seitdem gab es bis 1992 drei ko-offizielle Amtssprachen: Serbokroatisch, Slowenisch und Mazedonisch.

---

[27] Obwohl Bosnisch und Montenegrinisch in diesen Termini nicht explizit genannt wurden, waren sie mitgemeint. Im Folgenden verwende ich aus stilistischen Gründen nur die Bezeichnung *Serbokroatisch*, weil sie im deutschsprachigen Raum üblich ist. Damit soll keine persönliche Präferenz zum Ausdruck gebracht werden.

Die Zusammenfassung der Sprachsysteme zu einer Einheit durch das ehemalige, aus sechs Teilrepubliken und zwei autonomen Provinzen bestehende Jugoslawien sollte die Existenz eines einheitlichen Volkes mit gemeinsamer Kultur und Sprache suggerieren. Schon in den 1970er Jahren entstand Kritik auf Seiten der Bevölkerung an dieser Regelung und damit einhergehend die Forderung, die Sprachsysteme wieder als eigenständig anzuerkennen. Als Jugoslawien seit den 1990er-Jahren zerfiel, gingen daraus die Staaten Kroatien, Slowenien, Mazedonien, Serbien-Montenegro und Bosnien-Herzegowina hervor. Bosnisch, Kroatisch und Serbisch wurden sodann wieder als eigenständige Sprachen aufgefasst und in den jeweiligen Verfassungen als Amtssprachen festgelegt. Die Sprachbezeichnung *Montenegrinisch* kam neu hinzu. Es erfolgten auch eigene Kodifizierungen. Die daraus resultierende Festlegung unterschiedlicher Standards könnte in Zukunft zum Auseinanderdriften der Systeme führen. Eine solche Divergenz muss aber nicht zwangsläufig erfolgen, wie man am Beispiel der deutschen Sprache in den ehemaligen Staaten BRD und DDR beobachten konnte, wo ebenfalls eine jeweils eigenständige Kodifizierung erfolgte, ohne dass sich die beiden staatlichen Varietäten nennenswert auseinander entwickelten (vgl. Kap. 9.3).

Die beiden folgenden Tabellen geben einen Überblick über die gegenwärtige Verteilung der südslawischen Sprachsysteme auf die (südost)europäischen Staaten sowie deren Amtssprachenregelungen:

Sprachsysteme	Verbreitungsgebiet
Bosnisch	Bosnien-Herzegowina, Serbien, Montenegro
Kroatisch	Kroatien, Bosnien-Herzegowina, Slowenien
Montenegrinisch	Montenegro, Serbien, Kroatien, Bosnien-Herzegowina, Kosovo, Albanien
Serbisch	Serbien, Bosnien-Herzegowina, Montenegro, Kosovo, Kroatien, Mazedonien

Tab. 9: Südslawische Sprachsysteme und ihre Verbreitungsgebiete

Staat (Hauptstadt)	Amtssprache/n
Bosnien-Herzegowina (Sarajewo)	Bosnisch, Serbisch, Kroatisch
Kroatien (Zagreb)	Kroatisch
Montenegro (Podgorica)	Montenegrinisch, regional auch Serbisch, Bosnisch, Albanisch, Kroatisch
Serbien (Belgrad)	Serbisch

Tab. 10: Südosteuropäische Staaten und ihre Amtssprachen

Diese Übersicht zeigt, dass die Sprachsysteme nicht an einzelne Staaten gebunden sind, sondern an die Ethnien der Serben, Bosnier und Kroaten.

Was den gegenwärtigen Status der südslawischen Sprachsysteme betrifft, wird diskutiert, ob es sich um Standardvarietäten *einer* plurizentrischen Sprache oder um verschiedene, eigenständige Sprachen handelt. Die letztgenannte Position wird vor allem von Nationalisten und Regierungsvertretern aus ideologischen Gründen eingenommen, während Sprachexperten aufgrund linguistischer Überlegungen in der Regel die erstgenannte Position vertreten. Die Bestimmung als Standardvarietäten einer plurizentrischen Sprache kann anhand der in Kap. 5 dargestellten Kriterien für die Zuordnung von Varietäten zu Sprachen wissenschaftlich begründet werden. Dazu sind linguistische Ähnlichkeit, Überdachung und Selbstzuordnung der Sprecher zu überprüfen.

Bezüglich der **linguistischen Ähnlichkeit** kann festgehalten werden, dass sich die zur Diskussion stehenden Sprachsysteme aus der Štokavischen Dialektgruppe entwickelt haben und schon aus diesem Grund eine enge Verwandtschaft aufweisen. Die Sprachsysteme sind problemlos gegenseitig verständlich. Muttersprachler, die auch über Deutschkenntnisse verfügen, halten die linguistische Ähnlichkeit zwischen Serbisch und Kroatisch für größer als diejenige zwischen Standarddeutsch und Bairisch; manche sehen sogar eine größere Ähnlichkeit als zwischen deutschem, österreichischem und schweizerischem Standarddeutsch. Dennoch sind die Systeme und ihre Verwendung nicht gänzlich identisch. Nach Kordić (2006: 344) ist die Variation aber nicht größer als in anderen plurizentrischen Sprachen. Ein zwar deutlicher, aber letztlich nebensächlicher Unterschied ist die Verschriftung. Während Kroatisch immer und Bosnisch fast ausschließlich mit lateinischen Buchstaben geschrieben werden, nutzt man für die Verschriftung des Serbischen neben dem lateinischen auch das kyrillische Alphabet. Nur letzteres ist für den amtlichen Schriftverkehr in Serbien zugelassen. Weitere Unterschiede sind v. a. bei der Wortwahl und der Entlehnung von Fremdwörtern auszumachen: So umfasst beispielsweise das Bosnische mehr Fremdwörter türkischer, arabischer und persischer Herkunft. Das Kroatische ist dagegen stärker von sprachpuristischen Maßnahmen betroffen, die deutlich weniger Fremdwörter zulassen als die benachbarten Sprachsysteme.

An dieser Stelle kann zwar keine umfängliche Ähnlichkeitsmessung vorgenommen werden, aber ein Blick auf Zigarettenverpackungen mit dem Warnhinweis „Rauchen kann einen schmerzhaften Tod verursa-

Abb. 46: Warnhinweise in Serbisch, Bosnisch und Kroatisch
(Foto: B. Kellermeier-Rehbein)

chen" (vgl. Abb. 46), der in den drei Sprachsystemen abgedruckt ist, zeigt die linguistische Ähnlichkeit. Auch ohne Sprachkenntnisse ist nicht zu übersehen, dass exakt der gleiche Text dreimal untereinander abgedruckt ist. Der Satz in kyrillischen Buchstaben gibt die gleiche Lautung wieder wie die anderen beiden Sätze. Daher ist selbst für Muttersprachler nicht feststellbar, welcher Satz welches Sprachsystem repräsentiert (nur das Serbische ist anhand der kyrillisch gedruckten Buchstaben erkennbar).

Demnach liegt eine große (bis sehr große) linguistische Ähnlichkeit zwischen Bosnisch, Serbisch und Kroatisch vor. Eine **Überdachungsrelation** spielt hier keine Rolle, da die fraglichen Sprachsysteme standardsprachlich sind und nicht überdacht werden können. Somit handelt es sich aus linguistischer Sicht um Varietäten *einer* plurizentrischen Sprache und das Postulat verschiedener Sprachen ist sprachwissenschaftlich nicht haltbar.

Nun besteht noch die Frage nach der **Selbstzuordnung der Sprecher**. Dieses Kriterium wird gewöhnlich nur als Hilfskriterium zu Rate gezogen, wenn die beiden anderen Kriterien (linguistische Ähnlichkeit und Überdachung) kein eindeutiges Ergebnis erzielen. Im vorliegenden Fall spielt die außerlinguistische Zuordnung jedoch eine dominante und gleichzeitig problematische Rolle, denn sie erfolgt hier gar nicht im engeren Sinne durch die Sprecher selbst, sondern durch die Regierungen der jeweiligen Staaten, für die die Existenz einer eigenständigen (National-)Sprache ein Symbol staatlicher Autonomie ist. Aufgrund ihrer Hoheitsgewalt bezüglich der Wahl und Benennung der Amtssprache sowie ihrer Weisungsbefugnis bezüglich des Sprachgebrauchs in öffentlichen Kommunikationssituationen und im Bildungsbereich können sich die betreffenden Staaten über sprachwissenschaftliche Argumente hinwegsetzen und die umstrittenen Sprachsysteme aus politischen Interessen als selbstständige Sprachen deklarieren. Dies ist insbesondere auch für nationalistisch ausgerichtete Gruppierungen zuträglich, die „Sprache als Mittel zur Integration einer Gruppe in Abgrenzung zu anderen" (Kordić 2006: 337) einsetzen wollen. Im Falle Kroatiens kann von einer „extrem nationalistisch verengten **Sprachideologie**" (ebd.: 339) gesprochen werden, die durch Sprachpurismus und eine groß angelegte Sprachzensur gekennzeichnet ist und alles zu unterdrücken versucht, was serbischer, russischer oder anderweitiger Herkunft ist (vgl. ebd.: 340). Eine „schwarze Liste" enthält unerwünschte Wörter und dient v. a. der Überwachung des Sprachgebrauchs in den kroatischen Medien (vgl. ebd.: 339 f.). Dadurch werden Kordić (ebd.) zufolge linguistische Unterschiede zwischen den „Sprachen" künstlich geschaffen und es kommt nicht selten zu Auseinandersetzungen zwischen Sprachzensoren und Textautoren. Selbst kroatische Sprachwissenschaftler beteiligen sich zum Teil an den „irrationalen sprachzensorischen Eingriffen" (ebd.: 346). Vermutlich ist dies der Angst vor Repressalien und dem Verlust des Arbeitsplatzes geschuldet.

Extreme Wertschätzung der eigenen bei gleichzeitiger Geringschätzung fremder Sprachen, verbunden mit puristischen Bestrebungen, ist nach Glück (⁴2010: 634) ein Zeichen für übersteigerten Nationalismus und als **Sprachchauvinismus** zu bezeichnen. Glück (ebd.) nennt hierfür explizit das Beispiel der Bemühungen, das Serbokroatische in die drei Sprachen Kroatisch, Serbisch und Bosnisch zu teilen.

Der hier vorgestellte Umgang mit sprachlichen Systemen zeigt, dass die Statusbestimmung von Sprachen bzw. Varietäten nicht immer auf wissenschaftlichen Argumenten beruht, sondern auch im Sinne politischer Interessen instrumentalisiert werden kann. Dies ist bei weitem kein Einzelfall:

> In such cases, political and linguistic identity merge. And there are many other similar cases where political, ethnic, religious, literary, or other identities force a division where linguistically there is relatively little difference – Hindi vs. Urdu, Bengali vs. Assamese, Serbian vs. Croatian, Twi vs. Fante, Xhosa vs. Zulu. (Crystal [3]2010: 294)

Zusammenfassung

Das Englische weist aufgrund seiner Verbreitung über weite Teile der Welt und seines Status als Amtssprache zahlreicher Staaten eine große standardsprachliche Variation auf. Es wurden verschiedene Modelle entwickelt, um die Dominanz bestimmter Nationalvarietäten zu beschreiben. Niederländisch ist dagegen eine deutlich weniger verbreitete Sprache. Dennoch verfügt auch sie über nationale Standardvarietäten und hat sogar eine Tochtersprache (Afrikaans) entwickelt. Strittige Fälle sind die südslawischen Sprachsysteme Bosnisch, Kroatisch, Montenegrinisch und Serbisch. Nach sprachwissenschaftlichen Maßstäben handelt es sich um Standardvarietäten einer plurizentrischen Sprache, aber von Seiten der nationalen Regierungen werden sie als autonome Sprachen dargestellt.

Weiterführende Literatur: Clyne, Michael (Hg.) (1992c): Pluricentric Languages. Differing Norms in Different Nations. Berlin/New York. **Kordić, Snježana (2006):** Sprache und Nationalismus in Kroatien. In: Symanzik, Bernhard (Hg.): Studia Philologica Slavica, Teilbd I. Berlin, S. 337–348. **Siemund, Peter/Davydova, Julia/Maier, Georg (2012):** The amazing world of Englishes. A practical introduction. Berlin/Boston. **Willemyns, Roland/Bister Broosen, Helga (2013):** Dutch in the world. In: Schneider-Wiejowski, Karina/Kellermeier-Rehbein, Birte/Haselhuber, Jakob (Hg.): Vielfalt, Variation und Stellung der deutschen Sprache. Berlin/Boston, S. 427–457.

🖊 Aufgabe

Wenden Sie das Modell der konzentrischen Kreise von Kachru auf eine andere plurizentrische Sprache an und ermitteln Sie ihre Bedeutung als Weltsprache.

Forschungsliteratur

ABCD-Thesen zur Rolle der Landeskunde im Deutschunterricht (1990). In: Fremdsprache Deutsch 3/1990, S. 60–61.

Abderhalden, Walter et al. (1993): Grüezi, sprechen Sie Deutsch? Deutschkurs für AnfängerInnen. Lehr- und Arbeitsbuch, Lehrerbegleitheft. Luzern.

Adelung, Johann Christoph (1774-1786): Versuch eines vollständigen grammatisch-kritischen Wörterbuchs der hochdeutschen Mundart, 5 Bände. Leipzig.

Adelung, Johann Christoph (1788): Vollständige Anweisung zur Deutschen Orthographie. Leipzig.

Ahrenholz, Bernt (2010): Erstsprache – Zweitsprache – Fremdsprache. In: Ahrenholz, Bernt/Oomen-Welke, Ingelore (Hg.): Deutsch als Zweitsprache (= Deutschunterricht in Theorie und Praxis; Bd. 9). Hohengehren, S. 3–16.

Ammon, Ulrich (1991): Die internationale Stellung der deutschen Sprache. Berlin/New York.

Ammon, Ulrich (1994a): Was ist ein deutscher Dialekt? In: Mattheier, Klaus/Wiesinger, Peter (Hg.): Dialektologie des Deutschen. Forschungsstand und Entwicklungstendenzen. Tübingen, S. 369–383.

Ammon, Ulrich (1994b): Über ein fehlendes Wörterbuch „Wie sagt man in Deutschland?" und den übersehenen Wörterbuchtyp ‚Nationale Varianten einer Sprache'. In: Deutsche Sprache 22, S. 51–65.

Ammon, Ulrich (1995a): Die deutsche Sprache in Deutschland, Österreich und der Schweiz. Das Problem der nationalen Varietäten. Berlin/New York.

Ammon, Ulrich (1995b): Kloss, Knödel oder Klumpen im Hals? Über Teutonismen und die nationale Einseitigkeit der Dudenbände. In: Sprachreport 4/1995, S. 1–4.

Ammon, Ulrich (1997): Vorüberlegungen zu einem Wörterbuch der nationalen Varianten der deutschen Spache. In: Moelleken, Wolfgang W./Weber, Peter S. (Hg.): Neue Forschungsarbeiten der Kontaktlinguistik (= Plurilingua; 15). Bonn, S. 1–9.

Ammon, Ulrich (2000): Sprache – Nation und die Plurinationalität des Deutschen. In: Gardt, Andreas (Hg.): Nation und Sprache. Die Diskussion ihres Verhältnisses in Geschichte und Gegenwart. Berlin/New York, S. 509–524.

Ammon, Ulrich (2003): Dialektschwund, Dialekt-Standard-Kontinuum, Diglossie: Drei Typen des Verhältnisses Dialekt – Standardvarietät im deutschen Sprachgebiet. In: Androutsopoulos, Jannis K./Ziegler, Evelyn (Hg.): „Standardfragen". Soziolinguistische Perspektiven auf Geschichte, Sprachkontakt und Sprachvariation. Frankfurt am Main, S. 163–171.

Ammon, Ulrich (in Vorb.): Die Stellung der deutschen Sprache in der Welt. Berlin/Boston.

Ammon, Ulrich/Bickel, Hans/Ebner, Jakob et al. (2004): Variantenwörterbuch des Deutschen. Die Standardsprache in Österreich, der Schweiz und Deutschland sowie in Liechtenstein, Luxemburg, Ostbelgien und Südtirol. Berlin/New York.

Ammon, Ulrich/Hägi, Sara (2005): Nationale und regionale Unterschiede im Standarddeutschen und ihre Bedeutung für Deutsch als Fremdsprache. In: Butulussi, Eleni/Karagiannidou, Evangelia/Zachu, Katerina (Hg.): Sprache und Multikulturalität. Thessaloniki.

Ammon, Ulrich/Kellermeier, Birte (1997): Dialekt als Sprachbarriere passé? 25 Jahre danach: Versuch eines Diskussions-Erweckungsküsschens. In: Deutsche Sprache 25, S. 21–38.

Ammon, Ulrich/Kellermeier, Birte/Schloßmacher, Michael (2001): Wörterbuch der deutschen Sprache in Deutschland, Österreich und der Schweiz. In: Sprachreport 17/2001, S. 13–17.

Anderson, Benedict (^{2}2005): Die Erfindung der Nation. Zur Karriere eines erfolgreichen Konzepts. Frankfurt/New York. Original: 1983 unter dem Titel: Imagined Communities. Reflections on the Origin and Spread of Nationalism. London.

Asterix (1999) = Goscinny, R./Uderzo, A. (1999): Asterix sein Ulligen. Mundart Schmöker Bd. 25. Stuttgart.

Aue, Hartmann von: Der arme Heinrich → Rautenberg

Bekes, Peter/Neuland, Eva (2006): Norm und Variation in Lehrwerken und im muttersprachlichen Unterricht. In: Neuland, Eva (Hg.): Variation im heutigen Deutsch: Perspektiven für den Sprachunterricht. Frankfurt am Main, S. 507–524.

Berschin, Helmut/Felixberger, Josef/Goebl, Hans (1978): Französische Sprachgeschichte. München.

BGB 2008 = Bürgerliches Gesetzbuch (^{62}2008). München.

Bickel, Hans (2000): Das Internet als Quelle für die Variationslinguistik. In: Häcki Buhofer, Annelies (Hg.): Vom Umgang mit sprachlicher Variation. Soziolinguistik, Dialektologie, Methoden und Wissenschaftsgeschichte. Festschrift für Heinrich Löffler zum 60. Geburtstag. Unter Mitarbeit von Lorenz Hofer (= Basler Studien zur deutschen Sprache und Literatur; 80). Basel/Tübingen, S. 111–124.

Bickel, Hans (2001): Nicht nur die Deutschen reden richtig. Ein Wörterbuch zu den Besonderheiten des Deutschen in der BRD, Österreich und der Schweiz. In: LeGes – Gesetzgebung und Evaluation 1, S. 75–81.

Bickel, Hans (2006): Standarddeutsch in der Schweiz. In: Meyer, Kurt: Schweizer Wörterbuch. So sagen wir in der Schweiz. Frauenfeld/Stuttgart/Wien, S. 15–17.

Bickel, Hans/Hofer, Lorenz (2013): Gutes und angemessenes Standarddeutsch in der Schweiz. In: Schneider-Wiejowski, Karina/Kellermeier-Rehbein, Birte/Haselhuber, Jakob (Hg.): Vielfalt, Variation und Stellung der deutschen Sprache. Berlin/Boston, S. 79–100.

Bickel, Hans/Landolt, Christoph (2012): Schweizerhochdeutsch. Wörterbuch der Standardsprache in der deutschen Schweiz, hrsg. vom Schweizerischen Verein für deutsche Sprache. Mannheim/Zürich.

BMI 2003 = Bundesministerium des Inneren (2003): Zweiter Bericht der Bundesrepublik Deutschland gemäß Artikel 15 Absatz 1 der Europäischen Charta der Regional- oder Minderheitensprachen, http://www.bmi.bund.de/SharedDocs/Downloads/DE/Broschueren/2003/zweiter_staatenbericht.pdf?__blob= publicationFile; eingesehen am 31.5.2014.

BMI 2011 = Bundesministerium des Inneren (2011): Regional- und Minderheitensprachen in Deutschland. Berlin.

Born, Joachim/Dickgießer, Sylvia (1989): Deutschsprachige Minderheiten. Ein Überblick über den Stand der Forschung für 27 Länder, hrsg. vom Institut für deutsche Sprache im Auftrag des Auswärtigen Amtes. Mannheim.

bpb = Bundeszentrale für politische Bildung, Online: Globalisierung, Vernetzung, Weltsprache, 30.6.2010; www.bpb.de/nachschlagen/zahlen-und-fakten/globalisierung/52515/weltsprache; eingesehen am 26.3.2014.

Brozović, Dalibor (1992): Serbo-Croatian as a pluricentric language. In: Clyne, Michael (Ed.): Pluricentric Languages. Differing Norms in Different Nations. Berlin/New York, S. 347–380.

Bühler, Karl (²1965): Sprachtheorie. Die Darstellungsfunktion der Sprache. Stuttgart.

Bundesraat för Nedderdüütsch, Homepage: http://www.bundesraat-nd.de; eingesehen am 7.6.2014.

BVSE = Bundesverfassung der Schweizerischen Eidgenossenschaft (1999); www.admin.ch/opc/de/classified-compilation/19995395/index.html#a4; eingesehen am 11.6.2014.

Bürkle, Michael (1995): Zur Aussprache des österreichischen Standarddeutsch. Die unbetonten Silben. Frankfurt am Main.

Burri, Ruth M./Geiger, Werner/Schilling, Roswita/Slembeck Edit (1993): Deutsch sprechen am Schweizer Radio DRS. Bern.

Cillia, Rudolf de (1995): Erdäpfelsalat bleibt Erdäpfelsalat. Österreichisches Deutsch und EU-Beitritt. In: Muhr, Ruldolf/Schrodt, Richard/Wiesinger, Peter (Hg.): Österreichisches Deutsch. Linguistische, sozialpsychologische und sprachpolitische Aspekte einer nationalen Variante des Deutschen. Wien, S. 121–131.

Cillia, Rudolf de (2012): Sprache/n und Identität/en in Österrreich. In: Der Sprachdienst 5/2012, S. 166–179.

Clyne, Michael (1992a): Pluricentric Languages - Introduction. In: Clyne, Michael (ed.): Pluricentric Languages. Differing Norms in Different Nations. Berlin/New York, S. 1–9.

Clyne, Michael (1992b): German as a pluricentric language. In: Clyne, Michael (ed.): Pluricentric Languages. Differing Norms in Different Nations. Berlin/New York, S. 117–147.

Clyne, Michael (Hg.) (1992c): Pluricentric Languages. Differing Norms in Different Nations. Berlin/New York.

Clyne, Michael (1995): The German Language in a changing Europe. Cambridge.

Clyne, Michael (2000): Varianten des Deutschen in den Staaten mit vorwiegend deutschsprachiger Bevölkerung. In: Besch, Werner/Betten, Anne/Reichmann, Oskar/Sonderegger, Stefan (Hg.): Sprachgeschichte. Ein Handbuch zur Geschichte der deutschen Sprache und ihrer Erforschung (= Handbücher zur Sprach- und Kommunikationswissenschaft, Bd. 2.2) 2. Aufl. Berlin/New York, S. 2008–2016.

Crystal, David (³2010): The Cambridge Encyclopedia of Language. Cambridge.

Deutsches Wörterbuch → Grimm

Dimensionen = Jenkins, Eva-Maria/Fischer, Roland/Hirschfeld, Ursula/Hiertenlehner, Maria/Clalüna, Monika (2002–2006): Dimensionen. Bd. 1–3. München.

Duden (²1974, ³1990): Das Aussprachewörterbuch. Das Wörterbuch der deutschen Standardaussprache, bearbeitet von Max Mangold in Zusammenarbeit mit der Dudenredaktion. Mannheim/Wien/Zürich.

Duden (¹⁸1985): Der große Duden. Wörterbuch und Leitfaden der deutschen Rechtschreibung, 18. Neubearbeitung. Leipzig.

Duden (²⁰1991): Rechtschreibung der deutschen Sprache, hrsg. von der Dudenredaktion. Mannheim/Leipzig/Wien/Zürich.

Duden (³1999): Das große Wörterbuch der deutschen Sprache, hrsg. von der Dudenredaktion. Mannheim/Leipzig/Wien/Zürich.

Duden (⁴2001, ⁶2006): Deutsches Universalwörterbuch, hrsg. von der Dudenredaktion. Mannheim/Leipzig/Wien/Zürich.

Duden ([7]2011, Nachdruck 2013): Deutsches Universalwörterbuch, hrsg. von der Dudenredaktion. Berlin/Mannheim/Zürich.

Duden ([6]2005): Das Aussprachewörterbuch. bearbeitet von Max Mangold in Zusammenarbeit mit der Dudenredaktion. Berlin.

Duden ([24]2006): Die deutsche Rechtschreibung, hrsg. von der Dudenredaktion. Mannheim/Leipzig/Wien/Zürich.

Duden (2008): Österreichisches Deutsch. Eine Einführung von Jakob Ebner. Mannheim/Leipzig/Wien/Zürich.

Duden ([25]2009): Die deutsche Rechtschreibung, hrsg. von der Dudenredaktion. Mannheim/Wien/Zürich.

Duden ([26]2013): Die deutsche Rechtschreibung, hrsg. von der Dudenredaktion. Berlin/Mannheim/Zürich.

Dürrenmatt, Friedrich (1998): Romulus der Große. Zürich.

Dürscheid, Christa (2003): Medienkommunikation im Kontinuum von Mündlichkeit und Schriftlichkeit. Theoretische und empirische Probleme. In: Zeitschrift für Angewandte Linguistik 38, S. 1–20.

Dürscheid, Christa (2009): Variatio delectat? Die Plurizentrizität des Deutschen als Unterrichtsgegenstand. In: Clalüna, Monika/Etterich, Barbara (Hg.): Deutsch unterrichten zwischen DaF, DaZ und DaM. Sondernummer Rundbrief AkdAF. Stallikon, S. 59–69.

Dürscheid, Christa/Hefti, Inga (2006): Syntaktische Merkmale des Schweizer Standarddeutsch. Theoretische und empirische Aspekte. In: Dürscheid, Christa/Businger, Martin (Hg.): Schweizer Standarddeutsch. Beiträge zur Varietätenlinguistik. Tübingen, S. 131–161.

DUW → Duden. Deutsches Universalwörterbuch

DWB → Grimm: Deutsches Wörterbuch

Ebner, Jakob (1969, [2]1980): Wie sagt man in Österreich? Wörterbuch der österreichischen Besonderheiten. Mannheim/Leipzig/Wien/Zürich.

Ebner, Jakob ([1969], [3]1998, [4]2009): Wie sagt man in Österreich? Wörterbuch des österreichischen Deutsch. Mannheim/Leipzig/Wien/Zürich.

Ebner, Jakob (2008): Österreichisches Deutsch. Eine Einführung von Jakob Ebner. Mannheim/Leipzig/Wien/Zürich.

EDK-Handreichung = Lindauer, Thomas/Sturm, Afra/Schmellentin, Claudia (2006): Die Neuregelung der deutschen Rechtschreibung. Ergänzt mit fachlichen Empfehlungen für die Vermittlung der Regeln im Unterricht, hrsg. von der Schweizerischen Konferenz der kantonalen Erziehungsdirektoren (EDK). Biel.

Ees (o. J.) = Esisallesoreidt NAM Släng – Deutsch, 2. Aufl., hrsg. von Ees (Eric Sell). Windhoek.

Eichinger, Ludwig M. (2005): Norm und regionale Variation – Zur realen Existenz nationaler Varietäten. In: Lenz, Alexandra/Mattheier, Klaus J. (Hg.): Varietäten – Theorie und Empirie. Frankfurt am Main, S. 141–162.

Elsen, Hilke (2013): Wortschatzanalyse. Tübingen/Basel.

Elspaß, Stephan (2007): Zwischen „Wagen" und „Wägen" abwägen. Sprachvariation und Sprachvarietätenpolitik im Deutschunterricht. In: Fremdsprache Deutsch 37, S. 30–36.

Ernst, Peter (2005, korrigierter Nachdruck 2006; ^{2}2012): Deutsche Sprachgeschichte. Eine Einführung in die diachrone Sprachwissenschaft des Deutschen. Wien.

Euler, Wolfram/Badenheuer, Konrad (2009): Sprache und Herkunft der Germanen. Abriss des Protogermanischen vor der Ersten Lautverschiebung. Hamburg/London.

Europäische Charta der Regional- oder Minderheitensprachen. Straßburg 1992.

Ferguson, Charles A. (1982): Diglossie. In: Steger, Hugo (Hg.): Anwendungsbereiche der Soziolinguistik. Darmstadt, S. 253–276.

Fischer 2013 = Der neue Fischer Weltalmanach 2014. Zahlen, Daten, Fakten. Frankfurt am Main.

Fischer, Hermann/Taigel, Hermann (1986): Schwäbisches Handwörterbuch. Tübingen.

Fremdsprache Deutsch. Zeitschrift für die Praxis des Deutschunterrichts 37/2007, Themenheft „Plurizentrik im Deutschunterricht", hrsg. von Sara Hägi

Gardt, Andreas (Hg.) (2000): Nation und Sprache. Die Diskussion ihres Verhältnisses in Geschichte und Gegenwart. Berlin/New York.

GfdS = Homepage der Gesellschaft für deutsche Sprache, Rubrik: Wir über uns: Aufgaben und Ziele. Online: www.gfds.de/wir-ueber-uns; eingesehen am 07.03.2014.

Glauninger, Manfred Michael (2007): Megaschmäh-Talker, High-Heel-Fusserln und urchillige Festln – Dialekt(nahes) im Wiener Varietäten-Mixing. In: Tribüne: Zeitschrift für Sprache und Schreibung, hrsg. vom Bundesministerium für Unterricht, Kunst und Kultur, Bd. 2, S. 6–9.

Glück, Helmut (Hg.) (^{4}2010): Metzler Lexikon Sprache. Stuttgart/Weimar.

Goossens, Jan (1984): Die Herausbildung der deutsch-niederländischen Sprachgrenze. In: Mededelingen von de Vereniging voor Limburgse Dialect- en Naamkunde 29, S. 1–24.

Grimm, Jakob/Grimm, Wilhelm (1854–1961): Deutsches Wörterbuch, 16 Bände. Leipzig; Online: http://dwb.uni-trier.de/de; eingesehen am 31.5.2014.

Gruber, Reinhard P. (2006): Piefke-Wörterbuch. Der Index der verpönten Wörter für Österreicher. Graz.

GWDS → Duden (1999): Das große Wörterbuch der deutschen Sprache

Haas, Walter/Hove, Ingrid (2010): Die Standardaussprache in der deutschsprachigen Schweiz. In: Krech, Eva-Maria et al.: Deutsches Aussprachewörterbuch. Berlin/New York, S. 229–258.

Hägi, Sara (2006): Nationale Varietäten im Unterricht Deutsch als Fremdsprache. Frankfurt am Main.

Hägi, Sara (2007): Bitte mit Sahne/Rahm/Schlag: Plurizentrik im Deutschunterricht. In: Fremdsprache Deutsch 37, S. 5–13.

Hägi, Sara/Scharloth, Joachim (2005): Ist Standarddeutsch für Deutschschweizer eine Fremdsprache? Untersuchungen zu einem Topos des sprachreflexiven Diskurses. In: Linguistik online 24 (3), S. 19–47.

Hamel, Rainer Enrique (2008): Sprachimperien, Sprachimperialismus und die Zukunft der Sprachenvielfalt. In: Goethe-Institut (Hg.): Die Macht der Sprache, Teil II – Online Publikation. München: Goethe-Institut, S. 15–46. Online: www.die-macht-der-sprache.de; eingesehen am 26.3.2014.

Hellmann, Manfred W. (2009): Kontroversen um das „sprachliche Ost-West-Problem". Zum Spannungsfeld zwischen Politik, Wissenschaftsförderung und Sprachwissenschaft. Ein forschungshistorischer Rückblick. In: Deutsche Sprache 37, S. 206–234.

Hofer, Lorenz (1999): Ein Wörterbuch mit nationalen Varianten des Deutschen. In: Schweizer Sprachspiegel 1, S. 7–15.

Hohensinner, Karl (2006): Beobachtungen zur aktuellen Dialektentwicklung im österreichischen Donauraum. – Sprachwandel versus Sprachwechsel. In: Muhr, Rudolf/Sellner, Manfred (Hg.): Zehn Jahre Forschung zu Österreichischen Deutsch: 1995–2005. Eine Bilanz. Frankfurt am Main, S. 217–244.

Hove, Ingrid (2002): Die Aussprache der Standardsprache in der deutschen Schweiz. Tübingen.

Hove, Ingrid (2007): Schweizer Hochdeutsch – Die Aussprache des Deutschen in der Schweiz. In: Sprachspiegel 6, S. 170–181.

INS = Institut für niederdeutsche Sprache, Homepage: www.ins-bremen.de/de/sprache/kultur.html; eingesehen am 10.5.2014.

Ja genau! 2009 = Böschel, Claudia/Giersberg, Dagmar/Hägi, Sara (2009): Ja genau! Deutsch als Fremdsprache. Kurs- und Übungsbuch A1, Bd. 1. Berlin.

Ja genau! 2010a = Böschel, Claudia/Giersberg, Dagmar/Hägi, Sara (2010): Ja genau! Deutsch als Fremdsprache. Kurs- und Übungsbuch A1, Bd. 2. Berlin.

Ja genau! 2010b = Böschel, Claudia/Giersberg, Dagmar/Hägi, Sara (2010): Ja genau! Deutsch als Fremdsprache. Handreichungen für den Unterricht A1. Berlin.

Ja genau! 2010c = Böschel, Claudia/Giersberg, Dagmar/Hägi, Sara (2010): Ja genau! Deutsch als Fremdsprache. Kurs- und Übungsbuch A2, Bd. 1. Berlin.

Kachru, Braj B. (1985): Standards, Codification and Sociolinguistic Realism: the English language in the outer circle. In: Quirk, Randolph/Widdowson, H. G. (eds.): English in the World, Teaching and learning the language and literatures. Cambridge, S. 11–30.

Kellermeier-Rehbein, Birte (2005): Areale Wortbildungsvarianten des Standarddeutschen. Beiuntersuchung zum Variantenwörterbuch des Deutschen. Frankfurt am Main.

Kellermeier-Rehbein, Birte (2009): Dressiersack, Bärendreck und Topfenkolatsche. Wortbildungsvarianten in den Standardvarietäten Deutschlands, Österreichs und der Schweiz. In: Muttersprache 1/2009, S. 1–12.

Kellermeier-Rehbein, Birte (2013): Standard oder Nonstandard? Ungelöste Probleme der Abgrenzung. In: Schneider-Wiejowski, Karina/Kellermeier-Rehbein, Birte/Haselhuber, Jakob (Hg.): Vielfalt, Variation und Stellung der deutschen Sprache. Berlin/Boston, S. 3–22.

Kellermeier-Rehbein, Birte (in Vorb.): Varietäten der deutschen Sprache im postkolonialen Namibia. In: Stolz, Thomas/Warnke, Ingo H./Schmidt-Brücken, Daniel (Hg.): Sprache und Kolonialismus. Berlin/Boston.

Kirkness, Alan (1998): Das Phänomen des Purismus in der Geschichte des Deutschen. In: Besch, Werner/Betten, Anne/Reichmann, Oskar/Sonderegger, Stefan (Hg.): Sprachgeschichte. Ein Handbuch zur Geschichte der deutschen Sprache und ihrer Erforschung (= Handbücher zur Sprach- und Kommunikationswissenschaft, Bd. 2.1). Berlin/New York, S. 407–416.

Kernlehrplan Deutsch 2013 = Ministerium für Schule und Weiterbildung des Landes Nordrhein-Westfalen (Hg.) (2013): Kernlehrplan für die Sekundarstufe II Gymnasium/Gesamtschule in Nordrhein-Westfalen: Deutsch.

Klare, Johannes (2011): Französische Sprachgeschichte. Stuttgart.

Klösel, Horst (2009): Deutsche Sprache der Gegenwart (= Themenheft Zentralabitur). Stuttgart/Leipzig.

Kloss, Heinz ([2]1978): Die Entwicklung neuer germanischer Kultursprachen seit 1800. Düsseldorf.

Kluge. Etymologisches Wörterbuch der deutschen Sprache ([24]2002), bearbeitet von Elmar Seebold. Berlin/New York.

Koller, Werner (2000): Nation und Sprache in der Schweiz. In: Gardt, Andreas (Hg.): Nation und Sprache. Die Diskussion ihres Verhältnisses in Geschichte und Gegenwart. Berlin/New York, S. 563–609.

König, Werner ([16]2007): Dtv-Atlas Deutsche Sprache. München.

Kordić, Snježana (2006): Sprache und Nationalismus in Kroatien. In: Symanzik, Bernhard (Hg.): Studia Philologica Slavica, Teilbd. I. Berlin, S. 337–348.

Krech, Eva-Maria/Kurka, Eduard et al. ([1964], [4]1974): Wörterbuch der deutschen Aussprache. Leipzig.

Krech, Eva-Maria/Kurka, Eduard/Stelzig, Helmut/Stock, Eberhard/Stötzer, Ursula/Teske, Rudi (Hg.) (1982): Großes Wörterbuch der deutschen Aussprache. Leipzig.

Krech, Eva-Maria/Stock, Eberhard/Hirschfeld, Ursula/Anders, Lutz Christian (¹2009, 2010): Deutsches Aussprachewörterbuch. Berlin/New York.

Krumm, Hans-Jürgen (2006): Normen, Varietäten und Fehler – Welches Deutsch soll der Deutsch als Fremdsprache-Unterricht lehren? In: Neuland, Eva (Hg.): Variation im heutigen Deutsch: Perspektiven für den Sprachunterricht. Frankfurt am Main, S. 459–468.

Latacz, Joachim (1993): Einführung in die griechische Tragödie. Göttingen.

Leitfaden Bundeskanzlei = Schweizerische Bundeskanzlei (Hg.) (³2008): Rechtschreibung. Leitfaden zur deutschen Rechtschreibung. Bern.

Leitner, Gerhard (1992): English as pluricentric language. In: Clyne, Michael (Hg.): Pluricentric Languages. Differing Norms in Different Nations. Berlin/New York, S. 179–237.

Lindow, Wolfgang/Möhn, Dieter/Niebaum, Hermann/Stellmacher, Dieter/Taubken, Hans (1998): Niederdeutsche Grammatik, Schriften des Instituts für niederdeutsche Sprache. Leer.

Limbach, Jutta (Hg.) (2007): Ausgewanderte Wörter. Reinbek bei Hamburg.

Löffler, Heinrich (1998): Dialekt und regionale Identität. Neue Aufgaben für die Dialektforschung. In: Ernst, Peter/Patocka, Franz (Hg.): Deutsche Sprache in Raum und Zeit. Wien, S. 71–86.

Löffler, Heinrich (2000): Die Rolle der Dialekte seit der Mitte des 20. Jahrhunderts. In: Besch, Werner/Betten, Anne/Reichmann, Oskar/Sonderegger, Stefan (Hg.): Sprachgeschichte. Ein Handbuch zur Geschichte der deutschen Sprache und ihrer Erforschung (= Handbücher zur Sprach- und Kommunikationswissenschaft, Bd. 2.2). Berlin/New York, S. 2037–2047.

Löffler, Heinrich (2003): Dialektologie. Eine Einführung. Tübingen.

Löffler, Heinrich (⁴2010): Germanistische Soziolinguistik. Berlin.

LSM 2008 = Lauterburg, Christine/Steigmeier, Jürg/Marfurt, Dide (2008): Vom Chilte und Wybe, Audio-CD. Winterthur.

Lüdi, Georges/Werlen, Iwar (2005): Eidgenössische Volkszählung 2000: Sprachenlandschaft in der Schweiz. Neuchatel.

Markhardt, Heidemarie (2005): Das Österreichische Deutsch im Rahmen der EU. Frankfurt am Main.

Markhardt, Heidemarie (2006): 10 Jahre „Austriazismenprotokoll" in der EU. Wirkung und Nachwirkung – Chancen und Herausforderungen. In: Muhr, Rudolf/Sellner, Manfred B. (Hg.): Zehn Jahre Forschung zum Österreichischen Deutsch: 1995–2006. Eine Bilanz. Frankfurt am Main, S. 11–38.

Melchers, Gunnel/Shaw, Philip (2003): World Englishes. New York.

Memo = Häublein, Gernot et al. (1995): Memo. Wortschatz und Fertigkeitstraining zum Zertifikat Deutsch als Fremdsprache. Lehr- und Übungsbuch. Berlin u. a.

Meyer, Kurt (1989): Wie sagt man in der Schweiz? Wörterbuch der schweizerischen Besonderheiten. Mannheim/Leipzig/Wien/Zürich.

Meyer, Kurt (2006): Schweizer Wörterbuch. So sagen wir in der Schweiz. Frauenfeld, Stuttgart/Wien.

Mihm, Arend (1995): Die Realität des Ruhrdeutschen – soziale Funktion und sozialer Ort einer Gebietssprache. In: Ehlich, Konrad/Elmer, Wilhelm/Noltenius, Rainer (Hg.): Sprache und Literatur an der Ruhr. Essen, S. 15–34.

Muhr, Rudolf (1987): Innersprachliche Regionalisierung von DaF-Lehrwerken am Beispiel der Lehrbuchüberarbeitung Österreich – BRD. In: Ehlers, Swantje/Karcher, Günther L. (Hg.): Regionale Aspekte des Grundstudiums Germanistik. München, S. 75–90.

Muhr, Rudolf (1993): Österreichisch – Bundesdeutsch – Schweizerisch. Zur Didaktik des Deutschen als plurizentrische Sprache. In: Muhr, Rudolf (Hg.): Internationale Arbeiten zum österreichischen Deutsch und seinen nachbarsprachlichen Bezügen. Wien, S. 108–123.

Muhr, Rudolf (1995): Zur Sprachsituation in Österreich und zum Begriff „Standardsprache" in plurizentrischen Sprachen. Sprache und Identität in Österreich. In: Muhr, Rudolf/Schrodt, Richard/Wiesinger, Peter (Hg.): Österreichisches Deutsch. Linguistische, sozialpsychologische und sprachpolitische Aspekte einer nationalen Variante des Deutschen. Wien, S. 75–109.

Muhr, Rudolf (2007): Österreichisches Aussprachewörterbuch. Österreichische Aussprachedatenbank. Frankfurt am Main.

Muhr, Rudolf (2013): Codifying linguistic standards in non-dominant varieties of pluricentric languages – adopting dominant or native norms? In: Muhr, Rudolf et al. (Hg.): Exploring Linguistic Standards in Non-Dominant Varieties of Pluricentric Languages, Österreichisches Deutsch Sprache der Gegenwart, Bd. 15. Frankfurt am Main, S. 11–44

Niebaum, Hermann/Macha, Jürgen (1999): Einführung in die Dialektologie des Deutschen. Tübingen.

Niederdeutsche Grammatik → Lindow

öi → Österreich Institut

Oerter Rolf/Montada, Leo (Hg.) (^{3}1995): Entwicklungspsychologie. Ein Lehrbuch. Weinheim.

Oschlies, Wolf (1990): „Vierzig zu Null im Klassenkampf?" Sprachliche Bilanz von 4 Jahrzehnten DDR. Mell.

Österreich Institut, Homepage: www.oesterreichinstitut.at; eingesehen am 21.3.2014.

Österreichisches Wörterbuch (1951, [38]1997), hrsg. im Auftrag des Bundesministeriums für Unterricht und kulturelle Angelegenheiten. Wien.

Österreichisches Wörterbuch (1951, [41]2009, [42]2012), hrsg. im Auftrag des Bundesministeriums für Unterricht, Kunst und Kultur. Wien.

ÖWB → Österreichisches Wörterbuch

Peters, Robert (2000): Die Rolle der Hanse und Lübecks in der mittelniederdeutschen Sprachgeschichte. In: Besch, Werner/Betten, Anne/Reichmann, Oskar/Sonderegger, Stefan (Hg.): Sprachgeschichte. Ein Handbuch zur Geschichte der deutschen Sprache und ihrer Erforschung (= Handbücher zur Sprach- und Kommunikationswissenschaft, Bd. 2.2). Berlin/New York, S. 1496–1505.

Pfeil, Beate Sibylle ([2]2006): Die Minderheitenrechte in der Schweiz. In: Pan, Christoph/Pfeil, Beate Sibylle (Hg.): Minderheitenrechte in Europa. Handbuch der europäischen Volksgruppen, Bd. 2. Wien/New York.

Rat für deutsche Rechtschreibung (2014), Homepage: www.rechtschreibrat.com

Rautenberg, Ursula (Hg.) (1993): Hartmann von Aue, Der arme Heinrich. Stuttgart.

Rechtschreibrat 2006 = Deutsche Rechtschreibung. Regeln und Wörterverzeichnis. München/Mannheim; http://rechtschreibrat.ids-mannheim.de/rechtschreibung/regelwerk.html; eingesehen am 8.6.2014.

Reichmann, Oskar (2000): Nationalsprache als Konzept der Sprachwissenschaft. In: Gardt, Andreas (Hg.): Nation und Sprache. Die Diskussion ihres Verhältnisses in Geschichte und Gegenwart. Berlin/New York, S. 419–469.

Reiffenstein, Ingo ([2]2003): Bezeichnungen der deutschen Gesamtsprache. In: Besch, Werner/Betten, Anne/Reichmann, Oskar/Sonderegger, Stefan (Hg.): Sprachgeschichte. Ein Handbuch zur Geschichte der deutschen Sprache und ihrer Erforschung (= Handbücher zur Sprach- und Kommunikationswissenschaft, Bd. 2.3). Berlin/New York, S. 2191–2205.

Richtlinien 2008 = Richtlinien und Lehrpläne für die Grundschule in Nordrhein-Westfalen (2008), hrsg. vom Ministerium für Schule und Weiterbildung des Landes Nordrhein-Westfalen. Frechen.

Riehl, Claudia Maria ([2]2009): Sprachkontaktforschung. Eine Einführung. Tübingen.

Scharloth, Joachim (2005): Asymmetrische Plurizentrizität und Sprachbewusstsein. Einstellungen der Deutschschweizer zum Standarddeutschen. In: Zeitschrift für germanistische Linguistik 33/2005, S. 236–267.

Scheuringer, Hermann (1996): Geschichte der deutschen Rechtschreibung: ein Überblick. Wien.

Scheif, Susanne (2007): Vom Ägyptisch-Arabischen zum plurizentrischen Deutsch. In: Fremdsprache Deutsch 37, S. 14–18.

Schlosser, Horst Dieter (2004): Die deutsche Sprache in Ost- und Westdeutschland. In: Moraldo, Sandro M./Soffritti, Marcello (Hg.): Deutsch aktuell. Einführung in die Tendenzen der deutschen Gegenwartssprache. Rom, S. 159–168.

Schloßmacher, Michael (1996): Die Amtssprachen in den Organen der Europäischen Gemeinschaft. Frankfurt am Main.

Schmidlin, Regula (1999): Wie Deutschschweizer Kinder schreiben und erzählen lernen. Textstruktur und Lexik von Kindertexten aus der Deutschschweiz und aus Deutschland. Tübingen/Basel.

Schmidlin, Regula (2011): Die Vielfalt des Deutschen: Standard und Variation. Gebrauch, Einschätzung und Kodifizierung einer plurizentrischen Sprache. Berlin/New York.

Schmitt, Christian (^{2}2000): Sprach- und Nationenbildung in Westeuropa (bis zur Jahrtausendwende). In: Besch, Werner/Betten, Anne/Reichmann, Oskar/Sonderegger, Stefan (Hg.): Sprachgeschichte. Ein Handbuch zur Geschichte der deutschen Sprache und ihrer Erforschung (= Handbücher zur Sprach- und Kommunikationswissenschaft, Bd. 2.2). Berlin/New York, S. 1015–1030.

Schmidt, Hartmut (^{2}2000): Entwicklung und Formen des offiziellen Sprachgebrauchs der ehemaligen DDR. In: Besch, Werner/Betten, Anne/Reichmann, Oskar/Sonderegger, Stefan (Hg.): Sprachgeschichte. Ein Handbuch zur Geschichte der deutschen Sprache und ihrer Erforschung (= Handbücher zur Sprach- und Kommunikationswissenschaft, Bd. 2.2). Berlin/New York, S. 2016–2037.

Schneider-Wiejowski, Karina/Kellermeier-Rehbein, Birte/Haselhuber, Jakob (Hg.) (2013): Vielfalt, Variation und Stellung der deutschen Sprache. Berlin/Boston.

Scholten, Dirk (2000): Sprachverbreitungspolitik des nationalsozialistischen Deutschlands. Frankfurt am Main.

Schulz, Matthias (2006): Die Plurizentrizität des Deutschen als Problem und Aufgabe der Sprachgeschichtsschreibung. In: Götz, Ursula/Stricker, Stefanie (Hg.): Neue Perspektiven der Sprachgeschichte. Internationales Kolloquium des Zentrums für Mittelalterstudien der Otto-Friedrich-Universität Bamberg. Heidelberg, S. 181–195.

Schuppenhauer, Claus/Werlen, Iwar (1983): Stand und Tendenzen in der Domänenverteilung zwischen Dialekt und deutscher Standardsprache. In: Besch, Werner/Knoop, Ulrich/Putschke, Wolfgang/Wiegand, Herbert Ernst (Hg.): Dialektologie. Ein Handbuch zur deutschen und allgemeinen Dialektforschung (= Handbücher zur Sprach- und Kommunikationswissenschaft, Bd. 1.2). Berlin/New York, S. 1411–1427.

Schuppenhauer, Claus → INS

Schützeichel, Rudolf (^{4}1989): Althochdeutsches Wörterbuch. Tübingen.

Schweizer Schülerduden. Rechtschreibung (Neuausgabe 2006, 4. unveränderter Nachdruck 2010; ⁶2013), bearbeitet von Afra Sturm, hrsg. von Peter Gallmann/Thomas Lindauer. Mannheim/Zürich.

Schweizer Schülerduden. Rechtschreibung und Grammatik (¹¹1998), hrsg. von Horst Sitta und Peter Gallmann. Aarau/Schweiz.

Schweizer Wahrig = Schweizer Wahrig. Die deutsche Rechtschreibung (2006), hrsg. von der Wahrig-Redaktion, Oberentfelden.

Schweizerisches Idiotikon digital, Schweizerdeutsches Wörterbuch, Bd. I – XVI; Online: www.idiotikon.ch; eingesehen am 10.3.2014.

SHL = Schleswig-Holsteinischer Landtag (Hg.) (2007): Bericht der Landesregierung: Umsetzung der Europäischen Charta der Regional- oder Minderheitensprachen in Schleswig-Holstein. Sprachenchartabericht 2007, Drucksache 16/1400; www.schleswig-holstein.de/STK/DE/Schwerpunkte/ Minderheitenpolitik/Sprachenchartabericht/SprachenchartaberichtDownload__blob= publicationFile.pdf; eingesehen am 10.5.2014.

SI → Schweizerisches Idiotikon

Siebs, Theodor (1898): Deutsche Bühnenaussprache. Berlin/Köln/Leipzig.

Siebs. Deutsche Aussprache. Reine und gemäßigte Hochlautung mit Aussprachewörterbuch (¹⁹1969), hrsg. von Helmut de Boor, Hugo Moser und Christian Winkler. Berlin.

Siemund, Peter/Davydova, Julia/Maier, Georg (2012): The amazing world of Englishes. A practical introduction. Berlin/Boston.

Sodmann, Timothy (2000): Die Verdrängung des Mittelniederdeutschen als Schreib- und Druckersprache Norddeutschlands. In: Besch, Werner/Betten, Anne/Reichmann, Oskar/Sonderegger, Stefan (Hg.): Sprachgeschichte. Ein Handbuch zur Geschichte der deutschen Sprache und ihrer Erforschung (= Handbücher zur Sprach- und Kommunikationswissenschaft, Bd. 2.2). Berlin/New York, S. 1505–1512.

Sonderegger, Stefan (2003): Aspekte einer Sprachgeschichte der deutschen Schweiz. In: Besch, Werner/Betten, Anne/Reichmann, Oskar/Sonderegger, Stefan (Hg.): Sprachgeschichte. Ein Handbuch zur Geschichte der deutschen Sprache und ihrer Erforschung (= Handbücher zur Sprach- und Kommunikationswissenschaft, Bd. 2.3). Berlin/New York, S. 2825–2888.

Sprache ist Vielfalt. Die Europäische Charta der Regional- und Minderheitensprachen in Schleswig-Holstein (2001), hrsg. von der Ministerpräsidentin des Landes Schleswig-Holstein. Landeshaus, Kiel.

Sprachreport Extraausgabe (1996): Rechtschreibreform, hrsg. vom Institut für deutsche Sprache. Mannheim.

Stachel, Peter (2001): Ein Staat, der an einem Sprachfehler zu Grunde ging. Die Vielsprachigkeit des Habsburgerreiches und ihre Auswirkungen. In: Feichtinger, Johannes/Stachel, Peter (Hg.): Das Gewebe der Kultur. Kulturwissenschaftliche Analysen zur Geschichte und Identität Österreichs in der Moderne. Innsbruck, S. 11–45.

Stedje, Astrid (⁵2001): Deutsche Sprache gestern und heute: Einführung in Sprachgeschichte und Sprachkunde. München.

Steinegger, Guido (1998): Sprachgebrauch und Sprachbeurteilung in Österreich und Südtirol: Ergebnisse einer Umfrage. Frankfurt am Main.

Taaluniversum. Alles over het Nederlands, hrsg. von der Nederlandse Taalunie; Online: http://taalunieversum.org/archief/suriname/surinaams-nederlands; eingesehen am 24.5.2014.

Takahashi, Hideaki (1996): Die richtige Aussprache des Deutschen in Deutschland, Österreich und der Schweiz nach Maßgabe der kodifizierten Normen. Frankfurt am Main.

VGS = Variantengrammatik des Standarddeutschen; Homepage des Forschungsprojekts: www.variantengrammatik.net; eingesehen am 14.5.2014.

VWD → Ammon/Bickel/Ebner (2004): Variantenwörterbuch des Deutschen

Wiesinger, Peter (1988): Die deutsche Sprache in Österreich. Eine Einführung. In: Wiesinger, Peter (Hg.): Das österreichische Deutsch. Wien, S. 9–30.

Wiesinger, Peter (1990): Standardsprache und Mundarten in Österreich. In: Stickel, Gerhard (Hg.): Deutsche Gegenwartssprache. Berlin/New York, S. 218–232.

Wiesinger, Peter (2002): Austriazismen als Politikum. Zur Sprachpolitik in Österreich. In: Agel, Vilmos/Gardt, Andreas/Haß-Zumkehr, Ulrike/Roelcke, Thorsten (Hg.): Das Wort. Seine strukturelle und kulturelle Dimension, Festschrift für Oskar Reichmann zum 65. Geburtstag. Tübingen, S.159–182.

Wiesinger, Peter (²2003a): Die Stadt in der neueren deutschen Sprachgeschichte: Wien. In: Besch, Werner/Betten, Anne/Reichmann, Oskar/Sonderegger, Stefan (Hg.): Sprachgeschichte. Ein Handbuch zur Geschichte der deutschen Sprache und ihrer Erforschung (= Handbücher zur Sprach- und Kommunikationswissenschaft, Bd. 2.3). Berlin/New York, S. 2354–2377.

Wiesinger, Peter (²2003b): Aspekte einer österreichischen Sprachgeschichte der Neuzeit. In: Besch, Werner/Betten, Anne/Reichmann, Oskar/Sonderegger, Stefan (Hg.): Sprachgeschichte. Ein Handbuch zur Geschichte der deutschen Sprache und ihrer Erforschung (= Handbücher zur Sprach- und Kommunikationswissenschaft, Bd. 2.3). Berlin/New York, S. 2971–3001.

Wiesinger, Peter (2010): Die Standardaussprache in Österreich. In: Krech, Eva-Maria et al.: Deutsches Aussprachewörterbuch. Berlin/New York, S. 229–258.

Willemyns, Roland/Bister Broosen, Helga (2013): Dutch in the World. In: Schneider-Wiejowski, Karina/Kellermeier-Rehbein, Birte/Haselhuber, Jakob (Hg.):

Vielfalt, Variation und Stellung der deutschen Sprache. Berlin/Boston, S. 427–457.

Zacheo, Daniela (2006): Hausorthografien Schweizer Zeitungen im Vergleich. In: Dürscheid, Christa/Businger, Martin (Hg.): Schweizer Standarddeutsch. Beiträge zur Varietätenlinguistik. Tübingen.

Zimmermann, Klaus (2001): Die nationalen Standardvarietäten im Fremdsprachenunterricht des Spanischen: Fremdsprachenpolitische und didaktische Aspekte. In: Hispanorama: Zeitschrift des Deutschen Spanischlehrerverbandes (DSV) 93, S. 30–43.

Stichwortverzeichnis

Abbildungsverzeichnis